ERIKA THIMEL & K

111 GRÜNDE, AUFS
LAND
ZU ZIEHEN

EINE LIEBESERKLÄRUNG AN DAS GUTE LEBEN

MIT ILLUSTRATIONEN VON JANA MOSKITO

SCHWARZKOPF & SCHWARZKOPF

INHALT

VORWORT – COUNTRY COOL 9

1. LIEBE & FAMILIE 11
Weil Ehen länger halten – Weil die Natur Ritalin ersetzt – Weil Dialekt das Hirn schult – Weil Bauern wirklich Frauen suchen – Weil es freie Kitaplätze gibt – Weil Männer weniger Affären haben – Weil die Lustkiller in der Stadt zu Hause sind – Weil der Kindergeburtstag kein Statussymbol ist – Weil ein Bett im Kornfeld steht – Weil Bauernhöfe wunderbare Kindergärten sind – Weil Dreck besser als eine Allergie ist

2. BERUF & KARRIERE 33
Weil sich Champions verstecken – Weil es der ideale Standort fürs Homeoffice ist – Weil hier Sportkarrieren starten – Weil man hier noch gebraucht wird – Weil sich Hausfrauen nicht rechtfertigen müssen – Weil Existenzgründer im grünen Bereich arbeiten – Weil hier die Letzten ihrer Zunft arbeiten – Weil Pendeln Zeit schenkt – Weil auf Tupperpartys Dildos verkauft werden – Weil man Winzer werden kann – Weil hier Trends gemacht werden – Weil man hier behaupten kann, man habe kein Netz

3. NATUR & UMWELT 57
Weil Vogelgezwitscher gesünder ist als Autolärm – Weil die Luft besser ist – Weil Grün entspannt – Weil die Zugspitze der Gipfel der Gefühle ist – Weil Schafe mehr können als blöken – Weil Wetter kein Small Talk ist – Weil wir Bäume brauchen – Weil hier Boygroups singen – Weil hier noch Steinzeit ist – Weil man mit der Zeit geht – Weil der Klapperstorch kommt – Weil barfuß gehen gesund ist – Weil es noch Wildpferde gibt – Weil Berliner Luft keine frische Brise ist

4. FREIZEIT & SPORT 87

Weil andere hier Urlaub machen – Weil Städte schöne Reiseziele sind – Weil Sportler mitten im Trainingsgelände leben – Weil die besten Grillplätze frei sind – Weil Cabriofahren hier Spaß macht – Weil beim Fliegenfischen alles im Fluss ist – Weil es mehr als 1.000 Bademöglichkeiten gibt – Weil man im Fußball groß rauskommt – Weil Gummistiefel Sinn machen – Weil Hunde ein besseres Leben verdienen

5. HAUS & GARTEN 107

Weil der Traum vom Haus realistisch ist – Weil die Bauunternehmer einen Ruf zu verlieren haben – Weil das Paradies ein Garten ist – Weil Vögel auf Vogelhäuschen fliegen – Weil Bienen göttlich sind – Weil Äpfel Hoffnung machen – Weil es Zeit wird für ein Schloss – Weil es hier keine Wohnkomplexe gibt – Weil Einbrecher lieber in Städten arbeiten

6. NACHBARN & FREUNDE 125

Weil Neue willkommen sind – Weil herzlich besser als förmlich ist – Weil man gute Verbindungen hat – Weil man sich hilft – Weil wenige Worte viel sagen – Weil ein Augenblick mehr verspricht – Weil Nachbarn näher als Facebook-Freunde sind – Weil man in bester Gesellschaft ist – Weil man hier gute Karten hat – Weil Freunde gerne hierher zu Besuch kommen

7. ESSEN & TRINKEN 141

Weil es echte Bodenschätze gibt – Weil Wildkräuter die Küche bereichern – Weil selbst gepflückte Erdbeeren am besten schmecken – Weil olle Kartoffeln schmecken – Weil hier die Feinschmecker-Hochburgen liegen – Weil die Bierkrüge hoch gehalten werden – Weil es gute Geister gibt

8. KUNST & KULTUR 159

Weil hier der Humor zu Hause ist – Weil Künstlerseelen Landschaft brauchen – Weil hier die Musik spielt – Weil es eine Kulturlandschaft ist – Weil hier Häuser Geschichten erzählen – Weil die Staatsoper ein schwaches Alibi ist – Weil Holz ein Kunststoff ist – Weil der Heimatfilm großes Kino ist

9. GELD & KONSUM 177

Weil man sich mehr leisten kann – Weil Werbung hier nur kleckert – Weil Carsharing auf dem Land erfunden wurde – Weil H&M und McDonald's in den Städten bleiben – Weil die Zahlungsmoral besser ist – Weil es kein Modediktat gibt – Weil Raiffeisen ein Vordenker war – Weil Tante Emma zurückkommt – Weil man auf nichts verzichten muss

10. TRADITION & LEBENSSTIL 195

Weil eine Hochzeit mit der Einladung beginnt – Weil Bauern digitale Revoluzzer sind – Weil Wasserwege eine Alternative sind – Weil man Weltmeister werden kann – Weil Frauen hexen können – Weil Tracht jedem schmeichelt – Weil der Sommer heiß anfängt – Weil Dorfwirtschaften im Mittelpunkt stehen – Weil kleine Weihnachtsmärkte das Größte sind – Weil Traktoren Kultfahrzeuge sind – Weil es sagenhaft ist – Weil echte Kerle auf Maibäume klettern

11. GLÜCK & TRÄUME 221

Weil Raum für neue Lebensmodelle ist – Weil die Sterne heller leuchten – Weil Aschenputtel Königinnen werden können – Weil Feuerwehrmänner sexy sind – Weil New Yorker Vorbilder sind – Weil sich gute Laune pflücken lässt – Weil Leuchttürme Lichtblicke sind – Weil Landleben glücklich macht – Weil es sonst die anderen machen

VORWORT

COUNTRY COOL

Es gibt Orte, an denen sich die Welt von ihrer besten Seite zeigt und jeder Tag zum Erlebnis werden kann. Wir laden Sie zu einer Lesereise dahin ein – aufs Land. Wer noch nicht dort wohnt: Für einen Umzug sprechen mehr als tausend Gründe, wir haben uns auf 111 beschränkt und eine Auswahl getroffen – für Menschen, die auf der Suche sind nach einem nachhaltigen, sinnvollen, modernen Lebensstil. Für Menschen in allen Lebenslagen, für Singles, Paare und Familien, für Jungunternehmerinnen und Hausmänner, Künstlerseelen und Naturkinder. Sie können Teil einer Bewegung werden, die gerade den Ausdruck »Country Cool« für sich erfindet.

Denn das Landleben verspricht mehr als Romantik, Gummistiefel und Einkochtöpfe. Auf dem Land finden wir, was uns die Stadt nicht geben kann: Weite, Wohnraum, Kitaplätze. Saubere Luft, Gemeinschaftssinn und attraktive Jobs.

Dieses Buch ist eine Liebeserklärung, die sich nicht allein aufs Gefühl und persönliche Erfahrungen verlässt, sondern handfeste Fakten liefert und belegt: Ein Umzug aufs Land kann die Ehe retten, die Karriere befeuern, Psychopharmaka ersetzen und letzten Endes glücklich machen.

Eigene Erlebnisse und Beobachtungen im Freundes- und Bekanntenkreis reichern dieses Sachbuch an. Die Kapitel in Ich-Form machen es deutlich. Geschrieben sind sie einerseits aus der Perspektive der Autorin Erika Thimel, die auf dem Land Familie und Beruf vereint, und andererseits der Journalistin Karin Michaelis, die das Land besonders als Trainingsgelände und Ursprungsort schätzt. Beide sind wir uns einig: Auf dem Land lässt es sich besser leben.

Gemeinsam wünschen wir Ihnen viel Freude beim Lesen. Aber Vorsicht: Wir übernehmen keine Haftung, wenn Sie nach der Lektüre umziehen wollen.

Erika Thimel und Karin Michaelis

1. GRUND

WEIL EHEN LÄNGER HALTEN

Fünf Jahre Berlin, zehn Jahre München, dann war der Schwangerschaftstest positiv und die Aussichten auf dem städtischen Wohnungsmarkt negativ. Einen kleinen Kerl im Bauch, einen großen an der Seite, bin ich aufs Land gezogen und habe damit meine Ehe gerettet, noch lange bevor an meiner Hand ein goldener Ring glänzte. Geheiratet wurde wenig später im Chiemgau. Dort traut der Bürgermeister noch selbst und teilt seinen persönlichen Erfahrungsschatz. Zu uns sagte er, kaum dass wir die Urkunde unterschrieben hatten: »Gut, dass Sie aufs Land gezogen sind, hier halten die Ehen länger.«

Inzwischen bin ich acht Jahre überwiegend glücklich verheiratet und damit schon fast aus der Gefahrenzone. Schließlich ist das Risiko, im Hafen der Ehe Schiffbruch zu erleiden, laut Statistik zwischen dem dritten und achten Ehejahr am höchsten. Fünf Jahre nach der Hochzeit werden die meisten Scheidungen ausgesprochen.[1] Meine Ehe fühlt sich noch immer gut verankert an. Liegt es an der Geduld und Großherzigkeit meines Partners? Das meint er. An der Toleranz und Kommunikationsfähigkeit meinerseits? Das meine ich. Die Wahrheit ist eine andere: Unsere Ehe trotzt dem Alltag, weil wir aufs Land gezogen sind.

Auf dem Land ist das Scheidungsrisiko nur halb so hoch wie in den Städten, das belegt nicht nur mein eigenes Umfeld, sondern auch die Bundeszentrale für politische Bildung.[2] »Kein Wunder. Auf dem Land gibt es auch wenige Alternativen«, frotzelt ein Freund aus der Großstadt und wird noch deutlicher: »Ein Landei will doch keiner haben.« Beim letzten Besuch auf dem Waldfest in unserer Region hat er seine Meinung geändert. Vielleicht zieht er nun auch bald aufs Land? Immerhin: Hier hat die Liebe noch eine echte Chance, auch wenn die Gründe hierfür durchaus handfest und nüchtern sind. Ehen halten länger, wenn sich die Partner gemeinsam ein Eigenheim finanziert haben, was auf dem Land noch machbar ist. Häuser verbinden mehr als Kinder, sagen Psychologen.

Je mehr Ehen im Umfeld auf stabilen Fundamenten ruhen, umso größer ist die Chance, dass auch die eigene Verbindung aufrecht bleibt. Kranken im Freundeskreis dagegen die Ehen bis zum Exitus, breitet sich der Trennungsvirus oft weiter aus, denn Scheidungen sind ansteckend.[3] Die Gefahr, sich zu infizieren, ist logischerweise in den Städten höher. Auf dem Land leben eben auch Ehen gesünder. Und weil im Umkehrschluss zufriedene Ehepaare hier häufiger anzutreffen sind als in der Stadt, können diese Positivbeispiele antibiotisch wirken, wenn die eigene Ehe gerade mit einer Sommergrippe kämpft. Ja, so einträchtig wie die Nachbarn möchte man später auch unter dem Apfelbaum sitzen und gemeinsam lachen. Die Liebe verdient es, auf der Sonnenseite der Ehestatistik angesiedelt zu werden. Außerdem: Ein Umzug ist billiger als jede Scheidung! Und romantischer.

 2. GRUND

WEIL DIE NATUR RITALIN ERSETZT

Luis steht am dicken Stamm des Walnussbaums und schaut nach oben. Wie hoch wird er heute kommen? Mit einer Hand berührt er die Rinde wie zur stillen Begrüßung. Dann schwingt er sich in die erste dicke Astgabelung und klettert los. Auf gut zwei Meter Höhe kommt der Achtjährige ohne Probleme, aber danach wird es schwierig. Ein Baum ist kein genormtes Klettergerüst, sondern eine Herausforderung für Körper und Geist. Genau das, was der Junge instinktiv sucht. Er greift beherzt nach dem Ast über seinem Kopf und tut, was Kinder- und Jugendmediziner wie die Professorin

Renate Oberhoffer von der TU München fordern: »Kinder sollten auf einen Baum klettern. Möglichst täglich!«[4] Doch nur die wenigsten haben gewachsene Klettergerüste in greifbarer Nähe. Auch Wiesen, Felder und Bachläufe fehlen. Zumindest in den Städten.

Die Folge: gestresste, unausgeglichene Kinder, die unter dem leiden, was Forscher »Natur-Defizit-Syndrom« nennen. Der amerikanische Journalist Richard Louv fragte in seinem Bestseller *Das letzte Kind im Wald?*, was passiert, wenn Kinder die Natur im Alltag nicht mehr erfahren, weil sie in Städten leben, vor Bildschirmen sitzen und von ihren besorgten Eltern von einem geschlossenen Raum zum nächsten begleitet werden. Seine Antwort: »Kinder büßen ihre Kreativität ein. Sie werden um Lebensfreude betrogen.« Louv ist überzeugt, dass die zunehmend diagnostizierte Aufmerksamkeitsstörung ADHS (Aufmerksamkeits-Defizit-Hyperaktivitäts-Störung) einem kindlichen Mangel an Naturerfahrung entspringt. »Die Wälder waren mein Ritalin«, sagt der Autor und steht mit dieser Meinung nicht allein.

Logisch! Die Natur ist unser angestammter Entwicklungsraum. Die längste Zeit unserer Geschichte waren wir Menschen draußen unterwegs, als Jäger und Sammler. Sesshaft wurden wir in Mittel- und Nordeuropa erst vor rund 5.000 Jahren, doch die Natur brauchen wir immer noch, gerade um in einer digitalen Zukunft zu bestehen. »Wollen wir, dass sich unsere Kinder in einer immer technisierteren Welt zurechtfinden, müssen wir dafür sorgen, dass sie sich zuerst einmal dort zu Hause fühlen, wo sie die allermeiste Zeit ihr Habitat hatten: unter freiem Himmel«, schreibt Malte Roeper in seinem Buch *Kinder raus!*. Aus gutem Grund: Die Natur ist genau auf die Bedürfnisse von kleinen Weltentdeckern zugeschnitten: Hier spüren sie das Leben, Freiheit, Unmittelbarkeit, Widerstände und Verbundenheit. Hier warten elementare Erfahrungen, die Sinne, Körper und Seele zusammenwachsen lassen. Was für manche verträumt klingen mag, ist wissenschaftlich belegt. »Kinder brauchen die Natur. Sie ist für sie so essenziell wie gute Ernährung«, fasst der renommierte Hirnforscher Gerald Hüther den Stand der Wissenschaft zusammen. Gemeinsam mit dem Kinderarzt Herbert Renz-Polster plädiert er in dem Werk *Wie Kinder heute wachsen* dafür, Kinder in die Natur zu schicken. Im Freien können Kinder ihre Potenziale entfalten, unter anderem, weil Tast-, Hör-, Riech- und Sehsinn gleichzeitig angesprochen werden. Was wir in frühen Jahren sehen, riechen, fühlen, tasten und hören, bleibt haften. »Vieles deutet darauf hin, dass das nach und nach entstehende sinnliche Bewusstsein der erste Schritt zu unserem Selbstbewusstsein ist. Der Besitz unserer Sinne macht uns unser Selbst bewusst«, erklärt der Hirnforscher.

Wissenschaftler, Erzieher und Eltern sind sich einig: Kinder brauchen Natur im Alltag, weil sie ihnen ein vielfältiges und nuancenreiches Angebot macht. Trotzdem halten sich Kinder heute überwiegend in geschlossenen Räumen auf, mit vorgegebenem Programm und unter Aufsicht. Wenn die Natur besucht wird, dann wie der Zoo – wetterabhängig und mit pädagogischer Anleitung. Fragt man die Kinder selbst, wie sie draußen unterwegs sein wollen, variieren ihre Antworten das Thema Freiheit: Sie wollen an wilden, ungeordneten Plätzen spielen, sie wollen ihr eigenes Ding machen, ohne vorgegebene Bühne und Drehbuch. Auf Kinderspielplätzen lässt sich das gut beobachten. Schnell werden Spielgeräte langweilig, während die wilden Ecken mit Büschen, Bäumen und Steinen stundenlang faszinieren können. In einem natürlichen Gelände wählen sich Kinder selbst die passende Herausforderung. Sie entscheiden, wie hoch sie auf den Baum klettern, wie groß der Stein ist, den sie schleppen, ob sie die Schnecke anfassen oder besser nicht. Sie bestimmen ihr Abenteuer, blicken ihren Ängsten ins Auge und fassen Mut.

Abenteuerliche Streifzüge durch die Natur, gemeinsam mit anderen Kindern, gehörten vor ein, zwei Generationen noch zu einer normalen Kindheit. Sie waren das übliche Nachmittagsprogramm, das heute oft zugunsten von Förder- und Vorsichtsmaßnahmen ausfällt. Der Radius von Kindern hat sich in den vergangenen Jahrzehnten deutlich minimiert. Und auch auf dem Land ist die Moderne eingezogen. Trotzdem ist hier der Entwicklungsraum Natur für die Kinder noch immer leichter erreichbar. Er beginnt schließlich vor der Haustür, und der nächste Kletterbaum ist nie weit.

 3. GRUND

WEIL DIALEKT DAS HIRN SCHULT

Ambitionierte Eltern wissen: Es ist sinnvoll, den Nachwuchs so früh wie möglich mit einer zweiten Sprache zu füttern. In den ersten drei bis vier Lebensjahren bildet das Gehirn besonders leicht die Vernetzungen, in denen Wortschatz und Grammatik hängen bleiben. Deshalb schicken Eltern bereits ihre Kleinkinder zum Chinesisch-Unterricht, in »Early English«-Kurse und zweisprachige Kindergärten. Sie meinen es gut und planen voraus, denn wer zweisprachig aufwächst, lernt später leichter weitere Sprachen. Entsprechend groß ist das Frühförderangebot in den Städten, wo der Bildungsdruck schon vor der Schulzeit einsetzt. Das Manko zeigt sich hinterher. Erstens fehlen die Einsatzmöglichkeiten, weil Mama und Papa Mandarin nicht verstehen, und zweitens schlüpft eine Sprache nur dann spielend durchs entscheidende Zeitfenster, wenn die Lehrerin oder der Lehrer geliebt wird. Die Muttersprache heißt nicht umsonst so.

Glücklich die Kinder, die auf dem Land groß werden. Sie wachsen automatisch zweisprachig auf, weil in der Provinz überwiegend Dialekt gesprochen wird. Egal, ob Bairisch, Schwäbisch oder Westfälisch, eine Mundart ist eine vollwertige Sprache mit eigenem Wortschatz und eigenen Grammatikregeln. Deshalb leistet ein Dialekt im Kinderhirn nicht weniger als britisches Englisch oder feines Französisch. Vorausgesetzt, der Nachwuchs kommt auch mit der deutschen Standardsprache in Berührung, aber die ist ohnehin präsent. Selbst wenn im Elternhaus konsequent Dialekt gesprochen wird, liefern Bücher, CDs, Radio und Fernsehen ausreichend hochdeutsches Hirnfutter. Fazit: Eltern, die auf dem Land leben, können sich zurücklehnen und auf den neuesten wissenschaftlichen Erkenntnissen auszuruhen – Dialekt macht schlau.

Den Beweis lieferte 2010 ausgerechnet die PISA-Studie. Im schulischen Leistungsvergleich stehen Dialektregionen wie Bayern, Baden-Württemberg und Sachsen ganz oben. Die Platzierungen erklärte der bayerische Mundartexperte Hans Triebel damals den Medien: »Unsere Kinder san ja net so gscheit, weil bei uns die CSU regiert, sondern weil sie von Grund auf zwei Sprachen lernen, den Dialekt als Muttersprache und das Schriftdeutsche als Standardsprache.«[55] Dialektsprecher lernen früh, zwischen zwei verschiedenen Sprachebenen zu unterscheiden. Damit trainieren sie ihre Auffassungsgabe und das abstrakte Denken. Vor allem in Deutsch und Mathematik profitieren Schüler von ihrem guten sprachanalytischen Verständnis, kommentierte Josef Kraus als Präsident des Deutschen Lehrerverbandes, und Forscher der Universität Oldenburg belegten: Schüler, die einen Dialekt beherrschen, machen 30 Prozent weniger Rechtschreibfehler. Doch nicht nur das Hirn profitiert vom Dialekt, sondern auch das Herz.[6]

Dialekt ist für viele ein Stück Heimat. Das Wort selbst stammt aus dem Griechischen und bedeutet »Gespräch und Redensweise von Gruppen«. Es bedeutet Zugehörigkeit – ein menschliches Grundbedürfnis. Im Dialekt schwingt Gefühl mit. Und er ist ausdrucksstark. Wenn Hochdeutsch an seinen Grenzen stößt, hat die Mundart oft noch Worte in petto, um Stimmungen und Nuancen zu beschreiben. Das bairische Wort »griabig« beispielsweise lässt sich mit »gemütlich« nur unzureichend übersetzen, und das plattdeutsche »Klüterkraam« beschreibt mehr als nur »Kleinkram«. Auch bei Liebeserklärungen zeigt der Dialekt die feinen Unterschiede.

Der Bayer sagt einfach: »I mog di!« Ein Sachse drückt es tatkräftiger aus: »Ich gnuddle disch!« Beim Rheinländer wird die Liebe zur Geschmackssache: »Bist a legga Mädsche. Isch leev disch!« Und der Allgäuer redet nicht lang darum herum, sondern kündigt an: »I däd di grad nemma!« Dagegen klingt eine hessische Liebeserklärung wie Rap: »Ey Gude, isch hab disch gelle gern!« Es lebe die Vielfalt! Insgesamt 16 größere Dialektverbände gibt es in Deutschland.[7]

Vorbei die Zeiten, in denen Dialektsprecher als Hinterwäldler gesehen wurden, die der deutschen Sprache nicht mächtig sind. Inzwischen ist Dialekt Kult. Liedermacher und Regisseure nutzen seine Ausdruckskraft und seine Gefühlsebenen. Selbst Hollywoodfilme werden von Fans in Mundart synchronisiert. Der Dialekt ist ein besonderer Wortschatz. Wer ihn beherrscht, ist im Vorteil und kann seinen Kindern Chinesisch-Kurse und Early English ersparen. Auf dem Land gilt auch bei Sprachen die plattdeutsche Devise: »Middenmang as blots dorbie!« Soll heißen, mittendrin statt nur dabei.

 4. GRUND

WEIL BAUERN WIRKLICH FRAUEN SUCHEN

Nanna Harms ist in einer Hamburger Künstlerfamilie groß geworden, heute lebt sie als Bäuerin mit Mann, Kindern und Hund auf einem Hof im niedersächsischen Uelzen-Riestedt.[8] Sie hat ihr Glück bei einem Landwirt gefunden – und ist nicht die Einzige.

Bauern können als Partner punkten. Sie sind naturverbunden, tierlieb und in der Lage, eine Familie buchstäblich mit eigenen Händen zu versorgen. Außerdem sind sie beziehungsfähig, verantwortungsvoll und zuverlässig, weil der Beruf die Persönlichkeit prägt. Bauern packen ganz selbstverständlich dort an, wo es nötig ist, haben die Kraft dazu, denken voraus und scheuen auch schwere Aufgaben nicht. Die inneren Werte ergänzen nicht selten äußere Attraktivitätspunkte, was Websites wie farmersingles.de, landflirt.de und www.landwirt-sucht-frau.de belegen. Zu gut, um wahr zu sein? Es kommt noch besser: Der Arbeitsplatz eines Bauern ist auf Familien ausgerichtet, und das schon seit Generationen. Davon profitieren Frauen und Kinder. Paare arbeiten als Team, und Nachwuchs ist erwünscht. Jawohl! Bauern empfehlen sich als ideale Ehemänner. Trotzdem ist fast ein Drittel noch zu haben und sehnt sich nach einer Lebensgefährtin.[9]

Ganz klar: Bauer sucht Frau. Als RTL die gleichnamige Serie startete, war es für Moderatorin Inka Bause leicht, das Feld zu bestellen. Inzwischen läuft die zehnte Staffel – laut RTL mit »sehr guten Quoten«.[10] Im Durchschnitt sind 6,25 Millionen Zuschauer dabei, wenn Landwirte auf ein Liebesglück hoffen. Zusätzlich zu den starken TV-Quoten werden auch im Internet die Folgen sehr stark nachgefragt. RTL Deutschland zählte 4,8 Millionen Videoabrufe auf den Plattformen der Mediengruppe. Trotzdem oder vielleicht auch deswegen haben Männer mit dem Beruf des Landwirts ein schlechtes Image.

»Man glaubt, wir tragen auch nachts Gummistiefel, stinken nach Kuh, reden nur über Trecker und haben nie Zeit«, klagen Hoferben seit Jahren nicht nur im *SPIEGEL* und nennen auch den Grund dafür: »Leider haben viele Frauen noch nicht mitgekriegt, dass es den typischen Hinterwäldler-Bauern kaum noch gibt.«[11] Moderne Landwirte sind gut ausgebildet, und auch Frauen bietet die Arbeit auf dem Bauernhof ein großes Entfaltungsfeld. Vom Hofladen bis hin zum Hotelbetrieb stehen ihnen die Möglichkeiten offen. Der Wettbewerb »Bäuerin als Unternehmerin des Jahres« vom Bayerischen Bauernverband[12] zeichnet deshalb innovative Unternehmenskonzepte aus, und die stellvertretende Landesbäuerin Anni Fries spricht die großen Potenziale an: »Neben den Spitzenreitern, die schon lange existieren, wie Direktvermarktung und Urlaub auf dem Bauernhof, gewinnen auch andere Einkommenskombinationen immer mehr an Bedeutung, beispielsweise Bauernhofgastronomie und Erlebnispädagogik.«[13] Und ja, auch Urlaub für Bauern lässt sich organisieren.

Frauen auf der Suche nach dem Mann fürs Leben haben auf dem Land bessere Aussichten als in einem Großstadtklub. Draußen wartet die Zukunft: bindungswillige Männer, alternative Karrierechancen, und das alles in bester Lage. Frauen, die diese Chance ergriffen haben, porträtiert die Vorsitzende des Evangelischen Bauernwerkes in Württemberg, Ulrike Siegel, in ihrem Buch *Und plötzlich war ich Bäuerin*. Sie beschreibt, wie Frauen in der Landwirtschaft nicht nur ihren Traummann, sondern auch ihren Traumberuf finden können. Dabei war bei keiner der Protagonistinnen der Weg in die Landwirtschaft vorgezeichnet, sondern eine Entscheidung aus Liebe. »Keine einzige der Frauen hat ihren Weg aufs Land bereut!«[14]

Auch Nanna Harms nicht. Als sie sich in einen Ackerbauern ohne Vieh verliebte, sorgte sie dafür, dass schon bald auch Kühe, Ponys und Hühner auf dem Hof mit einzogen. Und Urlaub? Macht sie mit ihrer Familie auch. Das Ziel ist meistens ein Bauernhof.

5. GRUND

WEIL ES FREIE KITAPLÄTZE GIBT

Meine Freundinnen aus der Stadt hatten mich gewarnt: »Wenn du einen Krippen- oder Kindergartenplatz willst, musst du dich gleich nach Absetzen der Pille auf die Wartelisten setzen lassen.« Ich habe es verbummelt und bin erst kurz vor dem Einsetzen der Wehen in das Kinderhaus in meinem kleinen Ort gewatschelt. Damals wollte ich allen Ernstes sechs Monate später wieder voll arbeiten und suchte in letzter Minute einen Betreuungsplatz für das Baby in meinem Bauch. Das war wirklich naiv, aber aus ganz anderen Gründen als gedacht. Denn die Leiterin der Einrichtung beruhigte mich und versicherte mir, es würde Platz für meinen Nachwuchs geben. Na, also! Ich rief meine Freundinnen in der Stadt an, die mein Glück kaum fassen konnten. »Auf dem Land müsste man wohnen«, seufzten sie.

»Stadtkinder haben das Nachsehen«, schrieb die *taz* ein paar Jahre später und erklärte, was ich schon längst wusste: »Auf dem platten Land bekommen Eltern auf jeden Fall einen Kitaplatz.«[15] Ich wollte den sicheren Krippenplatz für meinen Sohn dann übrigens doch nicht, denn kaum war er auf der Welt, erschien es mir unmöglich, ihn auch nur stundenweise abzugeben. Wie hatte ich nur glauben können, dass sich eine Mutter leichten Herzens von ihrem Baby trennt. Mir gelang es nicht, und zum Glück war es auch nicht nötig. Also stieg ich zwölf Monate völlig aus dem Job aus und hinterher sehr langsam wieder ein. Statt mein Kind morgens in der Krippe abzugeben, fuhren wir in die Berge, trafen andere Neumütter mit ihren Babys im Café oder am See und hatten eine richtig gute Zeit. Einen Krippenplatz bekam mein Sohn trotzdem: nur eben zwei Jahre später, im gleichen Kinderhaus. Es reichte, dass ich ihn im April für den September einschrieb.

6. GRUND

WEIL MÄNNER WENIGER AFFÄREN HABEN

Frauen, die Wert auf Treue legen, sollten sich auf dem Land verlieben. Hier verdienen die meisten Männer ihr Vertrauen. Im Gegensatz zu Großstädtern betrügen sie ihre Partnerinnen deutlich seltener. Während in der Stadt jeder dritte Mann fremdgeht, tut es auf dem Land nur jeder fünfte, ermittelte eine Studie von ElitePartner.de und folgerte: »Landluft hält treu«.[16] Das gilt auch für Frauen: Jede vierte Städterin ging schon einmal fremd, aber nur jede sechste Landfrau. Aber hier soll es um die Männer gehen.

Nach den Gründen für ihre Seitensprünge gefragt, antworteten die meisten: »Ich fühlte mich sexuell angezogen«, »es war der Reiz des Neuen« oder »es ergab sich spontan eine Gelegenheit«. Diplom-Psychologe Professor Burghard Andresen meint dazu: »In der Stadt gibt es Versuchungen an jeder Ecke. Aber auch das generell konservativere Denken in ländlichen Gegenden wird eine Rolle spielen. Zudem fehlt auf dem Dorf die Anonymität, und die soziale Kontrolle ist höher.« Vielleicht haben es die Kerle in der Provinz auch einfach nicht nötig fremdzugehen, weil zu Hause im Bett alles gut läuft? Dafür gibt es Indizien.

7. GRUND

WEIL DIE LUSTKILLER IN DER STADT ZU HAUSE SIND

Wir treffen uns einmal im Jahr in Berlin: drei alte Freundinnen. Zwei überzeugte Stadtfrauen und ich. Ich dachte, das könnte immer so bleiben. Irrtum. Lilly überrascht mich mit der Ansage: »Ich will mit meinem Kerl aufs Land ziehen, um endlich wieder regelmäßig Sex zu haben.« Wie bitte? Sie meint es ernst. Das stressige Leben in der Großstadt schlägt ihrem Lover auf die Libido. »Der Lärm, der Druck im Job, der ewige Konkurrenzkampf, die enge Taktung, der Freizeitstress, viel Tempo, wenig Bewegung und obendrein Dreck in der Luft, das geht doch an keinem Schwanz spurlos vorbei«, erklärt sie in ihrer herzlich-derben Berliner Art. Die Wissenschaft gibt ihrer Einschätzung recht. Faktoren wie Bewegung, Ernährung und Stress haben einen großen Einfluss auf den Geschlechtstrieb.

»Wenn Männer gestresst sind, haben sie seltener Lust auf Sex«, erklärt der Experte für Männergesundheit Prof. Dr. Frank Sommer.[17] Leider leiden heute immer mehr Menschen berufs- und ortsbedingt unter Stress. Das Ergebnis zeigt sich im Schlafzimmer: Insgesamt haben Männer heute weniger Sex als noch vor 30 Jahren. Damals hatte ein Mann unter 30 noch 18- bis 22-mal monatlich das Vergnügen, während er heute nur noch auf eine Durchschnittsquote von vier- bis zehnmal kommt, ermittelte Prof. Sommer. Die Gründe sind vielfältig. »Angefangen bei Stress im Alltag …« Gerade dafür sind Städter im Gegensatz zu Landbewohnern besonders anfällig, stellten Forscher des Zentralinstituts für Seelische Gesundheit in Mannheim fest. Die Studien legen nahe, dass Stadtmenschen nicht nur Stresssituationen schlechter bewältigen, sondern auch Kritik weniger gut wegstecken als Landmenschen.[18]

»Kommen deshalb die Toten Hosen aus Düsseldorf und auf dem Land rockt die Libido?«, scherzt Freundin Nummer zwei, bevor sie zugibt, dass ihr Sexleben im engen Wochenendrahmen Platz finden muss, zwischen dem sozialen und kulturellen Pflichtprogramm einer Metropole. »Meist fallen wir am Sonntagabend todmüde in die Kiste, und dann rappelt darin auch nichts mehr.« Wir trinken noch eine Runde und senken das Niveau der Unterhaltung. »Es gibt schon einen Grund dafür, warum in den 70er-Jahren die Lederhosen-Pornos der Renner wurden«, meint Lilly, die aufs Land will, und fügt hinzu. »Sex gehört zur Natur. In die Natur. Aufs Land.« Eine Landfrau kann da nur nicken und sich auf zu Hause freuen.

8. GRUND

WEIL DER KINDERGEBURTSTAG KEIN STATUSSYMBOL IST

Seit meine Freundin in Nußdorf wohnt, hat sie kein Problem mehr mit Kindergeburtstagen. Sie kann ganz entspannt am Abend vorher Kuchen backen, Smarties darüberrieseln lassen, ein paar Luftschlangen im Wohnzimmer drapieren und einen Topf beiseitestellen. Die Party wird trotzdem ein Erfolg werden, weil Kindergartenkinder auf dem Land noch keinen Limousinenservice ins Legoland erwarten, keinen Museumsworkshop oder Kulturausflug ins Kindertheater. Sie sind froh, wenn sie zusammen spielen, toben und mit verbundenen Augen auf allen vieren mit einem Kochlöffel nach einem Topf schlagen können, unter dem sich ein kleiner Schokoriegel versteckt.

»Kindergeburtstage der Superlative«, wie sie die *Süddeutsche Zeitung* in ihrer Heimatstadt München ausmacht und für die sie auch Beispiele in Hamburg findet, werden auf dem Land gewöhnlich nicht geboten.[19] Auch Eventmanager für einen fünften Geburtstag bucht man hier eher selten, während in den Großstädten Agenturen wie die Münchner »tollkids« florieren.[20] Dort gibt es »Rundum-Glücklich-Pakete« mit Animateur: ab 450 Euro für 2,5 Stunden Geburtstagsspaß. »Wenn Sie es wünschen, besorgen wir Ihnen auch das Geburtstagsgeschenk für Ihr Kind und bringen es schön verpackt zur Geburtstagsfeier mit«, versprechen die Organisatoren. Sie decken selbstverständlich auch gerne den Tisch, wenn Papa oder Mama keine Lust oder keine Zeit dazu haben.

»Ich bin so froh, dass die Kinderpartys hier in einem vernünftigen Rahmen bleiben«, sagt meine Neu-Nußdorfer Freundin zu mir. Sie findet, das sei auch ein Ausdruck von Gemeinschaftssinn,

»schließlich kann es sich nicht jeder leisten, Clowns zu engagieren, Ponys durch den Garten traben zu lassen oder eine Straßenbahn zu mieten«. Sie hat vorher in München gewohnt, wo nicht nur Mieten, sondern auch Kindergeburtstage das Budget belasten können, weil Eltern sich mit persönlichem oder gekauftem Eventmanagement zu übertreffen versuchen. »Im Endeffekt geht es dabei weniger um das Geburtstagskind als darum, die eigene Kreativität und Liebe zum Kind nach außen darzustellen.« Die Erwartungshaltung der Kinder steigt dabei von selbst. Vielleicht auch der Frust, weil sie nicht einmal mehr ihre Feiern selbst gestalten dürfen, sondern Erwachsene, oft sogar Fremde, das Programm vorgeben. Bei ihrem persönlichen Großereignis werden sie zu Statisten degradiert, sollen sich aber überzeugend freuen und amüsieren, schließlich ist die ganze Sache für Eltern und Veranstalter mit Kosten und großem Aufwand verbunden.

Neulich brachte ich mein jüngeres Landkind zu einer Geburtstagsparty. Sein Freund wurde fünf. Die Einladungskarte versprach eine »kleine Feier«, das Wohnzimmer war mit Girlanden dekoriert, und es gab bunte Muffins. Als ich meinen Sohn drei Stunden später wieder abholte, tobte er mit den anderen Partygästen begeistert im Garten und informierte mich strahlend, dass »Paul echt Glück mit seinen Erwachsenen hat«. Wie er zu dieser Meinung kam, erklärte er sofort: »Wir haben Topfschlagen gemacht und durften danach spielen, was wir wollten. Niemand hat sich eingemischt.« So geht Party auf dem Land!

9. GRUND

WEIL EIN BETT IM KORNFELD STEHT

Jürgen Drews wäre nie König von Mallorca und Kaiser der Partymusik geworden, hätte er nicht einst von einem Bett im Kornfeld geträumt. Der Schlager wurde ein Hit, und der Refrain schwänzelt noch immer als Ohrwurm auf Partys rum: »… Die Grillen singen, und es duftet nach Heu, wenn ich träume. Ein Bett im Kornfeld zwischen Blumen und Stroh. Und die Sterne leuchten mir sowieso …«

Es war 1976 Drews' erster Hit. Meine Tante schwärmt nach wie vor von dem Sänger, genauso wie die Abiturientinnen, die ihm heute bei seinen Shows auf Mallorca zujubeln. Doch das Dasein als Fan genügte meiner Verwandten nicht. Sie wollte Drews' Bettgeschichte live erleben und im Kornfeld übernachten. Kein Problem, sie lebte schließlich auf dem Land und hatte einen Freund mit Sinn für Romantik. »Es war mein erstes Mal«, schwärmte sie kürzlich wieder, als sie ein bisschen zu viel Sekt getrunken hatte. Meine Tante feiert gerne – und übernachtet noch immer regelmäßig im Kornfeld. Und sie ist nicht die Einzige.

»Willkommen im 1.000-Sterne-Hotel«, begrüßte das »erste Open-Air-Hotel Deutschlands« seine Gäste in einem Kornfeld bei Bad Kissingen. Als Betten dienten Strohlager. »Als wir zum ersten Mal Betten ins Kornfeld mähten, hatten wir keinerlei Erfahrung, aber auch keine Erwartungen – es gab schlicht nichts Vergleichbares. Umso mehr hat es uns gefreut und überrascht, wie gut die Idee vom Übernachten im Getreidefeld angenommen wurde«, erklärte die Freilufthotel-Initiatorin Monika Fitz später der Presse. Der Erfolg nahm überhand. Nach zehn Jahren stießen die Veranstalter nach eigener Auskunft an die »Grenzen des Leistbaren« und meinten: »Man soll aufhören, wenn's am schönsten ist!«[21]

Die Idee lebt weiter – bei Romantikern, Naturfreunden, Schlager-fans und Gesundheitsaposteln, auch in einer bequemeren Variante: dem Bett im Heu. In Niedereula, weit vor den Toren Frankfurts, gibt es einen Bauernhof mit Heuhotel.[22] Und im Allgäu nutzen Bergbauern schon seit Jahrhunderten die Heilkräfte des Heus. Heute können die Besucher davon profitieren. In Bergwiesenheu stecken über 70 verschiedene Kräuter, Gräser und Heilpflanzen. Darunter so bekannte wie Arnika, Blutwurz, Sauerampfer, Schaf-garbe, Pimpinelle oder Johanniskraut.[23] Die Naturwirkstoffe helfen nicht nur, sie duften auch göttlich. Heu oder Korn, beides weht einem der Sommer in den Sinn.

Kein Wunder, dass meine Tante auch heuer wieder mit Begeiste-rung in ihr persönliches Landhotel zieht – mit Schlafsack und Pack. Am Rand ihres Schlafzimmers leuchtet der rote Klatschmohn, da-zwischen wachsen Kornblumen in Blau. Noch ein paar Schritte ins Getreide, und sie hat den idealen Platz gefunden, um ihr Feldbett aufzustellen. Zwischen Weizenhalmen macht sie es sich gemütlich. Die Ähren bewegen sich im Abendwind – wie sie es seit Jahrtau-senden tun, seit Getreide zum Hauptnahrungsmittel der Menschen wurde. »Gut, dass ich einen Bauern geheiratet habe«, freut sich meine Tante. Es ist der Mann, der ihr das erste Bett im Kornfeld gebaut hat – und heute das Feldbett trägt. Die Sterne leuchten am Himmel, die Blumen blühen am Feldrand, und die Grillen zirpen. Unter freiem Himmel singt meine Tante das Lied von Jürgen Drews. Der König von Mallorca liefert ihr noch immer den Soundtrack für eine ihrer schönsten Bettgeschichten. Sagt meine Tante – und die kennt sich aus mit Kornfeldern und Schlagern.

10. GRUND

WEIL BAUERNHÖFE
WUNDERBARE KINDERGÄRTEN SIND

In Niedersachsens Kitas haben Kinder Platz, allerdings nur im Vergleich zu Schweinen. Den Zweibeinern stehen in Betreuungseinrichtungen laut Gesetz mindestens zwei Quadratmeter Bodenfläche zu,[24] kleine Paarhufer bis 50 Kilo müssen mit einem halben Quadratmeter auskommen.[25] In anderen Bundesländern ist es nicht viel besser: Wer sich nicht wehren kann, wird eingepfercht. Schweine werden ohnehin nicht gefragt, und in Städten haben Erziehungsberechtigte meist keine echte Wahl, weil die knapp bemessenen Plätze zugeteilt werden und sich Kindergarten A von Kindergarten B oft nur wenig unterscheidet. Echte Alternativen gibt es auf dem Land. Südwestlich von Hamburg in der Nordheide zum Beispiel. Dort steht ein Bio-Bauernhof mit Kindergarten: Wilkenshoff.[26]

Wenn die Kinder um 9.45 Uhr gemeinsam frühstücken, durften die einen bereits begeistert helfen, die Tiere zu versorgen, die anderen haben sich in der Küche nützlich gemacht und aus Hofprodukten das Frühstück vorbereitet. Hinterher wird gespielt. Platz genug gibt es: Im Haus sind es 150 Quadratmeter für maximal 22 Kinder, was fast sieben Quadratmeter pro Kind bedeutet – im Gegensatz zu den vorgeschriebenen zwei. Draußen wird es noch besser: Umsäumt von alten Eichen, deren Äste sich wie Sonnensegel ausbreiten, liegt ein rund 3.000 Quadratmeter großer, naturnah gestalteter Spielplatz, inklusive Kletterbäumen, Weidentipi und Gemüsegarten. Seit 2013 gibt es sogar eine Außenwerkstatt mit Kinderwerkbank. Ein Paradies mit Modellcharakter.

»Die Kinder lernen hier Landwirtschaft und Natur auf eine spielerische, sinnliche und erlebnisorientierte Weise kennen. Es wird ein realistisches Bild von der Landwirtschaft und Nutztierhaltung vermittelt!«, freut sich der Vorstand und zählt bundesweit inzwischen etwa 15 Kindergärten, die auf einem landwirtschaftlichen Betrieb angesiedelt sind. Übrigens ist in Wilkenshoff auch genug Platz für Schweine: Das Bunte Bentheimer Schwein tollt hier im Stroh mit Artgenossen. Platz ist ein Segen.

11. GRUND

WEIL DRECK BESSER ALS EINE ALLERGIE IST

Kinder wissen, was gut für sie ist: die Konsistenz eines Kuhfladens mit den Fingern testen, Tiere streicheln, Regenwürmer retten und Desinfektionsmittel meiden. Aber Schuhe abstreifen, Duschen, Hände waschen? Bäh! Hygiene ist für kleine Menschen ein Wort, das große erfunden haben. »Es klingt wie eine Krankheit«, sagt Henry genervt, als seine Mutter mit Sagrotan-Tüchern bewaffnet über den Spielplatz hechtet, nur weil ihr Sohnemann mit schmutzigen Händen einen Rest Pausenbrot aus der Hose gezogen hat. Aber die Mutter ist eine Hygiene-Expertin, die ihr Kind möglichst keimfrei halten möchte, so wie die blitzblanke Stadtwohnung. Ihre größte Angst: Allergien. Es reicht schließlich schon, dass Henrys Schwester damit kämpfen muss. Gräser, Pollen und Katzenhaare lösen bei ihr Atemnot aus. »Ein typisches Stadtkind eben«, urteilt die Schwiegermutter aus der Provinz. Ihre These: Dem Kind hat zu einer gesunden Entwicklung vor allem eines gefehlt – Landleben mit einer wohltuenden Portion Dreck. Und die Schwiegermutter hat recht.

»Eine Kindheit auf dem Bauernhof schützt besser vor Allergien als alles andere«, sagt die renommierte Ärztin und Wissenschaftlerin Erika von Mutius. Seit den 80er-Jahren forscht sie zum Thema »Asthma und Allergien bei Kindern«. 2013 gewann sie damit den wichtigsten Forschungsförderpreis in Deutschland, den Leibniz-Preis. Mutius' Erkenntnisse bestätigen, was auf dem Land zum Allgemeinwissen gehört: Dreck ist gesund. »Mikroben, Bakterien und Viren im Stall trainieren das Immunsystem«, sagt die Professorin. »Sie signalisieren, dass das, was in der Umwelt vorkommt, normal ist.«[27] Und Normalität war für Menschen über Jahrtausende das Leben mit Tieren unter einem Dach. An dieser Aufgabe ist unser Immunsystem gewachsen, und auch heute braucht es Herausforderungen. Nur wenn es von Keimen provoziert wird, kann es sich gut entwickeln. Fehlen die Erreger, langweilt sich das System und sucht nach alternativen Beschäftigungsmöglichkeiten. »Lebensmittel liegen nahe«, so die These von Ruchi Gupta. Die amerikanische Kinderärztin und Forscherin an der Northwestern University in Chicago hat sich auf Lebensmittelallergien spezialisiert und untersuchte rund 38.000 amerikanische Kinder und Jugendliche. Ihr Ergebnis: In städtischen Gebieten leiden mehr Kinder unter Lebensmittelallergien als auf dem Land. Die Zahlen machen den Unterschied deutlich: 9,8 Prozent im Vergleich zu 6,2 Prozent. Die Anfälligkeit für Allergien steht also auch in Zusammenhang mit Einwohnerdichte und Umfeld, so Gupta.[28]

Insgesamt nehmen die Allergien in industrialisierten Ländern dramatisch zu, informiert die Berliner Charité.[29] In Deutschland leidet jeder Dritte an einer Überempfindlichkeit gegen bestimmte Substanzen, die sogenannten Allergene. Mit 15 Prozent am weitesten verbreitet ist der lästige Heuschnupfen. Paradox, dass er bevorzugt in Städten auftritt, obwohl dort mehr Autos als Bäume zu sehen sind. Es wird vermutet, dass Feinstaub das Immunsystem belastet. Die »Lungenärzte im Netz« verweisen auf eine japanische Untersuchung, die zeigte: Die Häufigkeit von Heuschnupfen nimmt zu, je näher die Betroffenen an einer viel befahrenen Straße – mit entsprechend hoher Feinstaubbelastung – wohnen.[30]

Aber nicht jeder kann oder will aufs Land ziehen, deshalb untersuchen Forscher inzwischen, welche Bestandteile des Drecks besonders gesund sind. Ihr Ziel ist eine Schluckimpfung, um Allergien vorzubeugen. An der Berliner Charité wurden bereits erste Versuche durchgeführt. Einfachere Maßnahmen, garantiert ohne Nebenwirkungen, kann jeder selbst ergreifen. Die Spezialisten empfehlen, Chemiekeulen aus dem Putzschrank zu verbannen und die unbestritten notwendige Hygiene auf ein gesundes Maß zu reduzieren. Die gewonnene Zeit lädt zu einem Prophylaxe-Ausflug aufs Land ein. Vor den Toren der Stadt, dort wo die Kuhfladen sind, trainieren Kinder ihr Immunsystem am besten. Erwachsene auch.

12. GRUND

WEIL SICH CHAMPIONS VERSTECKEN

Das badische Schwanau ist der Nabel der Welt, jedenfalls wenn es um Tunnelbohrmaschinen geht. Denn in dem Provinznest residiert die Firma Herrenknecht, in der Öffentlichkeit so gut wie unbekannt, aber in ihrer Branche Weltspitze. Herrenknecht ist eines jener typisch deutschen Phänomene, für die der Unternehmensberater Hermann Simon vor 25 Jahren den Begriff »Hidden Champions« fand: nur Insidern bekannte Weltmarktführer, Mittelständler, meist in Familienbesitz befindliche Unternehmen, hoch spezialisiert, extrem innovativ und Motor des Gütesiegels »Made in Germany«. 1.307 von rund 1.600 deutschen Weltmeistern zählt Simon heute zu dieser Gilde.[31] Vielleicht liegt der Erfolg der heimlichen Superstars an ihrer Herkunft: Zwei Drittel sind in ländlichen Regionen verwurzelt.

Wer bei einem dieser diskreten Champions in der Provinz anheuert, hat gute Aussichten auf eine Traumkarriere, weil mittelständische Unternehmen anders als Großkonzerne sind. Wenig Bürokratie, kurze Entscheidungswege, flache Hierarchien und ein direkter Draht zum Geschäftsführer oder Inhaber zeichnen sie aus. Gesucht werden Macher. Wer sich als solcher bewährt, kann schnell aufsteigen. Viele ziehen in ein Chefbüro, bevor sie 40 sind, denn während in einer börsennotierten AG die Verantwortungsbereiche oft eng abgesteckt sind und die Karriere vielfach im Korsett einer Konzernhierarchie erfolgt, können bei Mittelständlern auch Neueinsteiger mit Talent und Ehrgeiz in kurzer Zeit eigenverantwortlich Aufgaben übernehmen. Ein gutes Beispiel ist Ingenieur Jan Oertel, der den Weg in die Provinz gewagt hat. Nach dem Studium, erzählt er auf FAZjob.NET,[32] ist er gleich als Projektleiter bei Weber Maschinenbau eingestiegen. Die Firma im hessischen Breidenbach hat es mit Hightech-Maschinen, die Wurst und Käse grammgenau in

Scheiben schneiden, portionieren und verpacken, zum Weltmarktführer gebracht. »Meine berufliche Entwicklung verlief in schnellen Schritten. Das ist einer der Vorteile bei den großen Kleinen auf dem Land. Nach zwei Jahren wurde mir die Leitung des Vertriebsinnendienstes mit Personalverantwortung für 20 Mitarbeiter angeboten«, schildert er auf dem Jobportal der *FAZ*. Heute ist er als Sales Director Export verantwortlich für die Verkaufsgebiete United Kingdom, Südafrika, Australien und Neuseeland. »Meine Entscheidung vor neun Jahren war genau richtig. Ich bin auf dem Land angekommen und habe in kurzer Zeit viele meiner beruflichen Träume verwirklichen können.«

Dass die stillen Weltstars auf dem Arbeitsmarkt mit ihrem unscheinbaren Namen zu kämpfen haben, ist für Jobsuchende ein Glücksfall.

Weil die Mehrzahl der jungen Ingenieure und Informatiker zu den hippen Adressen in den Metropolen drängt, sind auf dem Land nicht minder attraktive Arbeitsplätze in Hightech-Firmen frei. Auf der Liste der Top-100-Wuncharbeitgeber deutscher Studenten kommen Namen wie Herrenknecht, Phoenix Contact oder Swoboda gar nicht erst vor, während Audi, BMW und Google ein Dauerabo auf die ersten Plätze haben.[33] Die Folge: Bei Audi geht alle 52 Sekunden eine Bewerbung ein – mehr als 100.000 pro Jahr. BMW wird jährlich sogar von 120.000 Bewerbungen überschwemmt.[34] Eingestellt wird nur ein Bruchteil. Es ist wahrscheinlich einfacher, bei Günther Jauch die Million abzuräumen, als dort eine der begehrten Stellen zu ergattern. Auf dem Land hingegen sind gut ausgebildete Frauen und Männer hochwillkommen und nicht No-Names unter Hunderttausenden. Viele Unternehmen helfen außerdem auch bei der Suche nach geeigneten Immobilien, Schulen oder Kitaplätzen.

Tatsache ist, wer einmal seine Laufbahn bei einem Hidden Champion gestartet hat, will nicht mehr weg. Das hat viele Ursachen, doch »ein wichtiger Punkt ist natürlich, dass sehr viele dieser

Firmen in kleinen Orten angesiedelt sind, man kennt sich, sehr oft sind auch Generationen von Familien dort beschäftigt, man begegnet sich am Samstag auf dem Wochenmarkt. Das führt zu einem ganz anderen Führungsverhalten, Hire and Fire ist nicht möglich, Mitarbeiter werden wertschätzend behandelt«, erklärte der Berliner Wirtschaftsprofessor Bernd Venohr in einem Interview.[35]

Auch trumpfen die Hidden Champions oft mit besonders guten Arbeitsbedingungen auf. Mitarbeiterorientierte Personalpolitik, Fort- und Weiterbildungsmöglichkeiten, Auslandseinsätze und Work-Life-Balance-Angebote lassen dabei so manchen DAX-30-Konzern alt aussehen. Führungskräfte-Coaching, Sprachkurse, flexible Arbeitszeitmodelle mit Gleitzeitkonto und Homeoffice, Sabbaticals, eine Firmenkita, die auch abends und in den Ferien offen hat, Yoga- und Rückenkurse, Massagen am Arbeitsplatz und gemeinsames Nordic Walking in der Mittagspause sind vielfach selbstverständlich.

Auch Internationalität wird oft mit Großkonzern gleichgesetzt. Dabei sind gerade die hoch spezialisierten Hidden Champions echte Global Player, die im Weltmaßstab denken und arbeiten (müssen). Wenn man irgendwo sein Englisch oder Chinesisch anwenden kann, dann hier. Die meisten Firmen sind in allen wichtigen Auslandsmärkten mit eigenen Töchtern vertreten, die von deutschen Kollegen ausgebaut und entwickelt werden. Sollte also jemand die Skyline der Metropole vermissen: »Großstadtflair begegnet mir als Sales Director Export fast täglich – auf dem Weg zu meinen Kunden in Frankfurt, Sydney oder London«, sagt Jan Oertel, der im dörflichen Breidenbach arbeitet.

13. GRUND

WEIL ES DER IDEALE STANDORT FÜRS HOMEOFFICE IST

Mein Büro könnte ich mir in der Stadt nicht leisten. Es ist so groß wie meine ehemalige Wohnung in München, nur dass weder Küche noch Bett darin Platz finden müssen. Egal an welches Fenster ich gehe, ich blicke über Felder, Berge und die Apfelbäume der Nachbarn. Wenn ich meine Münchner Kollegin sehen möchte, öffne ich Skype oder setze mich für eine halbe Stunde in den Zug. Sie braucht länger als ich bis in die Innenstadt, deshalb fährt sie meist lieber gleich raus zu mir aufs Land. Die Mittagspausen bieten hier einfach mehr: urige Wirtshäuser mit Biergarten, Bauernhofcafés, kleine Strandbäder und das Ufer der Mangfall. Alles Orte, die sich gut für produktive Meetings eignen, denn draußen haben Gedanken mehr Raum. Während ich beim Outdoor-Brainstormen bin, sind meine Kinder gut betreut, aber das ist ein anderer Punkt. Doch selbst wenn alle zu Hause sind, kann ich arbeiten, zumindest wenn alles rundläuft. Unter meinem Homeoffice liegen die Kinderzimmer, und nebenan wohnen Nachbarskinder im gleichen Alter. Die Einfahrt zu den Häusern funktioniert die kleine Bande am Nachmittag zur Spielstraße um. Ideale Arbeitsbedingungen sind eben auch eine Standortfrage.

Freiberufler haben die Wahl, aber auch 8,8 Prozent der Festangestellten arbeiten laut statistischem Bundesamt »hauptsächlich« oder zumindest »manchmal« zu Hause. Erstaunlicherweise sind die Zahlen rückläufig. »Der Trend zum Homeoffice ist eine Illusion«, schreibt die *Welt am Sonntag*. Das Institut der Deutschen Wirtschaft schiebt es auf die noch immer vorherrschende Präsenzkultur in deutschen Unternehmen, die Bundesvereinigung Deutscher Arbeitgeberverbände auf flexiblere Arbeitszeitmodelle.[36] Könnte es vielleicht auch daran liegen, dass die hohen Mietpreise in den Städten das Homeoffice auf zwei Quadratmeter zwischen Bett und Wand zwingen oder an den Küchentisch? Dass die Unterlagen vor dem Abendessen aufgeräumt werden müssen und es keine Bürotür zum Schließen gibt? Da können selbst Menschen, die grundsätzlich gerne selbstständig und frei arbeiten, die Lust auf einen Heimarbeitsplatz verlieren.

Auf dem Land sind die Räumlichkeiten meist kein Problem, und was bleibt, sind die Vorteile: kein Arbeitsweg, flexible Arbeitszeiten und ein Arbeitsplatz, der nach persönlichen Vorlieben gestaltet werden darf und nicht nach den Geschmacksvorgaben eines Unternehmens. Ja, auch Familie und Beruf lassen sich besser vereinbaren, wenn man nur an Betreuungszeiten gebunden ist, und nicht auch noch an Bürozeiten.

»Aber wie schaffst du es, bei schönem Wetter am Schreibtisch sitzen zu bleiben?«, werde ich öfter gefragt. Meistens gar nicht, weil ich mein Büro mit nach draußen nehmen kann, auf die Terrasse zum Beispiel. Ich habe auch schon auf einer Alm geschrieben, ohne Laptop, einfach auf Papier. Ein Bekannter aus Berlin beneidet mich sehr darum. Ihm wurde gerade sein Schreibtisch im Großraumbüro weggenommen mit dem Argument: Es sind ja sowieso nicht immer alle Mitarbeiter vor Ort, und Büroraum ist teuer. Seine Sachen sind jetzt in einem Rollcontainer, mit dem er sich jeden Morgen einen freien Platz suchen muss. »An manchen Tagen ist es wie die Reise nach Jerusalem«, beschreibt er seine Arbeitssituation. Wenn er dann endlich an einem standardisierten Schreibtisch sitzt, fängt der Wahnsinn erst richtig an. »Dauernd klingeln Telefone, Kollegen schlurfen vorbei und wollen sich unterhalten oder meckern, in der Kaffeeküche gibt es nur eine braune Plörre, auf den Toiletten fehlt das Klopapier, und in der Kantine schmeckt es selten.«

»Und zu Hause, lenkt da der Haushalt nicht ab? Man ist doch immer versucht, etwas dazwischenzuschieben, oder?«, gehört auch zu den beliebten Fragen. Also, ich bin noch nie in Versuchung geraten, während meiner Arbeitszeit zu putzen, und außerdem schützt mich die Bürotür vor der Aussicht auf Wäscheberge und ähnliche Unannehmlichkeiten. Nur manchmal, wenn ich etwas Bewegung brauche, dann gehe ich auf dem Weg in meine persönliche Kaffeeküche an der Waschmaschine vorbei oder radle zum Einkaufen, um frische Luft in den Kopf zu bekommen. Die strikte Trennung von Arbeit und Privatem macht für mich ohnehin keinen Sinn. Ich habe meinen Job einfach gerne in meiner Nähe, und das Landleben macht es möglich.

14. GRUND

WEIL HIER SPORTKARRIEREN STARTEN

Fünf Tage im Februar 1976 genügten, um ein Fleckchen Natur im Chiemgau weltberühmt zu machen. Ein Skimädel von der Winklmoosalm hatte die Olympischen Winterspiele in Innsbruck zu Rosi-Mittermaier-Festspielen umgedeutet und zweimal Gold und einmal Silber abgeräumt. Selbst die *New York Times* hebt damals ein Foto der schnellsten Skirennläuferin der Welt auf die Titelseite. In Deutschland singt sowieso die halbe Nation »Rosi, Rosi, noch einmal«. Noch heute wird die Winklmoosalm in einem Atemzug mit »Gold-Rosi« Mittermaier genannt. Zu Recht: Denn auf dem Almgebiet brachte ihr der Vater, der mit der Mutter eine Gaststätte samt Skischule betrieb, das Skifahren bei, und Rosi konnte im Winter sechs Monate trainieren – so lange lag dort oben Schnee. Gut 30 Jahre später fährt übrigens auch Rosis Sohn, Felix Neureuther, im Skizirkus Weltcupsiege ein. Aufgewachsen zu Füßen der Zugspitze, stand er schon mit zweieinhalb Jahren zum ersten Mal auf Skiern und gewann mit drei sein erstes Rennen bei den Clubmeisterschaften des SC Partenkirchen. Dort ist auch Ausnahmetalent Maria Höfl-Riesch Mitglied. Die besten Athleten werden auf dem Land groß. Es stehen genug Beweise auf den Treppchen.

Biathlon-Superstar Magdalena Neuner kommt aus dem oberbayerischen Wallgau, einem Ort mit 1.400 Einwohnern, in dem die Zeit stehen geblieben zu sein scheint. Dafür gehören die Trainingsstätten zwischen Walchensee, Isartal, Karwendel und Wetterstein zu den schönsten der Welt. Ihre Kindheit verbrachte die erfolgreichste Biathletin aller Zeiten quasi im Freien, stand mit vier bereits auf Alpinski und hielt mit neun das erste Sportgewehr in der Hand. Während Klein-Lena direkt vom Elternhaus weg ihre ersten Spuren über die verschneiten Buckelwiesen und an der Isar entlang zog, legte sie die Grundlagen für ihre Bilderbuchkarriere. Heute können Hobbysportler ihr genau da auf der »Magdalena-Neuner-Loipe« nacheifern. Beim Blick auf Wetterstein und Karwendel geht es einem vermutlich so wie der naturverbundenen Lena: »Hier schöpfe ich Kraft und Energie.«[37]

Den »Huberbuam« geht es ähnlich, nur etwas weiter oben. Die Profibergsteiger Thomas und Alexander Huber sind aus einem kleinen Nest namens Palling in die Weltelite der Extremkletterer gekraxelt. Das Dorf im tiefsten Chiemgau war ihr Einstieg. Die ersten seiltechnischen Grundlagen wurden am Apfelbaum im eigenen Garten trainiert. »Bei der härtesten Route durften wir natürlich nicht mehr um die Äste herumgreifen, sondern beschränkten uns auf Griffe, welche die knollige Rinde an den Seiten und auf der Unterseite des dicken Astes zu bieten hatte«, erinnert sich Alexander Huber in seinem Buch *Der Berg in mir*.[38] Auch den aufgelassenen Steinbruch am Pallinger Ortsrand und die Burgmauer in Stein nutzen die beiden Lausbuben zum Klettern. Als Thomas zwölf ist, nimmt ihn der bergbegeisterte Vater zum ersten Mal zu einer Klettertour ins nahe Berchtesgaden mit: Untersberg, Südwand.[39] Der zwei Jahre jüngere Alexander darf erst ein Jahr später mit. Die gemeinsame Kindheit schweißt sie zu Kletterpartnern zusammen, die zu Spitzenleistungen in der Vertikalen fähig sind.

Auch das Badener Land bietet die perfekte Grundlage für Spitzensportler. Das Auf und Ab des Hotzenwaldes, mit seinen tiefen Schluchten und den bewaldeten Höhen, hat die Oberschenkel von Sabine Spitz trainiert. So konnte die Mountainbikerin aus dem kleinen Herrischried im Schwarzwald schnell die deutsche Konkurrenz hinter sich lassen und sich an der Weltspitze festsetzen. Obwohl sie erstmals mit 22 Jahren am Start eines Rennens stand, hat sie alles gewonnen, was es zu gewinnen gibt: Olympiagold, Weltmeistertitel, Weltcupsiege und reihenweise deutsche Meistertitel.[40]

»Der sportliche Spirit ist auf dem Land zu Hause, wo sonst«, lacht eine junge Frau auf der Winklmoosalm. Sie sieht aus wie die junge Rosi Mittermaier, aber die wohnt schon lange nicht mehr hier. Trotzdem erinnern sich die alten Menschen im Dorf noch an den Trubel damals nach den Olympiasiegen. Daran, wie auf der Alm die Zäune niedergetrampelt wurden und Menschen sich die Nasen an den Fensterscheiben der Hütte plattgedrückt haben. Alle wollten die Gold-Rosi sehen. Doch die Skilegende selbst hat nie die Bodenhaftung verloren. »Das ist typisch für Sportler, die ihre Karriere auf dem Land starten«, erklärt mir die Doppelgängerin.

 15. GRUND

WEIL MAN HIER NOCH GEBRAUCHT WIRD

Wenn »Bergdoktor« Martin Gruber, alias Hans Sigl, in seiner Praxis Rücken abklopft oder Patienten zu Hause besucht, schalten regelmäßig bis zu sieben Millionen Fernsehzuschauer ein. Das TV-Landarztidyll hat dem Tourismus am Wilden Kaiser, wo 2015 bereits die neunte Staffel gedreht wird, einen gehörigen Schub beschert. So kreuzten in einer Umfrage 78 Prozent der Sommergäste an, dass *Der Bergdoktor* sie in der Wahl des Urlaubsortes beeinflusst habe.[41] Auch der Ostseefjord Schlei, wo bis 2012 *Der Landarzt* spielte, wurde durch die populäre Serie zum Aushängeschild der gesamten Region. Die Fans pilgerten in Scharen ins beschauliche Schleswig-Holstein, aber viele Mediziner waren wohl nicht darunter. Dabei werden gerade sie auf dem Land noch wirklich gebraucht und mit offenen Armen empfangen – in der Realität, nicht nur auf dem Bildschirm.

Von Ostfriesland bis zur Oberlausitz, von der Ostsee bis nach Oberbayern – der Provinz gehen die praktisch tätigen Ärzte aus. Nach Angaben der Kassenärztlichen Bundesvereinigung sind in Deutschland etwa 2.600 Hausarztpraxen verwaist, die vor allem für die Grundversorgung auf dem Land nötig wären.[42] Zusätzlich fehlen 2.000 Fachärzte. Viele Patienten müssen heute schon zig Kilometer mit Bus oder Bahn fahren, um zu ihrem Hausarzt zu kommen. Abgesehen davon, dass sie oft wochenlang auf einen Termin warten müssen. Berufsverbände warnen längst, dass sich der Ärztemangel auf dem Land sogar verschärfen wird. Tausende von Allgemeinmedizinern erreichen in den nächsten Jahren das Pensionsalter. Wenn sie in Ruhestand gehen, steht die Praxis leer. Denn Nachfolger sind schwer zu finden, die meisten jungen Ärzte ziehen die (oft überversorgte) Stadt vor. Experten schätzen, dass bis 2020 mehr als 7.000 Hausärzte fehlen werden. Auch eine aktuelle Umfrage der Universität Trier unter Medizinstudenten macht wenig Hoffnung: Nur jeder zehnte möchte definitiv Hausarzt werden, jeder zweite will auf keinen Fall auf dem platten Land arbeiten.[43] Dabei könnten sie hier einen Unterschied machen, anstatt wie in der Stadt nur einer von vielen zu sein.

Wie kann man nur so blind fürs eigene Glück sein? Denn in einem sind sich alle Psychologen einig: Es gibt kaum etwas Befriedigenderes, als gebraucht zu werden. Alte, einsame und arbeitslose Menschen wissen ein trauriges Lied davon zu singen. Wenn wir anderen helfen, wird unser Belohnungssystem aktiviert, wir haben das Gefühl, wichtig zu sein, und das entschädigt für so manchen

Umstand. Respekt, Anerkennung und Lob können eine ganze Kaskade positiver Gefühle lostreten. Aus Sicht des Glücks ist es also eindeutig besser, ein Dorf aus ärztlicher Unterversorgung zu retten und die Dankbarkeit der örtlichen Honoratiogen und Patienten zu genießen, als in einer Stadt, wo sich Praxis an Praxis reiht, Existenzangst zu haben und um Privatpatienten zu buhlen. Davon, dass so manche Gemeinde junge Landärzte auch finanziell unterstützt und ihnen Investitionskostenzuschüsse gewährt oder die Praxismiete erlässt, wollen wir an dieser Stelle gar nicht erst reden. Landärzte haben nicht nur im Fernsehen die besten Aussichten, sie spielen auch in der Realität eine Hauptrolle. Übrigens werden auch dringend Lehrer gebraucht.

16. GRUND

WEIL SICH HAUSFRAUEN NICHT RECHTFERTIGEN MÜSSEN

Frauen, die ihren Beruf aufgeben, um sich um die Familie zu kümmern, werden gerne in eine große Schublade gesteckt. Darauf steht dann: »Hausfrau«. Gefüllt ist sie mit Urteilen, die diese Entscheidung lächerlich machen, feige aussehen lassen, eine langweilige Persönlichkeit unterstellen, einen reaktionären Geist und eine Disposition zur Glucke. Sind diese Frauen akademisch gebildet, wird ihnen außerdem die Verschwendung staatlicher Mittel vorgerechnet, schließlich haben sie auf Staatskosten studiert und weigern sich nun, diese Schuld durch die monatliche Lohnsteuer abzutragen, obendrein profitieren sie vom Ehegattensplitting. Na, bravo! Erst BWL studieren, um dann als Chauffeuse der Kinder, Köchin und Putzfrau ohne geregeltes Einkommen zu enden. Schön blöd! Sicher ist: Das Etikett »Hausfrau« kann sich keine wünschen, es schadet dem Image mehr als 30 Kilo Übergewicht. Deshalb erzählt meine Münchner Freundin gerne, sie wäre freiberufliche Grafikerin, obwohl sie seit der Geburt ihres Sohnes nur noch Baufahrzeuge für den Privatgebrauch zeichnet. Eine Berliner Bekannte gibt vor, im Homeoffice zu arbeiten, während sie Wäsche bügelt, und eine ehemalige Kollegin aus Köln lügt auf Partys, sie wäre Eventplanerin, »weil sich mit Frauen, die gerne Hausfrau und Mutter sind, niemand unterhalten will«. All diesen freiwilligen Hausfrauen kann ich nur empfehlen: Zieht aufs Land!

Hier dürfen Hausfrauen noch machen, was sie wollen. Niemand rümpft die Nase, wenn man Kleinkinder lieber selbst betreut, als sie in die Krippe zu geben. Keiner macht sich darüber lustig, wenn man für gemeinsame Familienmahlzeiten gerne am Herd steht. Niemand hält einen für rückständig, weil man meint, zwei Vollzeitjobs in einer Familie gehen zu Lasten der Beziehung und der Kinder. Die meisten Landbewohner sind realistisch und wissen, dass ein Familienleben, das vorwiegend von der modernen Arbeitswelt und ihren Ansprüchen durchgetaktet ist, nicht viel Raum für ein erfüllendes Miteinander und einen stressarmen Alltag lässt, sondern die ganze Familie zwingt, von morgens bis abends zu funktionieren – und am Ende des Tages war wieder keine Zeit für schöne gemeinsame Momente, aus denen Glück entstehen kann. Wie will man sein Leben leben? Was wird man später bereuen?

Aber es geht nicht darum, welches Lebensmodell das bessere ist, es kann das eine oder das andere sein oder eine Kombination aus beiden, das muss jede selbst für sich herausfinden. Jede Frau – und natürlich auch jeder Mann – sollte die Möglichkeit haben, genau dort zu sein, wohin das Herz und der Verstand sie ziehen, ins Büro, auf die Bühne, zu den Kindern, in Teilzeit, in Vollzeit. Und niemand sollte sie für ihre Wahl in eine Schublade stecken. Darum geht es. Aber wenn schon in die Schublade »Hausfrau«, dann bitte auf dem Land. Da stecken nämlich freundliche Wertungen drin. Auf dem Land hat die Hausfrau definitiv kein Imageproblem.

17. GRUND

WEIL EXISTENZGRÜNDER IM GRÜNEN BEREICH ARBEITEN

Arne Katzbichler und Inga Zempel sind von der Großstadt aufs Land gezogen. Ihnen und ihrer Buchbinderei mit dem schönen Namen »Bindewerk« wurde es in München zu eng. Inzwischen entwickeln und produzieren Katzbichler und Zempel mit neun Mitarbeitern in Prien am Chiemsee handgefertigte Notizbücher, Leporellos, Schachteln und Geschenkpapier. Sie verkaufen ihr Sortiment weltweit in 21 Länder, aber ihr Herz schlägt regional: »Es ist uns wichtig, die Dinge, die wir verkaufen, selbst zu produzieren und unabhängig von Importware aus Fernost zu bleiben.«[44]

Dafür sind in der Provinz die Bedingungen besonders gut. Junge Firmengründer profitieren von günstigen Mieten, niedrigeren Lohnkosten, und für die Anbindung an die großen Marktplätze sorgen Datenautobahnen. Die Folge: Selbst junge kreative Einzelhändler, die Seifen oder Schmuck herstellen, sind nicht mehr auf teure Citylagen angewiesen, um gut zu verkaufen. Im Gegenteil. Anstatt in ein Ladenlokal zu investieren, können sie ihr Schaufenster im Internet bei Plattformen wie DaWanda und Etsy bestücken und nicht nur über Stadtgrenzen, sondern auch über Landesgrenzen hinweg Kunden finden. Wie Larissa von »nordDesign«. Aufgewachsen als Landkind in der Nähe von Lübeck, ließ sich die junge Frau zur Industriekauffrau ausbilden, bevor sie bei DaWanda ihren Shop eröffnete, um mit Taschen zu handeln, die an Strandluft und Wellenrauschen erinnern.[45] Ein paar virtuelle Läden weiter bietet Steffi unter ihrer Marke »heaven + paper« Papierprodukte an. Die zweifache Mutter reiste um die Welt, lebte in Paris, München, Hamburg und Stockholm, bevor sie ihre Existenz aufs Land verlagerte. Heute arbeitet sie in der kleinen Gemeinde Baierbrunn und dirigiert einen winzigen Familienbetrieb: »Meine Schwägerin Lena ist die gute Fee, die sich zuverlässig um den Versand und die Logistik kümmert, mein Mann ist der Verpack- und Klebeweltmeister, mein Schwiegervater ist der Tüftler, der sich die raffiniertesten Präsentationsbauten ausdenkt, und Emil (7) und Theo (2) sorgen dafür, dass immer genügend Gummibärchen auf dem Schreibtisch liegen.« Und bei einem kreativen Tief hilft der ländliche Standort weiter, denn dann radelt die Existenzgründerin einfach ein paar Kilometer durch den Wald.[46]

Alles im grünen Bereich? Für viele Existenzgründer sind die Bedingungen auf dem Land tatsächlich besser als in der Stadt. Das Wirtschaftsmagazin *Impulse* meint dazu: »Es muss nicht immer Berlin Mitte sein: ›Gründer in der Provinz profitieren von günstigen Löhnen und der Verbundenheit der Mitarbeiter.‹«[47] In einer großen Geschichte über Existenzgründungen fernab von Metropolen wurde unter anderen Klaus Wegener porträtiert, der in seine ländliche Heimat zurückkehrte, um dort Laptop-Hüllen zu produzieren. Auch wenn Wegener auf der Website von »Caseable« wirbt: »Unsere Standorte in Brooklyn und Berlin geben uns die Inspiration für unsere Produkte und Designs«, so verrät das Impressum doch, wo der Erfolg wirklich gemacht wird: in Lauterbach.[48]

18. GRUND

WEIL HIER DIE LETZTEN IHRER ZUNFT ARBEITEN

Industrialisierung und technische Entwicklung verdrängen immer mehr alte Handwerkstraditionen. Viele Menschen feiern das als Fortschritt. Dabei geht mit jedem alten Beruf eine in Jahrhunderten erreichte Perfektion und ein Teil unserer Kultur verloren. Wäre da nicht das Land. Wie eine seltene Spezies finden vom Aussterben bedrohte Berufe hier eine Ökonische. Denn auf dem Dorf werden Bräuche und Traditionen bis heute geschätzt und vor allem gepflegt.

In Garmisch etwa, wo sich schon im 16. Jahrhundert die Bauern die langen Wintermonate mit Eisstockschießen vertrieben, führt Josef Sedlmaier in dritter Generation einen kleinen Familienbetrieb. Der 47-Jährige ist einer der Letzten, die nach allen Regeln der Handwerkskunst Eisstöcke fertigen. Weltweit gibt es nur noch sieben wie ihn. Jeden Stock, jeden Stiel und jede Laufplatte passt er an den Sportler an. Kein Wunder, dass ein Moarstock (Moar = Mannschaftsführer) von Sedlmaier auf dem Eisplatz als Nonplusultra gilt. »Der löst die gleiche Ehrfurcht aus wie im Fußball ein Manuel Neuer im Tor«, sagt der Eisstockmacher, dessen hochwertige Unikate oft sogar vererbt werden. Das nennt man Anschaffung fürs Leben.

Eine ländliche Region mit ihrer Natur, ihrem Wald sichert auch dem Beruf von Meike Lietz-Butzer das Überleben. Zahllose Baumstämme spaltet und entrindet die tatkräftige Frau jedes Jahr und lagert sie zum Trocknen in ihren Schuppen. Denn für ihre Tätigkeit braucht sie Holz, stabiles, hartes, langfaseriges Holz. Meike Lietz-Butzer gilt als einzige professionelle Bogenbauerin Deutschlands.[49] Auf ihrem Hof im niedersächsischen Dorf Barwedel fertigt die gelernte Drechslerin aus Ulme, Esche oder Robinie traditionelle Langbogen, »wie sie schon unsere Vorfahren gemacht haben«.[50] Mit Zieheisen, Messer, Hobel, Raspel, Feile und immer feiner werdendem Schleifpapier bearbeitet sie die Rohlinge. So kann sie jeden Bogen in Länge, Form und Spannkraft individuell auf den Schützen ausrichten. Das ist hohe Kunst, deren Grundzüge man auch bei ihr lernen kann. Und noch etwas suchen die Teilnehmer ihrer Bogenbaukurse. Sie wollen die »archaischen Lebensformen unserer Vorfahren« nachempfinden.[51] Das können sie am besten beim gemeinsamen Bogenjagen in den Wäldern Barwedels – auf symbolische Wildschweinziele.

Die Sehnsucht der Menschen nach Ursprünglichkeit spielt auch Martin Wiesner in Kreuth am Tegernsee in die Hände. Er gehört zu den wenigen Hutmachern in Deutschland, die noch in mühevoller Handarbeit Trachtenhüte aus Filz und Haar fertigen.[52] Als derzeit einziger Betrieb »schert« er beispielsweise die Oberfläche des fertig geformten Hutes, so entsteht ein besonderer Glanz. Das schätzen die Tegernseer, Musikanten, Jäger und Trachtler und auch die Touristen. Eben alle, die ein Stück Heimat am Körper tragen wollen.

 19. GRUND

WEIL PENDELN ZEIT SCHENKT

Mein Kollege Matthias ist einer von 1,5 Millionen Berufspendlern in Deutschland. Für den Traum vom Haus im Grünen hat er vor drei Jahren seine Stadtwohnung in Verlagsnähe aufgegeben und ist mit der Familie in den Westerwald gezogen. Seitdem hat sich sein Arbeitsweg von fünf auf 70 Kilometer verlängert. Wer ihn deswegen bedauert, erntet ein verständnisloses Lächeln. »Stress? Hatte ich früher wesentlich mehr«, sagt er. Dazu muss man wissen, dass Matthias nicht wie die meisten Pendler mit dem Auto zur Arbeit fährt und immer neue Schleichwege suchen muss, um irgendwelche Staus zu umgehen. Nein, er setzt sich einfach Tag für Tag in die Bahn und rattert über die Dörfer in die Kölner City. »Ich genieße die Stunde im Zug. Das ist für mich geschenkte Lebenszeit«, schwärmt er. Und die nutzt er sinnvoll für sich und zum Arbeiten. »Ich kann in Ruhe Zeitung lesen, das ist ja zu Hause wegen der Kinder nicht wirklich möglich. Oft schreibe ich auch schon die ersten E-Mails oder bereite mich auf eine Sitzung vor.« Ein Klassiker ist auch das morgendliche Dösen im Zug. Eines lässt sich mit Sicherheit sagen:

So entspannt und gut präpariert wie Matthias schlendern morgens nur wenige Kollegen über den Büroflur. Und was in der Hektik des Tages untergeht oder liegen bleibt, erledigt er auf dem Heimweg. So kann er zu Hause gleich in den Feierabend starten und muss nicht, wenn die Kinder im Bett sind, nochmals den Computer hochfahren.

Viele Pendler nehmen die Bahnfahrt auch als kleine Auszeit. »Wer unterwegs Dinge tut, die ihm Spaß machen und mit denen er sich auch in seiner Freizeit beschäftigt, kommt entspannter und zufriedener an«, sagen Psychologen. Also Kopfhörer auf und Filme schauen, Musik hören oder in einem Hörbuch abtauchen. Für Monumentalromane wie Marcel Prousts *Auf der Suche nach der verlorenen Zeit* ist so ein Nomadenleben zwischen Job und Wohnort sogar ideal. Denn an dem Vorsatz, ein literarisches Gesamtwerk zu lesen, scheitern viele. Doch Prousts 156 Hörbuch-Stunden lassen sich gut in ein Pendlerjahr packen.

Doch Bahnfahren bildet nicht nur, sondern macht auch schlank. Das haben Wissenschaftler von der London School of Hygiene and Tropical Medicine in einer aktuellen Studie festgestellt. Demnach neigen Pendler, die schnell noch den Bus oder die Bahn erwischen müssen, deutlich weniger zu Übergewicht als ihre Artgenossen, die mit dem Auto zur Arbeit fahren.[53] Die Studie, die im August 2014 veröffentlicht wurde, ergab, dass öffentliche Pendler einen deutlich geringeren Body-Mass-Index (BMI) und niedrigere Körperfettwerte haben. Selbst im Vergleich mit Radfahrern und Fußgängern schnitten sie besser ab, wenn auch minimal.

Seit Matthias pendelt, hat er übrigens nicht nur sein Englisch aufpoliert, sondern auch Spanisch gelernt. Audio-Sprachkurse machen's möglich. Während die Landschaft am Zugfenster vorbeizieht, kann man sich eben prima in eine Fremdsprache einhören und zwischendurch immer wieder Vokabeln memorieren.

Matthias hat jetzt nicht nur ein Häuschen im Grünen, sondern ist auch auch noch multilingual. Alles nur, weil er pendelt.

20. GRUND

WEIL AUF TUPPERPARTYS
DILDOS VERKAUFT WERDEN

Endlich »richtiges Geld« verdienen. Das war der Wunsch meiner Kollegin Anita. Sie wusste auch schon wie: im Sexgeschäft. Meinen zweifelnden Blick deutete sie sofort richtig: Ihr Körper war dazu nicht das passende Instrument. Er war in Masse und Form eher ein »Nischenprodukt«, wie sie es selbst mit bodenständigem Realismus ausdrückte. Egal. Sie wollte nicht ihr Übergewicht verkaufen, sondern »echte Höhepunkte«. Sie wollte Frauen beglücken und befreien. Ihr Karriereplan stand bereits fest: Sie würde eine »Dildofee« werden und mit »Zauberstäben« handeln. Anders ausgedrückt: Sie wollte Sextoy-Partys nach dem Tupperprinzip schmeißen mit handfesten Produkten namens »Geckolino«, »Herzensbrecher«, »Hugo«, »Prinz« und »Toyboy«. Als Spezialistin im Bereich der sexuellen Selbstversorgung vertrat sie schließlich schon seit Jahren das Credo: »Lieber den richtigen Dildo als den falschen Mann.« Für das nötige Verkaufstalent sorgte ihre rheinische Frohnatur. Ich nahm an, dass sie ihrer Karriereplanung zuliebe in ihre lebenslustige Heimatstadt Köln zurückkehren würde. Von wegen! »In Städten gibt es doch an jeder Ecke Sexshops.« Sie würde übers Land ziehen, der Heimat der Dildopartys, belehrte mich Anita.

Richtig, die erste Dildofee-Party wurde auf dem Land gefeiert, in einem kleinen Dorf in Niedersachsen. Dort schrieb die Selfmadefrau Petra Zwanzig Anfang 2000 das erste Kapitel ihrer Erfolgsgeschichte und führte sie von dort aus weiter. Entschlossen, einen Erotikvertrieb aufzuziehen, investierte sie ihr Startkapital von damals 1.000 Mark in Erotikspielzeug für Frauen und ein paar Flaschen Sekt. Im Haus einer Freundin ließ sie ihre erste Dildofee-Party steigen. Heute führt Zwanzig ihre Firma Fun Concepts OHG mit eigenen Produkten und rund 3.000 Dildofeen.[54] Meine Kollegin wollte Dildofee Nummer 3.001 werden und zog los. Am Ende des Abends hatte sie gut verkauft. »Es war ein Selbstläufer«, juchzte sie ins Telefon. »Die Frauen waren völlig unverklemmt und in bester Partylaune. Wie erwartet.« Ich hätte es mir denken können.

Sex war auf dem Land noch nie ein Tabuthema, sondern schon immer die natürlichste Sache der Welt, und ob Tupperparty oder Dildofete, Gründe für lustige Frauenabende sind hier immer willkommen. »Tupperpartys?«, berichtigt mich Anita. »Die laufen doch nur noch in der Stadt. Landfrauen wollen Spaß und keine Plastikschüsseln.«

21. GRUND

WEIL MAN WINZER WERDEN KANN

Der Gegensatz muss für den kleinen Günther Jauch gewaltig gewesen sein: Da die Enge der Großstadt Berlin mit der elterlichen Dreieinhalb-Zimmer-Wohnung, dort die Weite des Weinguts Othegraven von Onkel Max und Tante Maria am Rand des kleinen Dorfes Kanzem in Rheinland-Pfalz. In den Ferien durfte er das herrschaftliche Gutshaus erobern, die Weinkeller erkunden, in den Park stürmen, am Fluss spielen und Weinberge so steil wie das Matterhorn erklimmen. Jauch war oft zu Gast und verbindet mit dem ländlichen Paradies an einem Seitenarm der Saar viele schöne Kindheitserinnerungen.[55] 2010 kaufte der erfolgreiche TV-Journalist das Weingut aus dem 16. Jahrhundert von einer entfernten Verwandten. Er wollte, dass es im Familienbesitz bleibt. Seine Großmutter war eine Geborene von Othegraven. Doch obwohl verwandtschaftlich mit dem Weingut verbunden, ist Jauch ein Quereinsteiger im Winzergewerbe – und nicht der Einzige.

Menschen, die der Lebenskunst mächtig sind, zieht es in die besten Lagen, dorthin, wo die Weintrauben wachsen. Im *Handelsblatt* schwärmt Jauch von seinem Nachbarn Roman Niewodniczanski, der als Seiteneinsteiger mit dem Weingut Van Volxem »richtig was auf die Beine gestellt hat und zeigt, was man mit Ehrgeiz, Fleiß und gutem Marketing schaffen kann«.[56] Ein Weingut nicht nur zu erhalten, sondern es künftig zu bewirtschaften, erlebt Neuwinzer Jauch als »eine Mischung aus Kunststück und Abenteuer«. Und eine besondere Facette des Landlebens.

Die Folge: Jauch zieht es raus auf sein Weingut. Etwa jede zweite Woche ist er vor Ort und schwärmt vom Anbaugebiet Saar und dem Kanzemer Altenberg mit Südhang, rauem Schieferboden und perfektem Kleinklima. Kann er nicht vor Ort sein, telefoniert er täglich mit seinem Geschäftsführer und Önologen Andreas Barth und verfolgt im Internet lokale Wetternachrichten, Regenradar, Bodenfröste. Schließlich gilt: »Was man im Berg falsch macht, kann man im Keller nicht mehr retten.« Dabei dachte er, er würde »einmal ebenso rotnasig wie freundlich auf der Veranda sitzen«, scherzte er in der *Zeit*. Aber die Leidenschaft für den Wein und die Gegend haben ihn gepackt. Beste Lagen können süchtig machen.

Die Reben verbinden die Menschen auf besondere Art mit dem Land. Wer zum Winzer wird, dem sind geistreiche Naturerlebnisse sicher, fernab von der Hektik der Metropolen. Es lebe der Wein – und seine Anbaugebiete! Zum Glück können auch Nicht-Promis in das genussversprechende Landabenteuer einsteigen – sofern sie das nötige Geld oder eine freundliche Bank und Mut haben, wie der Journalist Jochen Siemens. Er hatte 25 Jahre für die *Frankfurter Rundschau* gearbeitet, dann für ein Weinmagazin, bevor er Ende 2005 gemeinsam mit seiner Frau Karen das Weingut Herrenberg in Serrig an der Saar übernahm.[57] Auch wenn Anfängerfehler, das Wetter und eine alte Bausubstanz manche Tage in der Idylle zum Horror werden ließen, so bleibt das große Ziel des aufregenden Experimentes: »Einen unverwechselbaren Riesling zu machen, anstatt noch einen Merlot oder Sangiovese, die im globalen Weinsee untergehen«, sagte Siemens der *Zeit*. Inzwischen sind die Traubenverarbeitung und die Kellerwirtschaft seines Gutes auf dem aktuellen Stand der Technik, und mit seinem Riesling »Serriger Würzberg« landete er bei dem Wettbewerb »Challenge Deutscher Riesling 2013« auf Platz 2. Es bekommt wohl, das Winzerleben.

22. GRUND

WEIL HIER TRENDS GEMACHT WERDEN

Häkeln. Jahrzehntelang wurde es als Hobby für Omas und biedere Hausmütterchen abgetan. Und dann waren es ausgerechnet zwei junge Männer aus dem Fichtelgebirge, die mit selbst gehäkelten bunten Mützen die urbane Lifestyle-Szene eroberten und einen Häkelhype auslösten. »myboshi« heißt das Phänomen. Das Erfolgsrezept der beiden Landkinder: Authentizität. Und zwar von Anfang an.

Der Zufall legt den Grundstein für das junge Unternehmen im fränkischen Provinznest Konradsreuth. Ein Austauschprogramm verschlägt Thomas Jaenisch und Felix Rohland, die neben dem Studium als Skilehrer jobben, 2009 für mehrere Wochen in ein abgelegenes japanisches Skikaff. »Von der üblichen Skihüttenromantik war das weit entfernt«, erinnert sich Jaenisch. Um die eintönigen Abende zu überbrücken, lassen sich die Jungs von einer Skilehrerkollegin das Häkeln zeigen, zwei Tage später haben sie – passend zum Schneetreiben vor der Tür – ihre ersten Mützen fertig, sogenannte Beanies. Als ihnen später in Tokio die selbst gehäkelten Erstlinge geradezu vom Kopf gerissen werden, reift eine Geschäftsidee. Ein Name ist schnell gefunden: Als Referenz an ihre Skireise nennen die beiden ihr Projekt myboshi, nach dem japanischen Wort »Boshi« für Mütze.[58]

Zurück in der Heimat, häkeln die beiden anfangs nur für Freunde und Bekannte aus der Gegend. Doch bald kommen sie mit der Produktion nicht mehr nach, die Mütter müssen mit einspringen, dann holen die Jungs die ersten »Häkelomis« aus der Region ins Boot. Auf dem Land hält man zusammen. Nach rund 2.000 Boshis ist das Limit erreicht: »Da haben wir gesagt: Entweder machen wir es richtig, oder wir hören auf«, erinnert sich Felix Rohland, als myboshi für den Deutschen Gründerpreis 2014 nominiert wird.[59] Die beiden lancieren eine professionelle Internetseite, über die die Bestellungen laufen, und suchen per Kleinanzeige Verstärkung. Als Clou bieten die Häkelpioniere einen Mützenkonfigurator an, mit dem jeder seine Kopfbedeckung individuell designen kann: knallig bunt oder naturfarben, mit breiten oder mit schmalen Streifen, mit oder ohne Bommel, mit Käppi-Ansatz oder einfach rund. Fünf Jahre später beschäftigen die Jungunternehmer bis zu 40 hoch motivierte ältere Damen aus Oberfranken. Eine Win-win-Situation: In Heimarbeit häkeln die Omis bienenfleißig eine farbige Wollmütze nach der anderen – allein 2014 waren es 25.000 – und bessern so ihre Rente auf. Und die myboshi-Gründer können die hohe Qualität ihrer handgehäkelten Mützen garantieren. »Uns fehlte aber Wolle in angesagten Farben«, erzählt Jaenisch. Doch die namhaften Hersteller ließen die beiden No-Names abblitzen. Wieder half ihnen die Verwurzelung in der Heimat: Ein örtlicher Großhändler sprang ein und wurde mit myboshi-Wolle zum Marktführer.

Heute ist myboshi viel mehr als eine Mütze. Mit ihrer Bodenständigkeit haben die Start-up-Unternehmer ein regelrechtes Häkelimperium aufgezogen. Vier Handarbeitsbücher haben sie bereits veröffentlicht, die aus dem Stand zu Bestsellern wurden. Zusätzlich bieten sie über den Onlineshop www.selfmade-boshi.com Häkelsets, Wolle und Anleitungen an, denen auch Anfänger folgen können. Die Mützen, die auf Großstadtpisten und Skihängen heute für Furore sorgen, kommen vom Land. Hier entstehen Trends.

23. GRUND

WEIL MAN HIER BEHAUPTEN KANN,
MAN HABE KEIN NETZ

Auch wenn es nicht stimmt, es glaubt einem jeder.

24. GRUND

WEIL VOGELGEZWITSCHER GESÜNDER IST ALS AUTOLÄRM

Wenn nachts die Straßenbahn die Fensterscheiben erzittern lässt, Polizeisirenen heulen und Kneipengänger auf dem Gehsteig grölen, schlafen manche Menschen seelenruhig weiter. »Man gewöhnt sich daran. Ich höre den Lärm schon gar nicht mehr«, beschönigen sie ihre Wohnsituation. Was bleibt ihnen auch anderes übrig? Vielleicht empfinden sie den nächtlichen Krach nach zehn Jahren in derselben Straße auch wirklich nicht mehr als störend, aber ihr Organismus wird sich nie an den Lärm gewöhnen, sagen Wissenschaftler. Im Gegenteil: Er schadet ihrer Gesundheit. Und wie.

»Lärm ist vor allem in Städten und Ballungsräumen eines der größten Umwelt- und Gesundheitsprobleme«, warnt das Umweltbundesamt,[60] und die Weltgesundheitsorganisation WHO schätzt, dass in westeuropäischen Ländern jährlich mindestens eine Million gesunder Lebensjahre durch verkehrsbedingten Lärm verlorengeht.[61] Denn unser Gehör schläft nie. Es arbeitet ununterbrochen, 24 Stunden am Tag. Rund 20.000 hochempfindliche Hörzellen im Inneren unserer Ohren fangen die Schallwellen jedes Geräusches ein und wandeln sie in elektrische Impulse fürs Gehirn um. Das wiederum wertet die Signale aus, blendet Unwichtiges wie Stimmengewirr auf einer Party aus, wägt ab, entscheidet, ob Gefahr droht.[62] Schall wird dann zu Lärm, so der Bochumer Lärmforscher Rainer Guski, wenn er unerwünscht ist und das Wohlbefinden beeinträchtigt.[63] Die Latte dafür liegt beim Menschen tief.

Bis 20 Dezibel, der Maßeinheit für Lautstärke, kann der Mensch ungestört schlafen. Das ist die Faustregel. So leise sind etwa Atemgeräusche oder im Wind raschelnde Blätter.[64] Eine Zunahme von zehn Dezibel entspricht einer Verdopplung der Lautstärke. Insofern kann das Brummen eines Kühlschranks mit 50 Dezibel schon den Schlafrhythmus stören, bei Dauerbelastung oberhalb von 60 Dezibel (am Tag) steht die Gesundheit auf dem Spiel:[65] Das Herzinfarkt- und Schlaganfallrisiko steigt, das Immunsystem wird geschwächt.

Hintergrund: »Lärm versetzt den Körper in Alarmbereitschaft«, sagen Experten. Mit »fight or flight«, Kampf oder Flucht, hat Walter Cannon, ein Pionier der Stressforschung, diese Reaktion beschrieben, die unterbewusst abläuft.[66] Das heißt: Lärm ist ein Warnsignal. Im Alltag nutzen wir es beispielsweise, indem wir hupen oder eine Sirene einschalten. Sitzen wir aber am Schreibtisch und hinterm Haus rattert ein Güterzug vorbei, müssen wir weder kämpfen noch fliehen. Dennoch löst ein Schallpegel von 60 Dezibel automatisch den Notfallmechanismus aus. Nach einer Schrecksekunde fluten die Stresshormone Adrenalin, Noradrenalin und Cortisol die Blutbahn. Blutdruck, Atem- und Herzfrequenz steigen. Wachsamkeit und Reaktionsbereitschaft sind erhöht.

Wachsam zu sein war für unsere Vorfahren überlebenswichtig. Heute jedoch macht uns diese Schutzreaktion krank, weil Lärm zu einer regelrechten Dauergeißel geworden ist. Nachts sind wir besonders empfindlich, dann kann unser Körper bereits ab 30 Dezibel reagieren.[67] Nicht indem wir hochschrecken, aber durch die Stressreaktion nehmen die unbewussten Wachphasen zu. Entsprechend gerädert wachen wir am nächsten Morgen auf.

Wer nach einem Wochenende auf dem Lande wieder in den Großstadtdschungel eintaucht, dem wird das gnadenlos um die Ohren geschlagen: Nicht Stille senkt sich abends über die Häuser, sondern Verkehr und pralles Leben sorgen für eine Dauerstimulation der Hörzellen. Vor allem der Straßenlärm nervt: Mehr als jeder zweite Deutsche fühlt sich durch Autoverkehr belästigt oder gestört, schreibt das Umweltbundesamt. Kein Wunder: Viele Städte stehen kurz vor dem Verkehrsinfarkt. Den Hupkonzerten, quietschenden Reifen, aufheulenden Motoren, zischenden S-Bahnen und knatternden Motorrollern kann in der City keiner entkommen. Dabei wird der Großstadtkrach noch durch die engen Häuserschluchten verstärkt. Als zweitgrößten Ruhestörer haben die Deutschen übrigens ihre Nachbarn ausgemacht. Wer tief in der Nacht noch den Fernseher aus der Wohnung nebenan hört, denkt wahrscheinlich nicht das erste Mal über einen Umzug aufs Land nach. Dass die berühmten Ohrenstöpsel Ohropax ausgerechnet in Berlin erfunden wurden, dürfte daher kaum jemanden wundern – denn dort war's schon 1907 im Vergleich zum Land ohrenbetäubend laut.[68]

Daran hat sich bis heute nichts geändert. In der dünn besiedelten Provinz lebt es sich einfach (lärm-)gesünder. Wenn die Sonne aufgeht, kräht ein Hahn. Vom Nachbargrundstück hört man höchstens den Hund, der den Vollmond oder Briefträger anbellt. Kein Autolärm übertönt das Vogelgezwitscher am frühen Morgen. Zwar tuckern vielleicht später Traktoren durchs Dorf, Mopeds knattern über die Landstraße und Mähdrescher drehen auf den Feldern ihre Runden, doch das ist kein Vergleich zu den Blechlawinen in der Stadt, die sich durch jede noch so schmale Straße wälzen. Selbst die Amseln singen auf dem Lande leiser. Das haben Wissenschaftler vom Max-Planck-Institut für Ornithologie herausgefunden. Um den Autolärm zu übertönen, schlagen die Vogelmännchen in der Stadt höhere Töne an als die Dorf-Amsel.[69]

25. GRUND

WEIL DIE LUFT BESSER IST

Der französische Karikaturist Henri Bonaventure Monnier brachte es bereits vor 200 Jahren auf den Punkt: »Man sollte die Städte auf dem Lande bauen, da ist die Luft besser.« Wenngleich Monnier auf das nachrevolutionäre Paris anspielte, das fast an seinem Kloakengestank erstickte, ist sein Bonmot topaktuell. Außerhalb der Städte ist die Luftqualität einfach viel besser, wenn auch aus anderen Gründen als im 19. Jahrhundert.

Heute sind es weniger Duftmoleküle, die den Unterschied machen, sondern Ruß, Rauch und Staub, der aus Auspuffrohren und Kaminen quillt. Laut Umweltbundesamt zählen Ballungsräume und Städte zu den am stärksten durch Luftverunreinigungen belasteten Regionen in Deutschland.[70] Kein Wunder: Die meisten Schadstoffe »produzieren« die Menschen selbst – durch Straßenverkehr, Kraftwerke und Heizungsanlagen. Neben Stickoxiden atmen die Großstädter vor allem zu viel Feinstaub ein, winzige Partikel, die zehnmal kleiner als der Durchmesser eines Haares sind.

Feinstaubquelle Nummer eins ist das Auto. Die Miniteilchen sind im Abgas enthalten und entstehen durch Reifenabrieb sowie aufgewirbelten Staub.[71] Sie sind so leicht, dass sie nicht sofort zu Boden sinken, sondern in der Luft schweben. Das macht sie so gefährlich für die Gesundheit: Mit jedem Atemzug können die ultrafeinen Partikel, an denen oft noch Schwermetalle und andere krebserregende Substanzen haften, tief in die Lungen eindringen und sogar in den Blutkreislauf gelangen. Dort können sie Entzündungen auslösen. Das Risiko, an einem Herzinfarkt oder Lungenkrebs zu sterben, steigt. Nach einer Studie des Umweltbundesamtes führt ein langfristiger Kontakt mit Feinstaub jedes Jahr im Schnitt bei etwa 47.000 Menschen zu vorzeitigem Tod.[72]

Da seit 2005 europaweit Grenzwerte für Feinstaub gelten, haben inzwischen 48 deutsche Kommunen sogenannte Umweltzonen eingerichtet, um die Luftqualität für ihre Einwohner zu verbessern.[73] Doch die Schmutzstatistik, die das Umweltbundesamt führt, ist entmutigend. Beispiel Stuttgart: Am Neckartor, wo jeden Tag bis zu 80.000 Fahrzeuge vorbeidonnern, wurde auch 2013 der von der EU erlaubte Grenzwert (50 Mikrogramm pro Kubikmeter Luft) an 91 Tagen überschritten, teilweise sogar um das Doppelte.[74] Auch München, Gelsenkirchen und Köln geben immer wieder Anlass zur Sorge. Und Paris? Musste im März 2014 sogar Fahrverbote verhängen.

Am saubersten war die Luft im Jahr 2013 laut Umweltbundesamt auf dem Land: Im Südschwarzwald und in Bad Hindelang war die Feinstaubkonzentration im Jahresmittel am niedrigsten und lag 80 Prozent unter der vom Neckartor. Als ob es noch eines wissenschaftlichen Beweises bedurft hätte! Landbewohner müssen nur einmal Luft holen, um zu merken, dass die Luft um sie herum frisch und sauerstoffreich ist. Nicht umsonst gibt es in Deutschland fernab der Metropolen mehr als 60 heilklimatische Kurorte,[75] für die der deutsche Wetterdienst regelmäßig lufthygienische Gutachten erstellt.

 26. GRUND

WEIL GRÜN ENTSPANNT

Der beste Erste-Hilfe-Tipp bei Liebeskummer? Nein, weder die herzschmerzbetäubende Flasche Rotwein noch ausschweifende Rachefantasien sind gemeint, sondern – ein Waldspaziergang. Für ein gebrochenes Herz gibt's kaum etwas Heilsameres. Keiner weiß das besser als der Volksmund, für den Grün die Hoffnung ist. »Das Grün der Natur erleben wir als beruhigend, tröstend, sogar als heilig«, bestätigt die Psychologin Katharina Andres-Wilhelm.[76] Nicht umsonst setzen Farbtherapeuten grünes Licht ein, um Angstzustände zu lindern und das Herz zu stärken. Gut, wenn man schon draußen in der Natur wohnt, dann kann man sich die Kunstlichtbehandlung sparen. Wogendes Gras, Ahorn und Kastanien im Frühlingsgrün, wuchernder Efeu, Haselnusssträucher am Wiesenrand, blühende Hagebuttenhecken – das bringt uns Vitalität und Lebensfreude auf ursprüngliche Weise zurück. Eigentlich komisch, dass nur zwölf Prozent der Deutschen Grün als Lieblingsfarbe nennen.[77]

Optiker schreiben der Farbe auch eine besondere Entspannungswirkung für die Augen zu. Fehlsichtige merken das, wenn sie während eines längeren (Urlaubs-)Aufenthalts im Grünen auch mal auf die Brille verzichten können. Leider ist der Effekt nicht von Dauer: Wenn man wieder in die Häuserschluchten der Stadt zurückkehrt, muss die Brille wieder auf die Nase.

Weil Grün das menschliche Auge nicht anstrengt, sind auch Billard- und Roulettetische grün bespannt. Ein ähnlich beruhigendes Ergebnis versprach man sich im historischen England von den »Green Rooms« im Theater. Der Aufenthaltsraum hinter der Bühne war der Überlieferung nach grün gestrichen, damit sich die Schauspieler zwischen ihren Auftritten vom grellen Rampenlicht erholen konnten.

Obwohl Grün eine Sekundärfarbe ist – es entsteht, wenn man Blau und Gelb mischt –, denkt man niemals an seine Komponenten und spricht von Blaugelb oder Gelbblau. Das ist bei Orange und Violett mit Gelbrot und Blaurot anders. »Für viele ist Grün eine Grundfarbe, weil sie so allgegenwärtig, so selbstverständlich ist«, erklärt Psychologin Andres-Wilhelm das Phänomen und verweist darauf, dass in alten Farbtheorien Grün aufgrund seiner psychologischen Wirkung als Primärfarbe gilt.

Der Name Grün geht auf das althochdeutsche »gruoen« zurück, das wachsen, sprießen und gedeihen bedeutete.[78] Im Englischen ist die Verwandtschaft zwischen »grow« und »green« noch heute gegeben. »Grün symbolisiert die Ewigkeit der Natur«, sagt der Psychologe und Buchautor Klausbernd Vollmar.[79] Grün ist Erneuerung, Aufbruch, Wiedergeburt. Dieses Wissen ist als Sehnsucht nach dem Frühling tief in unserer Seele verankert. Denn das Erwachen der Natur ist untrennbar mit der Farbe Grün verknüpft. Verantwortlich dafür ist das Farbpigment Chlorophyll.[80] Es verleiht Pflanzen ihre grüne Farbe und sichert den Lebewesen auf diesem Planeten das Überleben. Denn Chlorophyll ist der Schlüssel zur Fotosynthese, bei der Pflanzen mithilfe des Sonnenlichts aus CO_2 und Wasser Kohlenhydrate gewinnen. Kohl und Kartoffeln, Weizen und Gras können dadurch wachsen und werden zur Nahrungs- und Energiequelle von Mensch und Tier. Als Abfallprodukt dieser biochemischen Vorgänge im Innern der Pflanzenzellen entsteht zudem Sauerstoff, den wir zum Atmen brauchen. »Je mehr Chlorophyll ein Lebensmittel enthält, umso höher ist sein gesundheitlicher Nutzen«, behaupten Vegetarier.

Anders als im Asphaltgrau der Städte gibt es auf dem Land so viele Arten von dunklem und hellem Grün, von sattem und zartem, dass wir gar nicht genug bekommen können. Es gibt Tannengrün, Wald- und Lindgrün, Moosgrün, Salbei- und Minzgrün, See- und Schilfgrün, Oliv- und Apfelgrün, Grasgrün, um nur ein paar zu nennen. Gut 100 verschiedene Namen hat die deutsche Sprache für die Fülle der Grünschattierungen parat, Maler- und Autofarben inklusive. Mehr Worte gibt es für keine andere Farbe.

Als Symbolfarbe der Natur zeigt »Grün als eigenständiger Begriff die Perspektive der Zivilisation«, schrieb die Sozialwissenschaftlerin Eva Heller in ihrem Buch *Wie Farben wirken*.[81] Nur Städter, die nicht mehr viel vom Pflanzenreich zu sehen bekommen, fahren ins Grüne. Nur in den Metropolen gibt es Grünanlagen und grüne Lungen. Die Bedeutung von Grün hängt also vom Vorhandensein im direkten Umfeld ab. Oft wird damit Schönfärberei betrieben, heutzutage gibt es ja sogar schon grüne Gentechnik, ein Paradoxon in sich. Landbewohner haben diese Wortkosmetik nicht nötig. »Grau, teurer Freund, ist alle Theorie, und grün des Lebens goldner Baum«, wusste schließlich schon Goethe.[82]

 27. GRUND

WEIL DIE ZUGSPITZE DER GIPFEL DER GEFÜHLE IST

Auf dem Weg nach Garmisch, wenn in der Ferne schon die Alpen schimmern, fällt mir immer Ernst ein. Ernst war ein fester Bestandteil meiner Teenagerzeit, weil er mich im Winter jedes Wochenende dorthin brachte, wo es besonders schön ist: aufs Land. Als Busfahrer kutschierte er unseren Skiclub von München zum »Stangerlfahren« in die Berge. Kaum überquerten wir an der Donnersberger Brücke die Bahngleise, deutete Ernst nach unten auf eine durchfahrende S-Bahn und stellte die unvermeidliche Frage: »Was seht ihr da unten? Ja, genau: die Zugspitze.« Es war ein Intelligenz- und Humortest. Zug-Spitze. Hahaha! Wahrscheinlich wollte Ernst uns aufmuntern: »Arme Stadtkinder! So weit weg vom Original!« Er selbst ist im Werdenfelser Land groß geworden, am Fuße des höchsten Berges Deutschlands.

Immerhin kann man die echte Zugspitze von München aus sehen, vorausgesetzt ein Föhnwind bringt aus den Alpen gutes Wetter und gute Fernsicht. Dann steigen die Münchner und die Touristen gerne die 306 Stufen auf den Kirchturm des »Alten Peter« in der Innenstadt oder fahren auf den Olympiaturm, um den Gipfel der Nation knapp 100 Kilometer entfernt anzuschmachten. Auch für die Angestellten in den Bürotürmen ist der Zugspitzblick oft der Höhepunkt des Tages. Die massige Felsburg zwischen Bayern und Tirol ist ein Sehnsuchtsort, wie er im Buche steht. Nicht umsonst geben sich pro Jahr 60 Paare dort oben das Jawort. Wie passend!

Wir Deutschen verdanken es einer romantischen Liebesheirat, dass das gewaltige Massiv uns gehört. So will es zumindest die Legende. 1854, anlässlich seiner Hochzeit mit der Bayern-Prinzessin Sisi, soll der österreichische Kaiser Franz-Joseph dem bayerischen Königshaus die nördliche Hälfte geschenkt haben: »Damit's endlich auch einen richtigen Berg habt's.« Wie dem auch sei, die deutsch-österreichische Staatsgrenze verläuft jedenfalls über dem Gipfelbereich. Früher taten dort oben sogar Zöllner und Grenzer ihren Dienst – sie übernachteten im Schneefernerhaus oder in der Meilerhütte – und ließen sich die Pässe der Bergsteiger und Skifahrer zeigen. Erst als mit dem Schengener Abkommen die Grenzkontrollen in Europa fallen, verwaisen auch die Übergänge.

Die Zugspitze ist ein 2.962 Meter hoher Mythos. In früheren Zeiten galt das schroffe Gebirge sogar als verhext. Heute ist sie ein Kletter- und Wanderparadies mit drei Gletschern. Ein Skigebiet. Ein Panoramaberg, der 250 Kilometer weit freien Rundumblick in das Gipfelmeer von vier Ländern erlaubt. Aber Achtung: Wegen der heftigen Wetterstürze verlangt der Berg großen Respekt und wird denen gefährlich, die ihn mit Leichtsinn erklimmen wollen. Die Zugspitze ist eine Naturgewalt.

Kein anderer Berg wird in Deutschland so wichtig genommen. Die Zugspitze hat sogar eine eigene Postleitzahl: die 82475. Ihr Name geht auf die »Zugbahnen« von Lawinen auf der Nordseite zurück. Schon im 16. Jahrhundert erhält das Gebilde aus Kalk den Namen »zugspiz«. Die (mutmaßliche) Erstbesteigung wagt ein Tiroler. Joseph Naus, 27 Jahre alt und Leutnant der Bayerischen Armee, erreicht den Gipfel am 27. August 1820 gegen Mittag zusammen mit einem Führer und Offiziersburschen. Naus ist im Auftrag des »Königlich Bairischen Topographischen Bureaus« unterwegs, um das Werdenfelser Land zu kartografieren.[83] Seine Gipfeltour macht weiteren Abenteurern und Wissenschaftlern Mut. Die erste Frau schafft es 1853 nach oben. Gut 100 Jahre nach Joseph Naus haben bereits mehr als 30.000 Menschen den Gipfel zu Fuß erreicht. Dann bricht eine neue Zeitrechnung an.

Mit dem Bau der Bergbahn(en) wird die Zugspitze richtig zugänglich. Als jedoch 1930 der erste Zug der bayerischen Zahnradbahn von Garmisch auf den Gipfel zuckelt, sind die Österreicher schon da. Sie haben den prestigeträchtigen technischen Wettlauf gewonnen und die Seilbahn von Ehrwald aus schon vier Jahre vorher fertiggestellt. Das lässt auf deutscher Seite einen tollkühnen Plan reifen, der allerdings erst 30 Jahre später realisiert wird. Die Eibsee-Seilbahn, die 1962 ihren Betrieb aufnimmt, überwindet mit nur zwei Stützen 2.000 steile Höhenmeter bis zum Gipfel. Der spektakuläre Tiefblick während der Fahrt auf den tiefblauen Bergsee zu Füßen der gewaltigen Zugspitz-Abstürze sucht seinesgleichen.[84]

Auch wenn heute die Seilbahntouristen (es sollen eine halbe Million im Jahr sein) die Mehrheit auf dem Gipfel stellen, gilt unter gestandenen Bergsteigern: »Wirklich oben war man nur, wenn man aus eigener Kraft das goldene Gipfelkreuz erreicht hat.« Jedes Jahr folgen gut und gerne 5.000 Menschen der Sehnsucht nach dem Bergsteigerglück und machen sich zu Fuß auf den Weg. Sie haben die Wahl: Gleich mehrere Routen führen aus den umliegenden Tälern auf die Zugspitze. Als schönste gilt unter Kennern die Tour von Grainau/Hammersbach über das Höllental. Sie hat alles, was das (Wander-)Herz begehrt: Panorama, Klamm, Gletscher, Klettersteig. Allerdings ist der Aufstieg ziemlich schwierig und setzt sehr viel an Kondition, Trittsicherheit, alpiner Erfahrung und Schwindelfreiheit voraus.

Den einfachsten Weg auf Deutschlands höchsten Berg kann mit etwas Fitness und Willen im Gepäck jeder schaffen. Die Trekkingtour von Garmisch durchs Reintal ist mit elf Stunden Gehzeit zwar die längste, hat aber den Vorteil, dass weniger Wanderer diese Route wählen. Im vergangenen Jahr habe ich auf diesem Weg Ernst wiedergetroffen. Er macht immer noch Witze über Zugspitzen.

 28. GRUND

WEIL SCHAFE MEHR KÖNNEN ALS BLÖKEN

Lust auf ein Schäferstündchen? Dann ist Carl Kuhlmann der Richtige. Er lebt in der Lüneburger Heide mit einer riesigen Herde Heidschnucken. Im Sommer hütet er seine Tiere täglich sieben Stunden im Naturparadies, bevor er sie zurück auf seinen Hof Niederohe in Faßberg führt. Kuhlmann ist einer der Letzten seiner Art. »Früher hatte jeder Hof seine eigene Heidschnuckenherde.« Die mischwolligen Landschafe sorgten für Wolle und Dünger. Heute arbeiten sie als Landschaftspfleger, halten das Heidekraut kurz und fressen die frischen Kiefern- und Birkensämlinge. »Ohne die Heidschnucken gäbe es keine Heidelandschaft mehr«, informiert Kuhlmann. Obendrein machen seine Schnucken den Bienen den Weg zum Nektar frei, wenn sie im Spätsommer die Spinnweben im Heidekraut zerreißen.[85] Mit ihrem Leistungsspektrum kommen sie dem Modell der »eierlegenden Wollmilchsau« sehr nahe und profilieren sich obendrein als ideale Arbeitskollegen. Kein Wunder, dass Schäfer wie Kuhlmann ihren Beruf lieben. Schon im Alten Testament findet sich die Jobbeschreibung dazu: »Der Herr ist mein Hirte, mir wird nichts mangeln. Er weidet mich auf einer grünen Aue …« Schäfer sein ist eine göttliche Aufgabe, die sich in ihrer ursprünglichen Form nur auf dem Land stellt – und Sinn macht.

»Ich weiß, wofür ich aufstehe«, sagt die junge Schäferin Leona Sakowski. »Man begleitet die Schafe von der Geburt bis zum Tod, da hat man einen ganz anderen Bezug zum Leben als in anderen Berufen.« Auch ihre Chefin Ute Svensson ist Schäferin aus Leidenschaft: »Hier ist so viel, was man nicht in Worte fassen kann«, beschreibt sie die Arbeit mit ihren 1.100 Schafen im Schwarzwald. Als Tochter eines Schäfers wusste sie schon früh, was das Handwerk mit sich bringt, unter anderem eine Hundeausbildung, denn ohne Hund kann man keine Schafe hüten.[86] Jetzt steht sie mit ihrem altdeutschen Hütehund, Coburger Fuchsschafen und Pommerschen Landschafen auf der Weide.[87] Jedes Schaf frisst rund sechs Stunden, bis es satt ist, und leistet dabei auch in Baden-Württemberg der Natur gute Dienste: Das Tier verhindert, dass Streuobstwiesen zuwuchern, verteilt nebenbei Samen, und was dabei rauskommt, wirkt als Dünger nach. Das Landleben kann so herrlich einfach sein.

Und so praktisch. Mäh! Mäh! Im Norden Deutschlands arbeiten die Schafe auf den Deichen. Sie mähen sie und schützen sie, indem sie mit ihren Hufen die Erde festtreten. Obendrein dekorieren sie die Landschaft zum Postkartenmotiv – und machen satt. Die meisten Schafe landen als Fleisch auf dem Teller. Aber es gibt auch andere Ideen: Monika und Redlef Volquardsen führen im nordfriesischen Tetenbüll einen Milchschafhof mit Bio-Schafskäserei.[88] »Unsere 130 Schafe sind für uns keine anonymen Milchlieferanten, sondern Teil unseres Lebens«, sagte Monika Volquardsen der dpa. Die Lämmer dürfen bei den Müttern aufwachsen, was für einen Melkbetrieb unüblich ist, aber »in der Regel haben wir sehr mütterliche Schafe, die sich den ganzen Tag liebevoll um ihren Nachwuchs kümmern«.[89] Trotzdem bleibt noch genug Milch übrig für rund 12.000 Laibe Käse pro Jahr, denn Schafe geben pro Tag etwa 1,5 Liter Milch. Und nicht zu vergessen: die Wolle.

Einmal im Jahr schert der Schäfer seine Tiere. Was aussieht wie ein Haufen Wolle, ist Hightech: Die Wollfaser ist eine Hohlfaser, die Feuchtigkeit aufnimmt und wieder abgibt, deshalb funktionieren Schafwolljacken wie das Fell am Tier. Selbstverständlich wärmen auch Wanderschäfer Harald Höfel Wollfasern, als er auf der Schwäbischen Alb erzählt, warum er ein glücklicher Schäfer ist: aus Naturverbundenheit. »Die Jahreszeiten ganz bewusst erleben. Wind und Wetter spüren, der Schöpfung nahe sein.«[90]

Und die Schäferstündchen? Der Begriff entstand im 18. Jahrhundert, als sich Adelige nach der Natur sehnten, weil sie sich am Hof langweilten. Sie packten ihre Träume von einem besseren Leben in Gedichte und ahnten wohl: Der Beruf des Schäfers verspricht mehr und das Landleben sowieso.[91] Auch echte Schäferstündchen.

29. GRUND

WEIL WETTER KEIN SMALL TALK IST

Meine Kinder waren eingepackt wie kleine Inuit: dicke Stiefel, warme Mützen und gepolsterte Jacken. Die Wettervorhersage lautete

»Schnee«, und ich glaubte dem Meteorologen aus dem Fernsehen. Fast hätte ich die Handschuhe vergessen, doch dann waren wir bereit – für einen Ausflug zu Oma und Opa und für den Winter. Vor der Abfahrt rief mir mein Nachbar über den Zaun zu: »Fahrt ihr zum Nordpol?« – »Es soll auch in Bayern schneien.« – »A so a Schmarrn!« Mein Nachbar sollte recht behalten und meine Kinder schwitzen. Ein Blick zum Himmel und ein guter Riecher genügen vielen Menschen auf dem Land, um kurzfristig und zuverlässig Vorhersagen für ihre Gegend zu treffen. Dafür gibt es einen Grund: Das Wetter war dort nie ein Small-Talk-Thema, sondern hatte schon immer große Bedeutung.

Bauern waren über Jahrhunderte auf ihr Gespür und ihre Erfahrung angewiesen. Sie waren die ersten Meteorologen. Jahraus, jahrein beobachteten sie den Himmel, die Pflanzen und die Tiere und packten ihre Erkenntnisse in Bauernregeln, die sie an ihre Nachfahren weitergaben. Einige dieser Merksätze sollte später die Wissenschaft bestätigen. Ein Beispiel: »Wenn der Mond hat einen Ring, folgt der Regen allerding.« Die sogenannten »Höfe« um den Mond sind immer an mittelhohe Schichtwolken gebunden, die Schlechtwettergebieten vorauseilen. Das hatten unsere aufmerksamen Vorfahren richtig erkannt. Auf wesentlich mehr Indizien baut seit 1952 der Deutsche Wetterdienst. Mit immer besserer Technik wie Satelliten, Wetterballons, Radarstationen, Messbojen, Flugzeugen, Schiffen und automatischen Bodenstationen gewinnt er Daten, aus denen ein Supercomputer das Wetter für die kommenden Stunden und Tage ausrechnet.[92]

Trotzdem verregnet es regelmäßig Picknicks, für die Funk und Fernsehen tags zuvor noch Sonne prophezeit hatten. »Das liegt an der journalistischen Bearbeitung«, meint Prof. Thomas Foken von der Abteilung Mikrometeorologie am Bayreuther Zentrum für Ökologie und Umweltforschung. Außerdem seien Begrifflichkeiten wie »heiter«, »wolkig« und »bewölkt« oft nicht exakt und für Laien schwer einzuordnen. Auch die einzelnen Regionen von Bundesländern werden häufig nicht unterschieden. Das ist besonders in Bayern fatal, wo zwischen Oberfranken und Oberbayern nicht nur der Dialekt, sondern auch das Wetter differiert. »Häufig ist in dieser Hinsicht ein Blick aus dem Fenster verlässlicher als die Ansage im Radio«, sagt der Wetterforscher.[93]

Ein fragender Blick zum Nachbarn löst die Wetterfrage auch. Meiner weiß immer, wann er seinen Garten sprengen muss und wann er auf Regen warten kann. Er weiß, ob der Herbst endgültig vorbei ist, und ahnt, wie lange er noch Zeit hat bis zum ersten Frost. Auf diese Prognose ist Verlass.

 30. GRUND

WEIL WIR BÄUME BRAUCHEN

Uns bleibt noch etwa eine Stunde, bevor aus der Dämmerung Nacht wird. Jetzt ist der richtige Zeitpunkt, um auf Safari zu gehen. Mein Sechsjähriger schlüpft aufgeregt in seine Wanderschuhe. Er ist fest entschlossen, wilde Tiere aufzuspüren: Rehe, Hirsche, Wildschweine. Ich hoffe, dass wir nicht vom Jägerstand stürzen werden, der zu Recht auch »Hochsitz« genannt wird. »Los geht's«, drängelt mein Sohn und verabschiedet sich mit einem lässigen Winken von seinem Bruder, der für dieses Abenteuer noch zu klein ist. Mein Großer und ich marschieren los, Richtung Wald. Auf dem Weg weht uns frische Luft Köpfe und Lungen frei, weicher Boden federt unsere Schritte ab, und die Silhouetten der Bäume schimmern im Abendlicht. Wie froh bin ich, auf dem Land leben zu dürfen, nur ein paar Gehminuten von der nächsten Waldgrenze entfernt. Schon stehen wir an der Schwelle zum pflanzen- und artenreichsten Lebensraum an Land. »Heia Safari«, flüstere ich begeistert, aber mein Sohn erinnert mich mit dem Finger auf seinen Lippen an das Gebot der Stunde: Ruhe! Wir sind schließlich nicht allein im Wald. Leise läuft er voraus. Er kennt den Weg zum Hochsitz genau und taucht ein in eine Welt, die bereits lange vor seiner Zeit Körper und Geist Zuflucht geboten hat.

Schon Ludwig van Beethoven schwärmte: »Froh bin ich, wieder einmal in Gebüschen, Wäldern, unter Bäumen, Kräutern, Felsen wandeln zu können, kein Mensch kann das Land so lieben wie ich. Geben doch Wälder, Bäume und Felsen den Widerhall, den der Mensch wünscht.«[94] Was nicht nur Künstlerseelen spüren, bestätigt die Wissenschaft: Im Wald wird nicht nur die Luft von Staub befreit, sondern auch die menschliche Seele. Ein Waldspaziergang heitert die Stimmung auf, Gedanken ordnen sich dabei, und die Gesundheit profitiert.

Das letzte Licht des Tages spielt über Blätter und Nadeln, Moos und Farne erreicht es nicht mehr. Ein Uhu ruft in der Ferne, dumpf und tief. Wahrscheinlich wacht er gerade auf. Zwischen den Blättern raschelt es, und mir wird nur ein wenig bang. Vielleicht ist es ein Fuchs, der einem Hasen Gute Nacht sagen möchte? Mein Sohn nimmt meine Hand, und wir sind beide froh, dass unser Ziel nur noch ein paar Schritte und wenige Höhenmeter entfernt ist. Wortlos vermittle ich ihm, dass er als Erster auf den Jägerstand klettern soll, damit ich als menschliches Schutznetz hinterher kann. Schon als ich mein Gewicht auf die zweite Sprosse verlagere, wackelt die Holzkonstruktion ein wenig, und meine Knie werden weich. Ich versuche, mich mit Fakten zu beruhigen.

Die häufigsten Baumarten bei uns sind Fichte und Kiefer, der wichtigste Laubbaum ist die Buche. Gemeinsam schützen sie das Klima. »Jahr für Jahr wird durch den deutschen Wald die Atmosphäre um rund 52 Millionen Tonnen Kohlendioxid entlastet«, sagt Georg Schirmbeck, Präsident des Deutschen Forstwirtschaftsrates.[95]

Deutschland ist grün. Knapp ein Drittel der gesamten Fläche bedecken Bäume, insgesamt 11,4 Millionen Hektar.[96] Ein kleiner Teil davon wurde im Juni 2011 in die Liste des UNESCO-Welterbes aufgenommen. Es sind die fünf Buchenwaldgebiete, die zur grenzüberschreitenden Naturerbestätte »Buchenurwälder der Karpaten und alte Buchenwälder Deutschlands« gehören. Auch das »Grüne Dach Europas« wächst in Deutschland: der Nationalpark Bayerischer Wald. Hier entstanden rund um den großen Falkenstein schon vor über 200 Jahren Schutzgebiete, die heute zu den bedeutendsten und ältesten Urwaldresten Mitteleuropas zählen und durch Wanderwege erschlossen sind. Ein Glück, denn durch lichtes und dichtes Grün zu laufen, wird bei den Deutschen immer beliebter.

In Japan sind Waldspaziergänge bereits ein Nationalsport. Man nennt sie: »Shinrin-yoko«, was übersetzt »Waldbaden« heißt. Daran denke ich, als ich mich neben meinem Sohn auf den Hochstand setze. Steil nach unten sehen darf ich nicht, also lenke ich meinen Blick auf die kleine Waldlichtung und warte auf die wilden Tiere. Jetzt ist es ganz ruhig, so ruhig, dass mir Erich Kästners Gedicht *Die Wälder schweigen* einfällt. Der Autor, der lange Zeit in Berlin und München lebte, sehnte sich »fort aus dem Geschrei der Stadt«, beklagte die Seele, die »vom Pflastertreten krumm wird«. Trost versprach er sich von den Bäumen, »weil man mit ihnen wie mit Brüdern reden kann«. Mehr noch: »Bei den Bäumen tauscht man die Seele um. Die Wälder schweigen. Doch sie sind nicht stumm. Und wer auch kommen mag, sie trösten jeden.«[97]

Meine kleine Angst ist weg, abgelöst von einer großen Spannung. Dort auf die Lichtung kommen zwei Rehe. Mein Sohn stupst mich an. Er hat sie entdeckt. Heia Safari!

31. GRUND

WEIL HIER BOYGROUPS SINGEN

Froschmänner wissen, wie Romantik funktioniert. Wenn ihre Libido im Frühling erwacht und sie sich paaren wollen, beginnen sie zu singen. Wahre Frühlingskonzerte schallen dann übers Land. »Warum schreien die so laut?«, fragt mein Sohn, als wir an einem kleinen Tümpel vorbeikommen. »Weil es ihren Frauen gefällt«, informiert ihn sein großer Bruder. »Die singen aus Liebe«, füge ich hinzu, um die richtigen Prioritäten im Kopf der kleinen Kerle zu verankern. Zu spät. »Die wollen Kinder machen«, korrigiert mich mein Sohn. Wer auf dem Land aufwächst, weiß, wie der Hase läuft und warum der Frosch quakt: Die Männchen wollen die Weibchen beeindrucken, deshalb gibt es von April bis Juni an Tümpeln, Teichen und Weihern was auf die Ohren.

Weil ihre Stimme alles ist, was sie zum Angeben haben, lautet das Motto der Frösche: Je lauter, desto besser. Ein nur fünf Zentimeter großes grünes Männchen kann 90 Dezibel aus seiner Schallblase herausholen.[98] Frösche sind die Pavarottis der Provinz. Naturtalente.

Schon die Gebrüder Grimm wussten, was in einem Frosch steckt: ein wahrer Prinz Charming, der nur darauf wartet, geküsst zu werden. Seine prominente Rolle in dem Märchen verdankt er vermutlich seiner großen Vergangenheit als Symboltier. Schon im alten Ägypten war das kleine Tier wegen seines Gestaltenwandels und seiner Fruchtbarkeit ein Symbol des entstehenden, sich immer wieder erneuernden Lebens. Die Geburtsgöttin Heket trug einen Froschkopf, und im alten China glaubte man, Froschlaich falle mit dem Tau vom Himmel.[99] »Vorchristliche Artefakte belegen, dass die enge Verknüpfung der Froschlurche mit Sexualität und Fruchtbarkeit nicht erst im Mittelalter aufkam«, heißt es in einer kunstgeschichtlichen Dissertation der Uni Gießen.[100] Vereinfacht und zugespitzt ausgedrückt: Frösche sind geborene Sexsymbole. Ihre pralle Männlichkeit füllt ihre Schallblasen. Wer die Open-Air-Konzerte der Boygroups live erleben will, findet auf dem Land die besten Plätze. Gratis. Frösche wissen eben, wie Romantik funktioniert. Nachwuchsprinzen können davon nur lernen.

 32. GRUND

WEIL HIER NOCH STEINZEIT IST

Mein Sohn hebt ein Stück Geschichte auf und zeigt es mir. In seiner kleinen Hand liegt ein braungelber Stein. Er will wissen, ob er nun endlich einen Bernstein gefunden hat oder wieder nur einen sehr ähnlichen gelben Feuerstein. Seit wir an der Ostseeküste sind, suchen wir nach Steinen. Einige der Fundstücke sind zwei Milliarden Jahre alt und damit fast halb so alt wie die Erde selbst. Sie erzählen die Urgeschichte. Kein Wunder, dass Menschen seit jeher von Steinen fasziniert sind und sie gerne in die Hand nehmen, vorausgesetzt, sie finden welche. In den Städten gestaltet sich die Suche schwierig. Hochhäuser, Asphalt und Hinterhöfe liegen schwer auf den Zeitzeugen. Wer besondere Exemplare finden will, muss raus aufs Land, an die Küsten und Ufer.

Noch vor 12.000 Jahren bedeckte Gletschereis weite Teile Norddeutschlands. Es waren dicke Eismassen aus Dänemark, Norwegen und Schweden, die sich mit Felsbrocken und Steinen im Gepäck bis in unsere Heimat schoben, wo sie schließlich langsam schmolzen und große Findlinge ebenso wie kleinere Steine freisetzten. Die große Masse wurde über die Jahrtausende zu Sand zerrieben, nur die besonders hartnäckigen liegen heute als Strandsteine an der Ost- und Nordseeküste. »Betrachtet man sie genau, so kann man häufig Spuren erkennen, die von den gewaltigen Kräften der eiszeitlichen Gletscher zeugen«, erklärt der Biologe Dr. Frank Rudolph in seinem Bestimmungsbuch *Strandsteine – Sammeln und Bestimmen.* »Manche sind total zerkratzt. Diese Schrammen sind in der Eiszeit entstanden. Der Boden war gefroren, und darin steckten viele kleine Steinchen. Wenn der Gletscher nun einen Stein über den rauen Untergrund schob, war es so, als würde man ihn mit Schmirgelpapier bearbeiten.« Diese Spuren nennt man Gletscherschrammen. Andere Steine sind vom Schmelzwasser aus dem Gletscher gespült worden und haben sich in reißenden Wassermassen aneinander gerieben, bis sie immer kleiner und runder wurden. Die abgerollten Kugeln liegen besonders gut in der Hand, aber mein Sohn will heute keine Murmel, sondern einen Edelstein finden.

»Ist das nun ein Bernstein?« Noch immer hält er seinen Fund in der Hand. Ich bin auf die Situation vorbereitet und ziehe ein kleines Stück Sandpapier aus der Jackentasche, um den Schatz zu testen. Ein Bernstein lässt sich schleifen und riecht dann nach Harz. Brennen würde er auch, aber diese Echtheitsprobe ist ziemlich kontraproduktiv. Mein Sohn kratzt über den Stein und riecht in der nächsten Sekunde hoffnungsvoll daran.[101]

Für Kinder ist die Steinzeit lebendig. Wie unsere Vorfahren bauen sie sich aus Steinen Werkzeuge, nutzen sie als Wurfgeschosse und freuen sich, wenn sie ins Wasser plumpsen. Noch als Erwachsene bauen viele Steinmänner oder häufen Steinpyramiden auf. Diese scheinbar instinktive Handlung hinterließ in vielen Kulturen und Religionen ihre Spuren. Bei jüdischen Beerdigungen werden Steine auf die Gräber gelegt, und in Tibet würdigen oder vertreiben geschmückte und bemalte Steinmännchen die Geister. Von jeher dienen gestapelte Steine Wanderern als Wegmarkierung genauso wie als Schutz vor boshaften norwegischen Trollen. Steinkreise wie das sagenhafte Stonehenge in England befeuern noch heute die Fantasie, und in der Bretagne ziehen riesige Megalithen (mégas = groß, líthos = Stein) noch 7.000 Jahre, nachdem sie aufgestellt wurden, Menschen an.

Mein Sohn hält mir seinen kleinen Findling hin. Er riecht leider nicht nach Harz und disqualifiziert sich damit als Bernstein. Es ist einer von vielen Feuersteinen und landet auf der Steinpyramide, die der kleine Bruder gerade baut. Es erinnert mich an einen Tagesausflug an die Isar zwischen Bad Tölz und Lenggries, dort steht »Klein-Kairo«. Ein Schild weist den Weg zu den Isarpyramiden. Jede einzelne ist Handarbeit, geschaffen vom Rentner Karl-Heinz Fett. Zwischenzeitlich waren es knapp 100 feingeschichtete spitze Steinhaufen, ein kunstvolles Ensemble, das immer bis zum nächsten Hochwasser standhält, aber in Zeitungen und Reiseführern verewigt wurde.[102]

Auf jeden Fall ist die Bernsteinsuche für den Moment beendet. Jetzt werden Pyramiden gebaut. Denn eines ist klar: besser Steinhaufen als Betonwüsten.

 33. GRUND

WEIL MAN MIT DER ZEIT GEHT

Ich liebe Berlin, weil diese Stadt lieber dreckig lacht, als sich sauber zu benehmen, weil sie keine gute Figur hat, aber sexy ist, weil sie nicht blütenweiß strahlt, sondern sich bunt bemalen lässt. Doch trotz ihrer Farbigkeit hat Berlin einen Makel: Es lässt den Jahreszeiten keinen Entfaltungsraum. Das ist typisch für große Städte, weil der Frühling nicht auf Straßenzüge aufspringt, der Sommer lieber außen vor bleibt, der Herbst nur von seiner tristen Seite grüßt und Schneeflocken sich bei ihrer Landung sofort in Matsch verwandeln. Städte können vieles geben, aber wer jede Saison in ihrer vollen Pracht erleben will, ist auf dem Land besser aufgehoben. Hier gehen die Menschen mit der Zeit – erst recht mit der Jahreszeit.

Mit den Frühlingsgefühlen fängt es an. Zwischen Wiesen, Bäumen und Feldern entwickeln sie sich in Reinform – ohne Luftverschmutzung und Autolärm. Hier stimmen Vögel Konzerte an, Blüten verströmen Düfte, und frisches Grün sprießt facettenreich. Auch die Beleuchtung stimmt, weil helles Licht erwiesenermaßen die Stimmung hebt. Es ist offensichtlich, hörbar und auch zu spüren: Alles steht auf Anfang. »Wenn die Natur erwacht, erwacht der Mensch. Wir sind ja ein Teil der Natur«, sagt Professor Helmut Schatz dem SPIEGEL als Mediensprecher der Deutschen Gesellschaft für Endokrinologie (Lehre von den Hormonen).[103] »Das Aroma des beginnenden Frühlings ist der Geruch der schneebefreiten Erde. Gras, Moos und Laub, das modert. Wenn man diese Düfte riecht, ahnt man, dass es wieder bunt und blühend wird.« Der Wechsel der Jahreszeiten gilt laut Prof. Schatz gar als Kulturbeschleuniger, weil er die Menschen in Europa zu Denkleistungen wie der Vorratshaltung und der Konstruktion wetterfester Häuser trieb. Dort, wo die Jahreszeiten sich besonders intensiv zeigen, wirken sie noch heute Wunder: auf dem Land.

Im Sommer dreht sich das Jahreszeitenkarussell mit prächtigen Zugaben weiter. Der Geruch nach getrocknetem Gras steigt von gemähten Wiesen auf, Erdbeeren erröten in der Sonne, Kirschen hängen an den Bäumen ab, und junges Gemüse reift heran. Der nächste klare See ist meist nicht weit oder ersatzweise ein einsames Uferstück an Bach- oder Flusslauf. Auch das Abendprogramm bietet Sommervergnügen: Jedes Dorf, das etwas auf sich hält, feiert Wald-, Volks-, Wein- oder Hoffeste.

Gegen Herbstdepressionen hilft ein Spaziergang in der Natur, bei dem sich nicht selten erklärt, warum vom »goldenen Herbst« geschwärmt wird. Wer in Bergnähe wohnt, schnürt die Bergstiefel, Flachländer die Trekkingschuhe. Die Jahreszeiten sorgen ganz automatisch für eine abwechslungsreiche Freizeit, hier an der Quelle von Luft und Leben, wo im Herbst Äpfel geerntet werden, um frischen Kuchen oder Strudel zu backen.

Ende gut, alles gut. Der Winter setzt mit oder ohne Schnee das Sahnehäubchen auf das Jahr, aber die nächste Runde kommt bestimmt. Mit Frühlingsgefühlen. Wer auf dem Land lebt, residiert im wahren Four Seasons.

34. GRUND

WEIL DER KLAPPERSTORCH KOMMT

»Beim Nachbarn steht ein Klapperstorch in der Wiese«, freuten sich meine Söhne. Ich glaubte ihnen sofort. Schließlich war erst vor ein paar Wochen ein Weißstorch über die Bauernwiesen am Ortsrand gestakst, und ich musste alles auspacken, was ich über die Tiere wusste. Um Zeit zu gewinnen, sang ich den Klassiker vor: »Auf unsrer Wiese gehet was, watet durch die Sümpfe, es hat ein schwarz-weiß Röcklein an, trägt auch rote Strümpfe …« Die Natur hat den stolzen Storch für seinen großen Auftritt gut gekleidet und obendrein zum Weltenbummler bestimmt. Vor dem Wintereinbruch fliegt er nach Afrika und kehrt mit den ersten Frühlingsstrahlen zurück. Aus seiner Flügelspannweite von zwei Metern kann er ein Tempo von bis zu 50 Stundenkilometern rausholen. Die Männchen sind meist schneller wieder da als die Weibchen und besetzen nach Möglichkeit den Horst vom Vorjahr. Bei seinem Wohnort in Deutschland ist der Klapperstorch wählerisch: Er hat sich für das Land entschieden. Sümpfe, Auen und Wiesen sind sein Revier.

Lieber wechselt ein Storch die Partnerin als sein Zuhause. Auch die Weibchen hängen an ihrem Landsitz. Er ist es, der die Vogelpaare wieder zusammenfinden lässt. Gemeinsam renovieren sie ihr Nest und schaffen Bauwerke von bis zu zwei Meter Durchmesser. Wer sich davon überzeugen will, dem empfiehlt sich eine Sightseeingtour nach Bergenhusen in Schleswig-Holstein. Hier leben und klappern rund 20 Storchenpaare, von den mehr als 6.000 Paaren, die der Naturschutzbund in Deutschland zählt.[104] Es ist der höchste Stand seit rund 50 Jahren. Der Klapperstorch hat endlich wieder Aufwind. Das verdankt er unter anderem vielen ehrenamtlichen Storchenbetreuern in Niedersachsen und Bremen sowie Renaturierungs-Maßnahmen auf dem Land. Nicht umsonst gilt der Storch als Indikator für intakte Natur und ziert das Logo des Naturschutzbundes Deutschland.

Seit Ewigkeiten spielt der Weißstorch die Hauptrolle in alten Fabeln, Reimen und Kinderliedern, weil er sich wie kein anderer heimischer Großvogel aus freien Stücken den Menschen angeschlossen hat. Als Kulturfolger wurden ihm schon bald die ersten Aufgaben zugeschrieben: Bauern glaubten, ein Storchennest auf dem Dach schütze vor Blitzschlag[105] und brachten als Nisthilfe Wagenräder und Körbe an. Selbst für Kindersegen wurde der Klapperstorch verantwortlich gemacht. Adebar, so sein volkstümlicher Name, sollte die Frauen ins Bein zwicken und Wochen später ein Neugeborenes liefern. Das transportierte er in einem Tuch per Luftfracht vorsichtig zur Wiege. Dank der Klapperstörche war Kinderkriegen schmerzfrei und leicht. Der Vogel galt als Glücksbote – und ist es auf dem Land noch immer. Bestes Beispiel: der Storch in Nachbars Garten. Das Tier war aus Holz geschnitzt und verkündete die Geburt eines Mädchens.

35. GRUND

WEIL BARFUSS GEHEN GESUND IST

Im Laufe unseres Lebens marschieren wir im Schnitt viermal rund um die Erde. Dabei müssen unsere Füße Schwerstarbeit leisten, sie sorgen für Körperstabilität, Gleichgewicht und Beweglichkeit. Wir gehen, laufen, rennen, springen, hüpfen, tanzen, balancieren auf ihnen – in Schuhen. Halbschuhen, Sandalen, Schnürschuhen,

Stiefeln, Slippern, Ballerinas, Trekking- und Sportschuhen. Doch dafür sind unsere Füße nicht gemacht. Hühneraugen- und Blasenpflaster, Tinkturen gegen Fuß- und Nagelpilz finden sich wohl in jeder Hausapotheke. Wer regelmäßig auf High Heels herumstöckelt, kann sich sogar eine verkürzte Achillessehne und verkrüppelte Zehen zuziehen. Statistiken belegen: 70 Prozent aller Fußprobleme entstehen durch ungeeignete Schuhe.[106]

Als Gegenprogramm empfehlen Orthopäden: »So viel wie möglich barfuß laufen.« Doch wo? Im Großstadtdschungel? »Nein!«, schreien da unsere Füße. Abgesehen von der Hygiene und dem heißen Asphalt im Sommer ist der harte, glatte Straßenbelag Gift für Wirbelsäule und Gelenke. Also nichts wie ab ins Barfußresort am Strand. Wunderbar. Doch gestressten Füßen geht es wie gestressten Menschen. Nach drei Wochen Alltagstrott ist der Erholungseffekt wieder dahin. Regelmäßig können wir unseren Füßen nur auf dem Land die Freiheit gönnen, die sie verdienen. Auf federnden Waldböden, weichen Almwiesen und sandigen Feldwegen wird die Belastung beim Gehen gleichmäßig über den ganzen Fuß verteilt. Damit nicht genug: Durch den direkten Kontakt mit dem natürlichen Untergrund müssen die nackten Sohlen immer wieder die Bodenunebenheiten ausgleichen. Das trainiert und stärkt die Fuß- und Beinmuskulatur wie auch die Sehnen und Bänder. Außerdem bekommen die Füße mit ihren 70.000 Nervenenden so eine Art natürlicher Reflexzonenmassage. Barfußlaufen ist eine sinnliche Erfahrung. Nicht umsonst legen immer mehr Ferienorte auf dem Land Barfußpfade für Touristen an.

36. GRUND

WEIL ES NOCH WILDPFERDE GIBT

Wer mit Winnetou und seinem stolzen Mustang Iltschi (übersetzt: »Wind«) aufgewachsen ist, weiß: Kaum etwas befeuert den Mythos von Freiheit und Abenteuer so sehr wie eine wilde Herde ungezähmter Pferde. Ob sich Winnetous Schöpfer Karl May in seiner deutschen Heimat inspirieren ließ, ist nicht überliefert. Tatsache aber ist, dass der Romanautor aus Sachsen nie in die Prärien Nordamerikas reiste, wohingegen in Westfalen seit mindestens 700 Jahren Pferde in freier Wildbahn durch die Sumpf- und Waldlandschaften jagen. Die Dülmener Wildpferde sind die älteste Pferderasse Deutschlands.

Dass die robusten Ponys bis heute überlebt haben, verdanken sie den Herzögen von Croÿ. Als den freiheitsliebenden Tieren (wie übrigens auch den Mustangs im Wilden Westen) im Zuge der Urbanisierung und Urbarmachung des Landes mehr und mehr der Lebensraum entzogen wurde, schuf das Adelsgeschlecht Mitte des 19. Jahrhunderts auf seinem riesigen Grundbesitz ein 400 Hektar großes Wildreservat. Seitdem streift die letzte europäische Wildpferdeherde durch den Merfelder Bruch, ein weitläufiges Moor- und Heidegebiet im Münsterland. Besucher können die grasenden Tiere und herumtollenden Fohlen von Spazierwegen außerhalb des Reservates beobachten.

Heute ist die natürliche Population wieder auf 400 Pferde angewachsen, die (nahezu) unbeeinflusst vom Menschen leben. Einen Stall kennen die Tiere nicht. Sie paaren sich im Freien, werden dort geboren und sterben auch dort. Sie sind weder beschlagen, noch werden sie tierärztlich betreut. Schutz finden sie in den alten Kiefernwäldern des Reservats, wo sie auch andere Nahrung als Gras finden. Hier rupfen sie Kräuter, Pflanzen oder Triebe, knabbern an der Baumrinde. Nur in strengen Wintern versorgen Wildhüter die Tiere zusätzlich mit Heu und Stroh.[107]

Einmal im Jahr wird die ursprüngliche Idylle des Merfelder Bruchs allerdings unterbrochen. Am letzten Samstag im Mai findet seit 1907 der sogenannte Wildpferdefang statt. Dann wird die gesamte Herde in eine Arena getrieben, und alle einjährigen Hengste – das ist das Alter, in dem sie geschlechtsreif werden – werden mit bloßen Händen gefangen. Dies geschieht, um den Bestand der Herde zu sichern und um Inzucht und Machtkämpfe unter den Hengsten zu vermeiden. Nur ein Deckhengst bleibt bei den Stuten. Anschließend werden die Jünglinge versteigert oder verlost.

Weil die Tiere schnell die Scheu vor dem Menschen verlieren und als gutmütig und lernfähig gelten, sind sie als Reitpferde wie gemacht für kleine Winnetous.

Apropos, dort wo Karl May den tapferen Apachen-Häuptling angesiedelt hatte, in den USA, wollten Jahre später selbst Autofahrer nicht auf das Freiheitsgefühl verzichten, das ihren Vorfahren ein Mustang vermittelte: Nicht von ungefähr avancierte der Ford Mustang mit dem galoppierenden Wildpferd am Kühlergrill unter den Asphalt-Cowboys dieser Welt zum Kultauto.

37. GRUND

WEIL BERLINER LUFT KEINE FRISCHE BRISE IST

Kaum hatte sie ihr Abi in der Tasche, wollte meine Freundin Bianca ihr kleines Dorf an der Nordseeküste verlassen. Sie hatte Größeres im Sinn: Berlin. Also packte sie ihre Koffer und ihre Digitalkamera und zog in die Hauptstadt, um Fotografin zu werden. Dort lief es gut für Bianca. Sie fand ein Zimmer in einer netten WG, einen Job als Kellnerin und viele Fotomotive. Eines nahm sie mit nach Hause, und das Model wurde ihr Freund. Sie hätte glücklich sein können, aber irgendetwas fehlte, erzählte sie mir am Telefon. »Wenn ich nur wüsste, was es ist«, klagte sie. »Heimweh?«, rätselte ich. Quatsch, sie sei doch kein kleines Mädchen, außerdem telefoniere sie täglich mit ihren Eltern, und am Wochenende wolle sie das erste Mal wieder in ihr Dorf fahren, um den Geburtstag einer Schulfreundin zu feiern. Es war eine erkenntnisreiche Landpartie, denn nach diesem Heimatbesuch war Bianca alles klar. Sie wusste jetzt, was ihr in der Großstadt fehlte: »Der Wind!«

»Frischer Wind« wurde nicht umsonst zum Synonym für neuen Schwung und junge Gedanken. Es tut gut, die Nase in den Wind zu halten. »Aber in der Stadt kommt er nicht an den Häusern vorbei. Da bewegt sich wenig, und wenn sich doch Luft bewegt, dann fehlt ihr die Frische«, beschwerte sich Bianca. Wie recht sie hat: Während der Wind als kräftige Brise vom Meer ungehindert übers weite Land wehen kann, versperren ihm in Ballungsgebieten Gebäude den Weg, und was sich dort von selbst entwickelt, hat wenig Kraft. »Die Land-Seewind-Zirkulation unterscheidet sich naturgegeben deutlich von einem Stadt-Land-Wind«, erklärte mir Bianca am Telefon. Aus Sehnsucht und mithilfe eines *Was ist Was*-Kinderbuchs entwickelte sie sich zur Windexpertin. Mit der Frage »Wie entsteht eigentlich Wind?« stellte sie mein Allgemeinwissen auf die Probe. »Bianca, ich habe auch Kinderbücher«, erinnerte ich sie. Die Antwort war einfach: weil warme Luft leichter als kalte ist und deshalb aufsteigt. Kaum ist warme Luft aufgestiegen, strömt kalte nach. So entsteht ein Kreislauf, der in der Natur von der Sonne befeuert wird.

Weil ihre Strahlen tagsüber das Land schneller aufheizen als das Meer, kommt Bewegung in die Luft. Die warme Festlandluft steigt auf, und die kalte Luft vom Meer strömt nach; der Wind weht von der See ins Land. Nachts ist es genau anders herum: Das Land kühlt schneller ab als das Meer, die wärmere Luft steigt jetzt vom Wasser auf, kühlere Luft vom Festland strömt nach, der Landwind streicht

84

hinaus aufs Meer.[108] »Wie sehr mir der Seewind fehlt«, jammerte Bianca immer häufiger. Es dauerte nur noch ein paar Monate, und sie packte ihren Koffer, ihre Kamera und ihren Freund, um zurück aufs Land zu ziehen. Sie war überzeugt: »Berliner Luft ersetzt keine frische Brise.«

38. GRUND

WEIL ANDERE HIER URLAUB MACHEN

Bayerns Märchenkönig Ludwig II. wusste, wo es am schönsten ist: auf dem Lande. Mitten in der Postkartenidylle des Allgäus ließ der naturverbundene Monarch Schloss Neuschwanstein errichten. Dorthin floh er vor der harten Realität der Staatsgeschäfte und genoss das große Landschaftskino vor den Fenstern seines Traumschlosses. Auch der Preußenkönig Friedrich der Große nannte sein Refugium vor den Toren Potsdams nicht umsonst Sanssouci – ohne Sorge. Und heute? Auf der Suche nach einem besseren Leben folgt der moderne Mensch den königlichen Fluchtspuren aus den Städten. Das Land ist zum Sehnsuchtsort der Gegenwart geworden.

Wo Wildpferde durchs Gras galoppieren, wo Millionen Zugvögel im Wattenmeer Rast einlegen, wo Wanderwege durch Heide und Wälder führen, finden Menschen räumlichen und psychischen Sicherheitsabstand zur Hochgeschwindigkeit der Städte. Hier weichen sie dem Globalisierungs- und Mobilitätsdruck aus. Ein urmenschliches Bedürfnis nach Sicherheit und Beständigkeit leitet sie dabei. Der berühmte Psychologe Abraham Maslow baute damit seine »Bedürfnispyramide«. Die »Selbstverwirklichung« setzte er als Sahnehäubchen auf die Spitze. Beide Bedürfnisse wollen befriedigt werden. Was im Alltag oft an den Umständen und der Umgebung scheitert, soll im Urlaub verwirklicht werden. In dieser Zeit soll der Idealzustand herrschen. Die Folge: Dort, wo Deutschland »Land« ist, ist es meist auch Urlaubsland.

Jeder dritte Deutsche verbringt seine Ferien zwischen der Küste im Norden und den Alpen im Süden. Das ist gut für die Umwelt, für den Geldbeutel und vor allem für die gestresste Seele. Sie sucht ein Heimatgefühl und findet es in ländlichen Regionen. Nicht umsonst sind die Spitzenreiter unter den inländischen Ferienzielen

Bayern und die Ostseeküste. Auch andere Naturschönheiten wie der Schwarzwald, die Bodenseeregion und die Mecklenburgische Seenplatte gewinnen zunehmend Herzen. Gleiches gilt für die Lüneburger Heide, die Sächsische Schweiz und das Erzgebirge. Auch die Eifel und das Sauerland spielen ihre Reize aus und machen immer mehr Urlaubsgäste glücklich. Aber: Es ist ein Glück auf Zeit, das nach den Ferien wieder der Sehnsucht weichen wird. Es sei denn, man wohnt dort, wohin andere zur Erholung kommen.[109]

Ein Aufatmen, wenn die Touristen wieder abfahren? Eher selten. Schließlich sorgen sie für Arbeitsplätze, geben ihr Geld vor Ort aus und bringen frischen, auch internationalen Wind in die Gegend. Auf dem Land lernt man Leute aus aller Welt kennen. Leben im Urlaubsland ist eben das beste Ziel, und nirgends kann es schöner sein, meint der bayerische Kabarettist Gerhard Polt: »Wir ham heuer mal a Weltreise g'macht, aber i sag's glei, wie's is: Da fahr ma nimmer hin.« Der gebürtige Münchner wohnt inzwischen am oberbayerischen Urlaubsparadies Schliersee.

39. GRUND

WEIL STÄDTE SCHÖNE REISEZIELE SIND

Hamburg, München, Berlin. Seit ich auf dem Land lebe, liebe ich Städtetrips. Als Tourist frühstücke ich noch, wenn sich die Hamburger oder Kölner in der Rushhour in die U-Bahn zwängen oder im Stau stöhnen. Ihre Museen besuche ich, während sie im Büro sitzen. Meine Mittagspause beginne ich am Nachmittag, wenn sie die Tische im angesagten Lokal wieder frei gemacht haben, und shoppen gehe ich, wenn die Verkäuferinnen noch nicht auf den Feierabend warten. Am Abend stelle ich mich an Bars und tanze durch Clubs – mit dem guten Gefühl, am nächsten Tag ausschlafen zu können. Ein Espresso in der Fußgängerzone. Wunderbar! Die Hektik um mich herum? Betrifft mich nicht. Die schlechte Luft? Belastet meine Lungen nur vorübergehend. Der Lärm? Hört bald wieder auf. Ich bin schließlich nur zu Besuch in der Stadt. Das Beste daran: Nach der Reise darf ich wieder dorthin zurück, wo es am schönsten ist – aufs Land. Oder wie meine Oma zu sagen pflegte: »Mei is bei uns schee!«

40. GRUND

WEIL SPORTLER MITTEN IM TRAININGSGELÄNDE LEBEN

»Sind denn heute alle unterwegs in die Berge?«, schimpft mein Mann und trommelt mit den Fingern aufs Lenkrad. Eine rein rhetorische Frage angesichts der vielen Autos vor, hinter und neben uns. Ja! Seit einer halben Stunde schon schieben wir uns in einer Blechlawine meterweise Richtung Inntaldreieck. Ein ungehaltenes »Ich hab's dir prophezeit, aber du wolltest ja unbedingt ausschlafen« kann ich mir leider nicht verkneifen. Ich könnte ihn noch weiter triezen: »Rate mal, warum alle Gebirge südlich von München Münchner Hausberge heißen.« Eben.

Weil Münchner sie als ihren ureigenen Spielplatz ansehen und an ihren freien Tagen wahlweise zum Wandern, Klettern, Mountainbiken, Langlaufen oder Skifahren dorthin pilgern. Heute ist wieder so ein Tag. Das hat man nun davon, wenn man nicht auf seine innere Stimme hört! Ich bin extrem genervt, wollte längst im Sattel sitzen und die ersten Höhenmeter hinter mir haben. So schnell kann sich die Vorfreude auf eine Mountainbiketour zwischen Stillstand und Wortgefechten in Luft auflösen.

Im Grunde könnten wir auf einer x-beliebigen deutschen Ausfallstraße unterwegs sein. Denn wenn es die stadtgeplagten Menschen an schönen Wochenenden zum Kiten an die Küste und in die Sportreviere von Eifel, Hunsrück, Schwarzwald, Schwäbischer Alb oder Thüringer Wald treibt, gehört zäh fließender Verkehr dazu wie blauer Himmel zum Sommertag. Entweder eine Engelsgeduld aufbringen oder in aller Herrgottsfrüh aufbrechen, heißen die Alternativen, wenn Stadtbewohner in die freie Natur des Hinterlandes drängen.

Wie beneide ich meine Freundin, Mountainbikerin wie ich, die in Aschau im Chiemgau lebt, mitten im Trainingsgelände. Haustür auf, und sie kann losradeln. Vor ihr Sportprogramm hat der liebe Gott keine Anfahrt mit Stau und Stress gesetzt. Im Gegenteil: Selbst an den Wochenenden gönnt er ihr regelmäßig einen Traumstart. Und mir gleich mit, wenn ich bei ihr übernachte. Dann lassen wir uns von der Morgensonne wecken – und nicht vom digitalen Signal eines Smartphones, das uns wegen Stauvermeidung schon um sechs aus dem Schlaf reißt. Bevor wir in unsere Bikershorts schlüpfen, machen wir Yoga, löffeln in aller Ruhe unser Sportlermüsli und nehmen uns sogar noch Zeit, um die Radketten zu ölen.

Wenn der Trail gleich hinterm Gartenzaun beginnt, gewinnt man nicht nur wertvolle Lebenszeit, sondern entgeht in ländlichen Urlaubsregionen auch dem Ansturm der Massen. Bis sich die Wanderparkplätze unten im Tal mit den Autos bewegungshungriger Stadtmenschen gefüllt haben, haben wir unsere Höhenmeter schon fast hinter uns und lassen uns auf der Hütte längst den selbst gemachten Kaiserschmarrn der Sennerin schmecken.

Überhaupt ist das Land mit seinen Wiesen und Wäldern, Bergen und Tälern wie ein riesiges Outdoor-Fitnesscenter – das jedes Sportstudio in der Stadt um Längen schlägt. Nicht nur, dass 24-Stunden-Öffnungszeit und beitragsfreie Mitgliedschaft selbstverständlich sind. Auch die Seele jubelt: Eine Lauf- oder Radrunde in der Natur macht einfach viel mehr Spaß als auf dem Laufband oder beim Spinning in geschlossenen Räumen. Gegen ein Reh, das auf der Waldlichtung äst, während man vorbeijoggt, hat das Studio keine Chance. Hinzu kommt der Gesundheitsbonus: »Asthmatiker sind (sogar) besser beraten, draußen zu joggen, da im Fitnessstudio die Luft stärker mit Keimen belastet sein kann«, erklärt Privatdozent Gerhart Bayer, Trainingswissenschaftler an der Humboldt-Universität Berlin in einem Interview.[110] Doch nicht nur die. Nach einem Bürotag lechzt jeder Körper einfach nach sauerstoffreicher Luft und nicht nach klimatisierten Fitnessräumen. Bayer weiter: »Studien zeigen auch, dass Menschen, die regelmäßig und auch bei schlechtem Wetter Sport im Freien machen, seltener erkältet sind.« Und jeder Geländelauf auf unebenen Forstwegen und Wurzelpfaden gewinnt gegen das gleichförmige Laufband, wenn es um Koordination, Bewegungsabläufe, Abrollverhalten und die Versorgung mit Tageslicht geht. Auf dem Land hat auch der innere Schweinehund keine Chance, der einem nach einem anstrengenden Arbeitstag ins Ohr flüstert: »Mach's dir einfach auf dem Sofa gemütlich.« Zu verlockend sind die Vogelkonzerte in den Baumwipfeln und der Duft des Waldbodens gleich hinterm Haus.

Natürlich kann man auch mitten in der Stadt im Freien Sport treiben. Hamburg etwa hat mit Stadtpark, Außenalster und Elbufer attraktive Laufstrecken für Hobbysportler. Doch um hinzukommen, müssen die meisten dann doch erst einmal ins Auto steigen oder über stark befahrene Straßen traben. Das eine ist nicht gut für die Umwelt, das andere nicht gut für die Gelenke, die durch Beton und Asphalt gequält werden. Außerdem hebt die abgasgeschwängerte Luft nicht gerade die Stimmung. Die schleichende Feinstaubgefahr, wenn Dieselruß, Reifenabrieb und Schmutz in die Atemwege dringen, unterschätzen sowieso viele.

Wie gut hat es da meine Freundin in Aschau. Sie muss nur die Haustür öffnen und die Herausforderung annehmen. »Wir könnten schon da sein«, erinnere ich meinen Mann, als endlich die Autobahnausfahrt in Sicht kommt. »Ja, ja, am besten wir ziehen gleich aufs Land«, äfft er mich nach. Immerhin hat er mich verstanden, und sobald wir vom Auto aufs Mountainbike umsteigen, sind wir einer Meinung.

41. GRUND

WEIL DIE BESTEN GRILLPLÄTZE FREI SIND

Von wegen Geheimtipp. Die besten Grillplätze in deutschen Städten sind überfüllte Orte. Da steht ein Grill neben dem anderen, Picknickdecken grenzen den persönlichen Bewegungsraum ein, Nachbarhunde tappen darüber, rempeln einen mit feuchten Schnauzen an und schnappen nach der Wurst auf dem Teller. Als ob das nicht genug wäre, treibt einem der Rauch von Hunderten improvisierten Lagerfeuern Tränen in die Augen, und die ersten Betrunkenen fangen schon bald an zu grölen. Man kann froh sein, wenn nur Töne aus ihrem Mund kommen und kein im Magen zwischengelagertes Grillfleisch. Das kommt dann später. Der eigene Balkon ist auch keine Alternative, weil sich oft Nachbarn belästigt fühlen. Was am Grillen in der Stadt schön sein soll, habe ich noch nie verstanden. Zumal auch die für urbane Freiluftbrutzler erfundenen Einweggrills aus jedem schönen See- oder Flussufer eine Müllhalde machen. In Bonn etwa kostet die Reinigung der Rheinaue und der Rheinpromenade die Stadt in der Grillsaison rund 50.000 Euro im Monat – Tendenz steigend.[111]

Die besten Grillplätze finden sich auf dem Land. Hier muss man Flussufer nicht mit Menschenmassen teilen, Liegewiesen an Seen sind nicht überlaufen und private Gärten groß genug, um als Park mit Grillplatz durchzugehen. So macht Freiluftbraten wirklich Spaß und bekommt zudem eine besondere Note: die romantische. Wer schon einmal das einzige Feuer an einem Flussufer entzündet hat, in Ruhe Fleisch oder Gemüse auf dem Rost platziert hat, sich dabei ohne Krakeeler im Hintergrund unterhalten konnte, später die Gitarre rausholte, um den Mond anzusingen, und mit der letzten Glut den Sternen entgegenleuchtete, der weiß, dass Grillen so viel mehr sein kann als eine Massenveranstaltung.

42. GRUND

WEIL CABRIOFAHREN HIER SPASS MACHT

Ich bin kein Autonarr. Für mich ist ein Auto ein Transportmittel, praktisch und komfortabel. Ob ein Wagen in fünf, zehn oder mehr Sekunden von null auf hundert kommt, ist mir egal. Partygespräche über PS-Zahlen und Keramikbremsen öden mich an. Kurzum: Mit einem 911er kann mich kein Mann beeindrucken. Zuckelt aber einer im Golf Cabrio an mir vorbei, möchte ich am liebsten hinterherrufen: »Nimm mich mit!« Denn bei aller Rationalität habe ich eine große automobile Schwäche: Ich liebe Offenfahren. Als Beifahrerin und Fahrerin. Vorausgesetzt, die Kulisse passt, denn Cabrios sind für Landpartien gemacht.

Einsteigen und losfahren. Weg. Ohne Termine, Lärm und Stress. Den Alltag hinter sich lassen. Auf dem Land sind die Straßen frei. Kurve um Kurve schlängeln sie sich durch Wälder, Wiesen und Kornfelder. Der Horizont ist weit, weil er nicht durch Häuserschluchten eingeengt wird. Deutschlands Traumstraßen führen über Land, wie die Deutsche Alleenstraße, sie zieht sich wie ein grünes Band durch die Republik und verbindet Rügen mit dem Bodensee. Hier macht Autofahren Spaß, weil der Kopf frei ist und das Bordprogramm großartig.

Das Licht-und-Schatten-Spiel mächtiger Baumriesen ist großes Kino, bei der Fahrt durch Dörfer begleitet das Gackern der Hühner die Tonspur, und der Duft von Heu weht ins Cockpit. Im Cabrio potenzieren sich alle Sinneseindrücke: Geschwindigkeit, Wind, Luft, Sonne, Natur, Freiheit – das Leben. So wird Autofahren zum Naturerlebnis.

Schon die erste Fernfahrt der Automobilgeschichte war ein Cabrioausflug: Auf drei fingerdünnen Speichenrädern und ohne Dach rattert Bertha Benz 1888 von Mannheim nach Pforzheim und fährt die »pferdelose Motorkutsche« und ihren Mann Carl zu Weltruhm.[112] Wer heute ihrer Route durch die Oberrheinische Tiefebene, den Odenwald und den Kraichgau folgt, versteht, warum sich die junge Frau mit dem Virus »Autofahren« infizierte. Ob sie auch die alte Weisheit von Konfuzius im Kopf hatte? »Der Weg ist das Ziel.« Ein Satz wie aus dem Handbuch für Überlandfahrten, der sich bewahrheitet, wenn man im Frühling zwischen Mühlen, Leuchttürmen, Fachwerkhäusern und Deichen durchs Alte Land südlich von Hamburg rollt. Wenn Millionen von Kirschblüten den größten Obstgarten Deutschlands in einen weiß-rosa Teppich verwandeln, möchte man juchzen vor Glück. Habe ich jemals behauptet, ein Auto sei für mich ein Transportmittel?

Schlechte Laune kenne ich am Steuer meines Cabrios daher nicht. Außer ich biege auf die Autobahn ab oder passiere eine Stadtgrenze. Dann überkommt mich über kurz oder lang das Grauen: Stau, Stau und noch mal Stau. Dann kehrt sich meine Lust am Offenfahren blitzschnell ins Gegenteil um. Statt mich frei zu fühlen, sitze ich hilflos in einer Blechlawine fest. Statt die Lungen mit frischer Landluft zu füllen, ersticke ich in Abgaswolken. Statt von Vogelgezwitscher ist die Luft von Motorenlärm erfüllt. Selten ist meine Sehnsucht nach dem Land stärker als in solchen Momenten. Es ist einfach die natürliche Heimat für Cabriofahrer.

43. GRUND

WEIL BEIM FLIEGENFISCHEN ALLES IM FLUSS IST

Die Arbeit sollte dem Fischen nicht in die Quere kommen, findet Brad Pitt in dem Film *Aus der Mitte entspringt ein Fluss*. Der Star spielt den Naturburschen Paul, der buchstäblich im Strom des Lebens steht: in einem Fluss in Montana, die Angelrute in der Hand. Eins mit der Natur. Die kraftvollen Bilder haben einen Boom ausgelöst. Nachdem der Film 1992 in die Kinos kam, entwickelte sich Fliegenfischen vom Nischensport zum Massenphänomen. Jährlich reisten rund anderthalb Millionen Angler nach Montana, um sich in die Kunst des Fliegenfischens einweisen zu lassen.[113] Diesen Langstreckenflug können sich Landbewohner sparen, ihnen reicht ein Fahrrad, weil das nächste Gewässer in bevorzugter Lage meist nicht weit ist. In der Provinz lässt sich die Angelrute konzentriert schwingen, was rund 1,01 Millionen Deutsche in ihrer Freizeit häufig und gerne machen.[114]

Die Traditionalisten senken ihr Gewicht auf Klapphocker, hängen ihren Angelhaken ins Wasser und warten, was passiert. Ein Bierchen darf sie dabei begleiten. Auch so kann Glück aussehen, vor allem, wenn das Abendessen irgendwann anbeißt und erst aufs Foto und dann in die Pfanne kommt. Petri Heil! Aber beim Fliegenfischen passiert mehr. »Fliegenfischen ist Kunst, Ästhetik, Sport und Meditation in einem«, wirbt Jochen Schweizer. Der Erlebnis-Veranstalter verkauft intensive Erfahrungen. Fliegenfischen im Wettersteingebirge gehört dazu. Mein Nachbar braucht dazu kein Eventmanagement. Im Grunde könnte er einfach zur wunderschönen Mangfall laufen, aber er fährt lieber an den Schliersee, der ist auch nicht weit weg. Er ist seit Jahren ein Profi, andere müssen noch lernen.

Breitbeinig und mit Gummihose stehen die Anfänger am Wasser, schlanke umweltfreundliche Hipster genauso wie geerdete

Männer mit dicken Leibern, auch ein paar Frauen. Ein Urinstinkt hat sie aufs Land gelenkt: der Jagdtrieb. Leise lassen sie Angelschnüre durch die frische Luft zischen und Köder über den Fluss schwingen. »Zwischen ein Uhr und elf Uhr muss die Rute aufgeladen werden«, erklärt Michael Sanna einer TV-Journalistin.[115] Der Italiener führt in der Fränkischen Schweiz eine Fliegenfischerschule an der Wiesent. Hier unterrichtet er auch, wie man aus kleinen Federn und Fellhaaren Fliegen bastelt: die Köder, die der Disziplin Fliegenfischen ihren Namen gaben.

»Es gibt kaum einen Fisch, der sich nicht mit der Fliege fangen lässt«, erklärt das Magazin *Fliegenfischen*. Aber: »Der große Unterschied zum normalen Angeln ist der unmittelbare Kontakt zum Fisch!« Fliegenfischen ist Handarbeit. Die Leine zwischen den Fingern, spürt der Angler genau, was der Fisch macht, und außerdem sieht er es. In diesem Moment kämpft in der Fränkischen Schweiz eine Forelle um ihr Leben. Sie schlägt aufs Wasser, windet sich. Experten nennen es »spritzigen Drill«, und die Fliegenfischer schwören: »Wer einmal einen Fisch mit der Fliegenrute gefangen hat, wird dieses Gefühl nie vergessen.« Das Fischen mit der Fliege gehört für die Jäger am Wasser zu den spannendsten Methoden überhaupt.[116] Einmal Fliege, immer Fliege, sagen sie.

Am Köder hängt beim Fliegenfischen die Kunst. Er soll sich wie ein Insekt übers Wasser bewegen und Fische anlocken. Michael Sanna sagt seinen Schülern, worauf es ankommt: »Der Köder – die Fliege – ist viel zu leicht, um als Wurfgewicht verwendet zu werden, deshalb muss zum Auswerfen das Gewicht der Angelschnur verwendet werden.«[117] Das funktioniert nur mit speziellen Wurftechniken, und weil es dabei eher auf Gefühl als auf Kraft ankommt, gibt es immer mehr Frauen, die an die Angel gehen. Im Netz nennen sie sich Flyfishing Ladies.[118]

Vielleicht fühlen sie, was Brad Pitts Filmcharakter verkörpern sollte: dass der Wurf nie nur nach außen geht, sondern immer auch nach innen. »In unserer Familie gab es keine klare Trennungslinie zwischen Religion und Fliegenfischen«, lautet der erste Satz der Romanvorlage. Nachzufühlen in der Natur.

44. GRUND

WEIL ES MEHR ALS 1.000 BADEMÖGLICHKEITEN GIBT

Gut, dass ich nicht nach Köln geheiratet habe, sondern mit einem Franzosen in die bayerische Provinz gezogen bin. Obwohl ich mich gerne an Köln erinnere, den Menschenschlag vermisse, den Karneval sowieso und die Kneipenszene erst recht. Alaaf, in Köln lässt es sich gut leben. Unter einer Bedingung: Das Wetter muss schlecht sein. Natürlich nicht während des Karnevals, sondern im Sommer. Denn sobald im Juni, Juli und August die Temperaturen so hoch steigen, wie man es von ihnen erwarten darf, sitzt man in der Stadt am Rhein auf dem Trockenen, weil es ihrer Umgebung an Badeseen mangelt! Die wenigen nassen Trostpreise sind völlig überlaufen, und die Freibäder in der Stadt nicht nur wegen mit Chlorwasser versetztem Kinderpipi ein Horror. Wie habe ich damals meine bayerische Heimat vermisst! Den riesigen Chiemsee, den versteckten Langbürgner See, den Schliersee und all die kleinen Naturoasen zwischen München und den Alpen. Über 200 natürliche Seen zählt das Bundesamt für Umwelt in Bayern, viele sind Hinterlassenschaften der letzten Eiszeit, als Gletscher Landmassen abgetragen beziehungsweise aufgeschüttet haben. Ein Schluck Eiswasser? Viele bayerische Seen haben Trinkwasserqualität.[119] Kein Vergleich mit einem Schluck Chlor aus dem städtischen Freibad. Wobei das Chlorwasser mit seiner speziellen Duftnote oft noch das kleinste Übel in einem öffentlichen Bad ist. Die Hölle sind immer die anderen, in Bikini oder Badehose.

Im Hochsommer werden städtische Freibäder zu Kampfzonen und Reviere schon lange nicht mehr allein mit großflächigen Badetüchern verteidigt. Das Columbiabad in Berlin-Neukölln, eigentlich als Familienbad geplant, machte im Sommer 2014 wieder Schlagzeilen. Von »Anarchie am Sprungturm«, berichtete der *Tagesspiegel*, von einer »Messerstecherei«, die nur im letzten Moment von einem Mitarbeiter des Wachschutzes verhindert werden konnte, die *Morgenpost*. Der berühmte Berliner Wannsee ist für die Hauptstädter, die ohne Polizeischutz schwimmen möchten, auch keine Alternative, sondern in der Regel überlaufen.

Pack die Badehose ein! Nimm dein kleines Schwesterlein, den neuen Freund, Ehemann oder gleich die ganz Bagage, und dann nichts wie raus aufs Land, zum Kurzurlaub abseits der großen Städte und Freibäder. Dorthin, wo das Wasser weich ist, die Ufer wiesengrün, alte Bäume Leseschatten spenden und der Kioskbesitzer gegen Abend Steckerlfisch oder Buletten grillt. Möglichkeiten gibt es genug dazu, weil Deutschland reich an Gewässern ist – und die schönsten Badestellen liegen naturgemäß außerhalb der Städte.

Das »Land der 1.000 Seen« klingt wie eine Sage, ist aber ein Märchen, in dem man leben kann. Der Volksmund hat die Mecklenburgische Seenplatte so getauft. Als größte zusammenhängende Seenlandschaft Mitteleuropas verspricht sie ein Badeerlebnis der Superlative. Gekrönt wird die Region vom größten innerdeutschen See, der 112 Quadratkilometer großen Müritz.[120]

Aber außerhalb der Stadtgrenzen machen sogar Freibäder Freude, weil sie nur so heißen, aber nie so aussehen. Selbst Menschen, die Uferlagen bevorzugt als Partylocation betrachten, finden hier ihr Paradies. In der »Sundownerbar« in Übersee am Chiemsee werden Getränke auf Großstadtniveau serviert, und wer dort einmal in einer lauen Sommernacht eine Moonlightparty gefeiert hat, sehnt sich weder ans Rheinufer noch an die Spree. Wie gut, dass ich in der Provinz zwischen malerischen Seen gelandet bin – und wenn mir doch einmal nach Schwimmbad ist, dann fahre ich in den nachbarlichen Kurort, wo ich meine Bahnen mit Bergblick ziehen kann, während meine Jungs auf der Wiese Fußball spielen.

45. GRUND

WEIL MAN IM FUSSBALL GROSS RAUSKOMMT

Das Land der Träume ist in Deutschland so groß wie ein Fußballfeld. Auf mindestens 90 Meter Länge und 45 Meter Breite konzentrieren sich die wildesten Fantasien von kleinen Jungs und großen Männern, zunehmend auch von Mädchen und Frauen.[121] Fußball ist die beliebteste Sportart in Deutschland und bietet hohes Identifikationspotenzial. Jungs wollen sein wie Mario Götze und Bastian Schweinsteiger, ihre Väter wie Pep Guardiola und Jogi Löw, und nicht wenige Mütter wären froh, wenn sich ihre Männer wenigstens so gut anziehen würden wie die Idole, anstatt in Jogginghosen vom Sofa aus Kommandos Richtung Bildschirm zu brüllen, überzeugt davon, das Zeug zum Spitzentrainer zu haben. Auf dem Land können sie sich beweisen und vom Couch-Potato zum Coach aufsteigen. Es gibt genug Spiel- und Betätigungsfelder für Ballverrückte. Wo nur drei Häuser stehen, ist ein Fußballverein nicht weit, und im Gegensatz zu den großen organisierten Clubs in den Metropolen, bieten Provinzvereine echte Chancen für alle: Es sind immer Posten zu vergeben für Trainer, Spieler, Kassenwarte oder natürlich Manager(innen) des eigenen Kindes. Die Folge: Auf dem Land darf sich jeder wie eine große Nummer im Fußball fühlen, und obendrein mehr Spaß und Spannung erleben, als ein Champions-League-Finale bringen kann. Wer auf idyllischen Fußballplätzen seine Nachmittage und Wochenenden verbringt, weiß, wovon ich schreibe.

Mein Sohn spielt seit seinem vierten Lebensjahr in einem Provinzverein, obwohl dieser Ausdruck hier so nie fallen würde. Mit dem Herz in der Hand und der Leidenschaft in den Beinen kämpft seine Mannschaft um jeden Ligapunkt. Die Spieler sind überzeugt, im besten Verein der Welt zu spielen. Mit der Meinung stehen die Jungs nicht allein auf dem Feld. Nicht umsonst kommen Talentscouts aus München aufs Land, und der älteste Sohn des Trainers spielt bereits in der Nachwuchsmannschaft des FC Bayern. Der jüngere folgt sicher bald. Auf dem Land werden Trainer zu Helden und Talente groß.

Selbst der zwölfte Mann ist hier keine anonyme Grölgröße, sondern ein bekanntes Gesicht, meist eine Mutter oder ein Vater, die gleichzeitig den Imbiss bei Spielen organisieren. Als Lohn für den Einsatz gibt es glückliche Kinder und Ehrenplätze, die sich nur ein wenig von denen in der Allianz Arena unterscheiden. Sie sind erdverbundener, denn meist markiert eine Picknickdecke die VIP-Zone auf der Wiese neben dem Spielfeld. So nah kommt man bei keinem Bundesligaspiel ans Geschehen. Fußballherz, was willst du mehr? In der Provinz werden Fußballträume wahr, weil sich hier die Begeisterung für die runde Sache auf höherem Niveau ausleben lässt als auf Sitzhöhe eines Sofas. Assistenztrainer werden übrigens immer gesucht. Eine Aufgabe, die einen gewissermaßen zu Peps und Jogis Kollegen befördert. Olé! Olé!

 46. GRUND

WEIL GUMMISTIEFEL SINN MACHEN

Dumme Sprüche sind wie Ortsschilder. Wenn sie einem um die Ohren fliegen, weiß man, wo man ist. »Es gibt kein schlechtes Wetter, nur falsche Kleidung«, signalisiert: »Hey, Baby, du lebst jetzt auf dem Land. Schön blöd, wenn du immer noch keine Gummistiefel hast, sondern in Turnschuhen durch den Regen stapfst.«

Stimmt. Ich entschließe mich, Gummistiefel zu kaufen, und rufe meine modeaffine Großstadtfreundin an. »Kannst du mir welche empfehlen?« Eigentlich sollte es ein Witz sein, aber sie jubelt ins Telefon: »Hast du ein Glück, auf dem Land zu wohnen. Dort machen Gummistiefel wenigstens Sinn. Und Sinn ist der neue Style.« Sie empfiehlt mir ein Paar von Hunter, weil Kate Moss die Marke im Matsch des Glastonbury Festivals trug. Sie lacht und erklärt: »Wenn du die Stiefel trägst, wird das so was von Rosamunde Pilcher sein. Du wirst aussehen wie eine ihrer Landladys.« Ich fühle mich veräppelt. »Nein, nein«, versichert mir die Modefachfrau am anderen Ende der Leitung, »Hunter ist wirklich ein guter Tipp. Es ist eine englische Traditionsmarke, die sogar die Queen trägt. Also müssen sie wasserdicht sein.« Ich bin sicher, das hat sie in der *Vogue* gelesen, und knurre: »Ich wusste gar nicht, dass die Queen für dich ein modisches Vorbild ist!« Sie lenkt ein. »Weißt du«, sagt sie, »ich würde sogar aufs Land ziehen, nur um einmal Gummistiefel in passender Umgebung tragen zu können. In der Stadt sehen sie ja leider lächerlich aus, so wie die großspurigen SUVs.« Guter Stil ist ortsabhängig, das habe ich verstanden. Wir beenden das Gespräch, weil ich meinen Füßen SUVs kaufen will.

Mein erster Eindruck, als ich die Gummistiefel anprobiere: Sie stinken. »Das liegt an den Inhaltsstoffen. Ein Gummistiefel, der nicht stinkt, ist keiner«, erklärt mir die Verkäuferin. Ist deshalb die Auswahl im Schuhgeschäft der Kreisstadt so klein? Ich verabschiede mich ohne Beute, denn Stinkstiefel will ich nicht mit nach Hause nehmen. Am Abend recherchiere ich im Internet und finde Gummimodelle von Chanel. Na, bravo! Ich klicke sie weg, um mich von *Ökotest* informieren zu lassen, die 16 Stiefel zum Test antreten ließen, darunter vertrauenerweckende Marken. Fast alle fielen durch, oft wegen bedenklicher, womöglich krebserregender Farb- und Inhaltsstoffe.[122] Ich überlege mir, ob ich nicht doch besser bei meinen Turnschuhen bleibe, aber zugunsten meiner Bewegungsfreiheit an Regentagen suche ich weiter – und stoße auf den Vater des modernen Gummistiefels: Charles Goodyear. Der Amerikaner entwickelte 1840 das Vulkanisierungsverfahren, das Gummi dauerhaft elastisch macht. Sein Landsmann Hiram Hutchinson kaufte ihm die Lizenz zur Gummistiefel-Herstellung ab und gründete 1853 auf der anderen Seite des Atlantiks eine Fabrik, weil er sich im damals noch landwirtschaftlich geprägten Europa einen großen Absatzmarkt versprach. Hauptsitz seiner Firma wurde Frankreich. Als Tribut an seine alte Heimat nahm er das amerikanische Wappentier als Pate und taufte die neuen Arbeitsschuhe für Bauern und Fischer »À l'Aigle« (Adler). Später wurde der Name auf Aigle verkürzt, und inzwischen ist die Marke ein Lifestyle-Unternehmen, das noch immer hochwertige Gummistiefel in Frankreich fertigt. 200 Handwerker produzieren dort fast 4.000 Paar Schuhe pro Tag.[123] Für jedes einzelne werden zwei Kilo Gummi verarbeitet. »Das Leitmotiv der Marke war immer Schutz. Heute mixen wir Schutz mit Fashion, Lifestyle und Stil«, wirbt der Aigle-Designer Gideon Day.[124] Klingt gut, finde ich und suche nach dem nächsten Händler.

Bald bin ich gerüstet. Beim nächsten Regen laufe ich raus, springe mit meinen Kindern in Pfützen, stapfe durch abgeerntete Felder und atme dabei tief ein, weil die Natur im nassen Zustand besonders gut riecht. Wie konnte ich bislang nur ohne Gummistiefel auskommen? Es sind Schuhe fürs Leben! Am Wochenende will übrigens meine Modefreundin aus der Großstadt kommen – mit ihren neuen Hunter-Modellen. Hoffentlich regnet es. Sie wird mich »Rosamunde« nennen, ich sie »Queen Mum«, und wir beide werden uns wie Kate Moss auf dem Land fühlen. Es gibt eben Dinge, die lassen sich nur auf dem Land mit Stil tragen.

47. GRUND

WEIL HUNDE EIN BESSERES LEBEN VERDIENEN

Als ich auf die Welt kam und mich das Schicksal gnädig in ein kleines bayerisches Dorf verschlug, gehörte ein weißer Spitz namens Stupsi zur Familie. Wenn er zu Hause war, verstanden wir uns wortlos, aber meist war das Tier unterwegs. Mit einem selbst gebuddelten Fluchtweg unter dem Gartenzaun hatte er sein Revier erweitert. Stupsi war ein ausgesprochen unabhängiger Geist und hatte viele Liebschaften im Umland und vermutlich noch mehr Nachkommen. Hoffentlich hat das Schicksal keines seiner Kinder in eine Stadt verschlagen, wo Hunde vor allem Probleme machen.

»Metropolenhunde haben mehr Menschenleben auf dem Gewissen als alle anderen Säugetierarten auf der Welt. Sie übertragen Krankheitserreger, und ihre Exkremente in Parkanlagen und auf Kinderspielplätzen, auf Gehwegen und in Fußgängerzonen stinken zum Himmel«, beschwert sich ein Kollege in der *taz*.[125] Allein auf Berlins Straßen bleiben täglich 55 Tonnen Hundekot liegen, bei gut 100.000 registrierten Hunden und schätzungsweise 50.000 ungemeldeten.[126] Die Wahrscheinlichkeit, in Berlin mit neuen Sandalen in einen Haufen zu treten, ist groß. Ich weiß, wovon ich schreibe. In Berlin bin ich zur Hundehasserin geworden, obwohl ein gerahmtes Foto von Stupsi in meinem Bücherregal stand. Aber ein Landhund lässt sich ohnehin nicht mit seinen bedauernswerten Artgenossen vergleichen, die in kleinen Stadtwohnungen gehalten und zwei- bis dreimal täglich mit dem Lift sieben Stockwerke hinunter zum Klogang auf den Bürgersteig transportiert werden. Verhaltensstörungen sind da programmiert.

Die wollen nur spielen? Ich nicht, schon gar nicht mit einem Vierbeiner, der seine Zunge nicht im Zaum halten kann und sich womöglich auf die Hinterbeine stellt, um mich aus dem Gleichgewicht zu bringen. Leinenzwang? Ich bin dafür und verdränge die Erinnerung an Stupsis Freiheitsdrang. In der Stadt sind Vierbeiner ein Sicherheitsrisiko, weil sie arme Hunde sind. Scheißer. Angstbeißer. Nervöse Wracks, deren scharfe Zähne auf gleicher Höhe liegen wie Kindergesichter. Natürlich weiß ich, dass das Problem meist am anderen Ende der Leine hängt, was den Hund zu einer noch größeren Zumutung macht. »Würden Sie bitte Ihren Hund anleinen?« – »Ey, Alte, du kannst mich mal.«

Natürlich, der Hund ist der beste Freund des Menschen. Wer seinen Freunden gerne Kommandos gibt, wen klassische Gespräche langweilen und wer gerne lebende Waffen mit sich führt, für den ist die Beziehung zu einem Hund sicher ideal. So dachte ich, als ich noch ein Großstadtmensch war und regelmäßig in die Hinterlassenschaft von Vierbeinern getreten bin, beim Joggen verfolgt und im Treppenhaus von feuchten Schnauzen belästigt wurde. In der Stadt sind Hunde eine Plage und verdienen die Bezeichnung Köter. Auf dem Land können sie ihre besten Seiten zeigen, nicht nur als Lawinenhunde in den Bergen und Fährtenleser im Wald.

Als wir uns entschlossen, von der Stadt ins ländliche Bayern zu ziehen, wünschte ich mir trotzdem vor allem eines: eine Nachbarschaft ohne Vierbeiner. Es war nicht schwer, auch meinen Mann gegen die Tiere aufzuhetzen. Er hatte lange genug in Paris gelebt, dem französischen Pendant zu Berlin in Sachen Hundehaufen. Nur dass die kleinen Scheißer dort elegantere Namen haben.

Als wir die Baustelle in der Provinz besichtigten, war weit und breit kein Hund zu hören oder zu sehen. Auf dem Land haben die Menschen eben noch Beziehungen zu ihresgleichen, dachte ich beruhigt, und wir unterschrieben den Kaufvertrag. Der Husky von nebenan war wohl gerade Gassi. Als wir uns zum ersten Mal gegenüberstanden, war es bereits zu spät. Das Haus gehörte uns, wenn auch nicht aus dem Blickwinkel der Bank, und die Nachbarschaft gehörte dazu – mit Husky. Der kam an den Gartenzaun, und mein Sohn wollte seinen Namen wissen. Sammy! Streicheln wollte er ihn auch. Panik in meiner Brust! Nur der neue Nachbar blieb ruhig. Er reichte meinem Sohn ein paar Leckerlis, mit denen er Sammy füttern konnte. »Pfui!«, wollte ich rufen, aber es war bereits zu spät. Kind und Hund waren dabei, sich anzufreunden, die kleine Hand fütterte das große Maul mit den scharfen Zähnen.

Im folgenden Winter machte Sammy seiner Rasse alle Ehre und ließ sich als Schlittenhund einspannen. Meine Ängste gingen in den Begeisterungsrufen meines Sohnes und der Zuversicht meines Nachbarn unter. Gemeinsam jagten wir über die Felder hinter dem Haus: Sammy und sein Herrchen vorneweg. Mein Sohn juchzend auf dem Schlitten und ich japsend hinterher. Wenigstens der kleine Bruder hatte noch Respekt vor dem Kraftprotz im Schlittengeschirr und blieb in seiner Trage auf meinem Rücken. Dachte ich. Schon wollte auch er auf den Schlitten. Brav blieb Sammy stehen, ein Kommando genügte. War der Hund besser erzogen als meine Kinder? Zumindest war er besser erzogen als jeder Stadthund, der mir jemals begegnet war. Kein Wunder, er hat genug Auslauf, wird beschäftigt und muss nicht als Partner- oder Kinderersatz herhalten. So können Hunde Spaß machen.

Ich ertappte mich dabei, Sympathien für Sammy zu entwickeln. Heimlich fing ich an, ihm durch den Zaun Leckerlis zuzustecken. Damals hätte ich es noch nicht zugegeben, aber es ist ein schönes Gefühl, wenn ein Hund durch einen Garten sprintet, nur um seine Nachbarin, also mich, zu begrüßen. Ist diese offensichtliche Begeisterung auf Bestechung zurückzuführen? Geschenkt. Es ist ein Geben und Nehmen, nicht nur zwischen Menschen.

Es kam, wie es kommen musste: Mein älterer Sohn will jetzt auch einen Sammy. Er muss nur noch seinen Vater überzeugen. Ich weiß schließlich seit Kindertagen: Hunde können auf dem Land großartige Sportsfreunde sein, unerwünschte Besucher ankündigen und gute Laune machen. Für eine tolle Figur sorgen sie obendrein. Vielleicht finde ich einen von Stupsis Nachkommen. Spitzenidee!

48. GRUND

WEIL DER TRAUM VOM HAUS REALISTISCH IST

Ich kann genau sagen, wann die Probleme mit unseren früheren Nachbarn begannen: am Tag, als ich mit meinem ersten Kind aus dem Krankenhaus heimkam. Mein Sohn konnte damals noch nicht sprechen, deshalb rief er mich auf seine Art, wenn er Hunger hatte: Er schrie. Manchmal schrie er, obwohl er nicht an die Brust wollte, und ich brauchte ein wenig Zeit, um herauszufinden, was ihn gerade bekümmerte. Als Mutter war ich eine Anfängerin. Ein bisschen nervös, ziemlich übermüdet, aber immer bemüht, mein Kind zu verstehen und zu trösten. Regelmäßig schaukelte ich mein weinendes Baby durch die Wohnung und konnte darauf warten, dass es an der Tür klingelte, weil mich mein Nachbar daran erinnern wollte, was seiner Ansicht nach jetzt meine Aufgabe sei: »Sie müssen für Ruhe und Ordnung sorgen!« Herr L. hatte keine Kinder, aber ein feines Gehör. Ich vermute, er legte es an die Wand zwischen den Wohnungen, um beim ersten Ton vor unsere Tür zu stürmen, wo der Kinderwagen parkte, über den er sich ebenso aufregte wie über das laute Baby. Er schrieb Briefe an die Hausverwaltung und den Vermieter. Die Situation verschärfte sich, und ich wurde zum zweiten Mal schwanger. Jetzt musste eine neue Bleibe her. Uns war alles recht, um dem Nachbarterror zu entgehen: mieten, kaufen, Wohnung, Haus, nur raus!

»Vergesst es!«, meinten unsere Freunde aus München, die vor zwei Jahren in derselben Situation gesteckt hatten wie wir: Die Familie war zu groß für die kleine Wohnung geworden, Nachbarn hatten sich wegen des Kinderlärms beschwert, als Alternative träumten sie von den eigenen vier Wänden, frei stehend, mit Garten. Doch ihr Budget, das in etwa dem unseren entsprach, erlaubte ihnen gerade einmal den Kauf einer großzügigen Dreizimmerwohnung

108

in zweitklassiger Lage oder einer winzigen Dreizimmerwohnung in erstklassiger. Sollte unsere bisherige Wohnsituation ebenfalls alternativlos ein? Nein! Denn wir lebten ja auf dem Lande, wo Immobilien grundsätzlich billiger sind als vergleichbare Objekte in deutschen Städten. Dort steigen die Preise seit Jahren schneller als die Einkommen. »Im Verhältnis zum örtlichen Jahresnettoeinkommen sind Wohnungen in Berlin, Düsseldorf, Frankfurt, Hamburg, Köln, München und Stuttgart in den vergangenen fünf Jahren um ein Drittel teurer geworden«, konstatierte das Marktforschungsunternehmen empirica Anfang 2015.[127]

Glücklich, auf dem Land zu leben, fingen wir an zu rechnen und jonglierten Eigenkapital, Sollzinsen und Darlehensbeträge, wir besichtigten Häuser, suchten Grundstücke und siehe da: Das Eigenheim rückte in greifbare Nähe, und dann griffen wir zu. Auf dem Land gehen Rechnungen leichter auf.

 49. GRUND

WEIL DIE BAUUNTERNEHMER EINEN RUF ZU VERLIEREN HABEN

Bauträger, die großflächig in überregionalen Tageszeitungen wie der *Süddeutschen Zeitung* inserieren, haben gewöhnlich auch beeindruckende Websites und scheinbar gute Referenzen. Sie versprechen für ihre »Cityobjekte« unter anderem erstklassige Ausstattungen und greifbare Einzugstermine. Eine Kollegin wollte der Werbung und dem flotten, redegewandten Immobilienmakler glauben und eine geplante Neubauwohnung aus dem Hochglanzprospekt kaufen. Sie war nicht die Einzige, die das Objekt haben wollte, aber sie bekam den Zuschlag. Pech für sie! Als der Rohbau stand, war der Bauträger pleite. Der Rest der Geschichte ist ein Trauerspiel – und kein Einzelfall. In den Medien finden sich regelmäßig Horrorstorys dieser Art. Ich nahm mir fest vor, meiner Familie sollte das nicht passieren, aber ein Jahr später mussten wir uns entscheiden. Wir wollten ein Häuschen in der Provinz kaufen, von dem es bislang nur einen Plan gab und das Grundstück, auf dem es stehen sollte. Ein Bauträger hatte die Hand darauf. Konnten wir ihm vertrauen?

Ich zapfte alle verfügbaren Quellen an, um zu erfahren, wie es um den Ruf unseres potenziellen Bauträgers stand, ich fragte in der Apotheke, im Kindergarten und im Bekanntenkreis. Immer wieder bekam ich die gleiche Auskunft: Der Bauträger sei eine alt-eingesessene Firma, zuverlässig und fair. Bald traf ich Menschen, die schon mit dem Unternehmen gebaut hatten, und ich sprach mit Handwerkern, die auf einer seiner Baustellen arbeiteten. Immer dasselbe: Zufriedenheit. »Herr K. hat zu Recht einen guten Ruf«, war zu hören. Wir wagten es und unterschrieben vertrauensvoll den Kaufvertrag. Um die Story spannend zu gestalten, müsste jetzt das böse Erwachen kommen, aber es kam nicht. Die Geschichte hat ein Happy End, das schnell erzählt ist: Die Baufirma wurde ihrem guten Ruf gerecht. Die örtlichen Handwerker, mit denen sie schon seit Jahren zusammenarbeitet, waren ein eingespieltes effizientes Team. Wir konnten pünktlich einziehen, und es gab auch hinterher keine bösen Überraschungen, weil in der Provinz der gute Ruf eine harte Währung ist, auf die man buchstäblich bauen kann.

50. GRUND

WEIL DAS PARADIES EIN GARTEN IST

Wenn die Sonne scheint, verdoppelt sich unser Wohnraum, weil wir dann im Garten leben. Gefrühstückt wird auf der Terrasse, danach kümmern wir uns um nachwachsende Nährstoffe und wässern die

Gemüsebeete, im Vorbeigehen pflücken wir Himbeeren und Johannisbeeren von den Sträuchern und schauen, wie groß die Äpfel geworden sind. Der kleine Rundgang erdet die ganze Familie für den Tag und zeigt, was reif für die nächste Mahlzeit ist. Radieschen mit Butterbrot? Klingt nach einem perfekten Mittagsmenü. Meinen Kindern wird es besonders schmecken, weil sie die scharfen roten Vitamingewächse selbst gepflanzt haben – in ihrem eigenen Beet. Ich finde das pädagogisch wertvoll, sie finden es großartig. Ein Hoch auf den Garten! Auf dem Land ist er eine Selbstverständlichkeit.

Den Nachmittagskaffee gibt es unterm Apfelbaum. Es fehlt nur noch ein Naturteich, aber meine Kinder trösten sich mit dem Gartenschlauch darüber hinweg. Ein Windhauch trägt den Duft von Lavendel zu mir und erinnert mich daran, Lavendeleis zu machen. Ich könnte auch einen Blumenstrauß pflücken, aber neben der Terrasse gefallen mir die Blüten besser als auf dem Tisch. Die Zeit verfliegt, und ich bin noch immer draußen. Es gibt keinen schöneren Platz. »Als Erstes hat Gott der Allmächtige einen Garten angelegt«, sagte der englische Philosoph Sir Francis Bacon.[128] Die Blüten duften, die Bienen summen, und ich fühle mich wirklich wie im Paradies.

Ein eigener Garten ist ein Stück Urlaub vor dem Haus. Ja, auch Arbeit. Aber wer würde sie als solche bezeichnen wollen? In der Erde zu wühlen, Samen zu setzen und Unkraut zu jäten entspannt den Geist und entschleunigt ihn. Ein Garten kann die Rettung sein, für die Seele und den Magen. Heute Abend gibt es Tomaten, rot, reif und frisch geerntet. Während ich das Abendessen plane, ziehen meine Kinder mit dem Gartenschlauch zum Sandkasten, um Matsch herzustellen. Das Glück im Garten hat viele Facetten. Ach, wie recht der Volksmund hat: »Willst du ein Leben lang glücklich sein, dann leg einen Garten an.«

51. GRUND

WEIL VÖGEL AUF VOGELHÄUSCHEN FLIEGEN

Ich mache mir Sorgen. Herr und Frau Grünfink sind noch nicht wieder aufgetaucht. Hoffentlich ist ihnen im Sommer nichts zugestoßen – ein Kater aus der Nachbarschaft zum Beispiel. Dem getigerten Charlie, der nicht einmal einen Husky fürchtet, traue ich alles zu, auch Mord. Deshalb hofft die ganze Familie auf ein Wunder. Schon beim Frühstück belauern wir unser Vogelhäuschen vor dem Erker, aber in diesem Jahr picken bislang nur Kohlmeisen zuverlässig die Körner. Wo bleibt das Grünfink-Paar, das im vergangenen Winter regelmäßig zum Fressen vorbeikam? Wir haben die beiden an ein paar leuchtend gelben Federn in ihrem grünlichen Gefieder erkannt. Sie waren zwei von ziemlich vielen: Allein in Bayern vermutet der Landesbund für Vogelschutz 250.000 bis 750.000 Brutpaare, aber für uns waren sie ein ganz besonderes Paar.[129] Ihr trillernder Gesang erinnerte ein wenig an Kanarienvögel. Das Männchen gab gerne von einer höheren Warte aus Laut oder beim Fliegen. So etwas lernt man – und die Kinder gleich mit –, wenn man auf dem Land wohnt und endlich ein eigenes Vogelhäuschen aufstellen kann.

In der Stadt waren Vermieter und Nachbarn dagegen. Verständlicherweise. Stadtwohnungen sind nun einmal keine guten Standorte für Vogelhäuschen: Auf dem Balkon fallen Schalen und Scheißhäufchen entweder auf die ohnehin kleine Außenfläche oder auf den Nachbarbalkon darunter. Außerdem machen sich in den Städten oft Tauben als Erste am Futterplatz breit. Die muss man mögen. Ich mag Meisen, Rotkehlchen, Sperlinge und Finken lieber. Nach dem Umzug aufs Land habe ich meinen Favoriten ein Häuschen gekauft. Meine Kinder durften es aussuchen. Gefühlt haben sie dafür fast so lange gebraucht wie ihre Eltern beim Kauf des Familienhäuschens – und sich genauso darüber gefreut. Es war ein Erlebnis. Das Richtfest die nächste Party. Als dann das erste Mal die Grünfinken bei uns landeten, war das Glück perfekt. Jetzt fehlen sie uns. Um die Kinder zu trösten, schlage ich vor, auch einen Nistkasten im Garten aufzuhängen. »Den bauen wir selbst«, verspricht der größte meiner drei Männer im Haus. Die Söhne holen sofort Block und Stifte, um einen Plan zu zeichnen. Als sie schließlich konzentriert am Tisch sitzen, halte ich noch einmal Ausschau nach unseren Grünfinken. »Da sind sie!« Schluss mit den Sorgen. Vögel sind wunderbare Gäste. Hoffentlich zieht im Frühling ein Paar in den neuen Nistkasten ein.

 52. GRUND

WEIL BIENEN GÖTTLICH SIND

Konzentriert setzt meine Freundin Maya einen breitkrempigen Hut auf. Sein weißer Schleier verdeckt Gesicht und Haare und reicht weit über den Kragen ihres T-Shirts. Die Kopfbedeckung soll sie vor rund 30.000 potenziellen Angreiferinnen schützen, die alle mit einem Stachel bewaffnet sind. Trotzdem meint Maya: »Eigentlich brauche ich den Hut nicht. Bienen stechen nur, wenn sie sich bedroht fühlen.« Vorsichtig zieht sie einen Holzrahmen aus einem bunten Bienenstock und kontrolliert das emsige Volk. Seit sie auf dem Land lebt, kauft Maya keinen Honig mehr, sie macht ihn selbst.

»Was lange Zeit als ein Hobby für Männer jenseits der 60 galt, ist auf dem besten Wege, sich zu einem echten Trend auch für junge Leute beiderlei Geschlechts zu entwickeln«, schreibt Sabine Armbruster in ihrem *Bienen-Praxisbuch*. Die neuen Imker knüpfen an eine jahrtausendealte Tradition an. Bereits die alten Ägypter hielten ab etwa 4.000 vor Christus Bienen. Das kleine Tier galt als Reinkarnation des Sonnengottes Re – wie die Pharaonen. Auch für die alten Griechen waren Bienen keine Arbeitstiere, sondern Götterboten. Hippokrates bestrich rund 400 Jahre vor Christus Wunden mit Honig. Die Germanen ließen den Stoff lieber von innen wirken und tranken auf ihren Festen Met, Honigwein. Ihre Inspiration war Göttervater Odin, von dem sie glaubten, er verdanke seine Unsterblichkeit, Kraft und Weisheit dem Honig. Damals hatten Bienen noch ein gutes Leben. Heute brauchen sie Hilfe, genau dort, wo sie selbst am dringendsten gebraucht werden: auf dem weiten Land mit seinen Wäldern, Wiesen und Feldern, in ihrer natürlichen Umgebung.

»Eines der wichtigsten Naturwunder unserer Erde schwebt in höchster Gefahr«, formuliert es der Schweizer Regisseur Markus Imhoof. Mit seinem Dokumentarfilm *More Than Honey* zeichnete er das Schicksal der Bienen auf: Sie sterben. Weltweit. Pestizide, Antibiotika, Monokulturen, Transporte und die zunehmende Versiegelung von Flächen durch Beton und Asphalt bedrohen ihren Lebensraum. Hinzu kommen Parasiten wie die asiatische Varroamilbe. Das ist für die Menschheit dramatisch: Viele Kulturpflanzen sind auf den Transport des Blütenstaubs von Blüte zu Blüte durch die Insekten angewiesen. In China gibt es bereits Regionen, in denen die Tiere ausgestorben sind. Dort müssen die Menschen Blüten von Hand mit Pollenpulver befruchten.[130]

Imhoof fragt sich: »Was wird meinen Enkeln zum Essen bleiben, wenn sie selbst Großväter sind? Ein Drittel von allem, was wir essen, gäbe es nicht ohne Bienen.«

In Deutschland hängen rund 85 Prozent der landwirtschaftlichen Erträge im Pflanzen- und Obstbau von der Bestäubungsleistung der Bienen ab, schätzt der Deutsche Imkerbund und hebt die Honigbiene auf Platz 3 der wichtigsten Nutztiere, hinter Rind und Schwein. Hinzu kommt: Die Deutschen sind Weltmeister im Honigverzehr. Rund 1,2 Kilo werden pro Kopf und Jahr genossen. Das ist mehr, als hierzulande produziert wird, obwohl knapp

100.000 Imker – nur ein Prozent übrigens erwerbsmäßig – mit etwa 700.000 Bienenvölkern arbeiten. Zusammengerechnet ernten sie zwischen 15.000 und 25.000 Tonnen Honig im Jahr, aber das entspricht nur etwa 20 Prozent des Verbrauchs. Vor diesem Hintergrund verspricht der Deutsche Imkerbund: »Die Betätigung als Imker ist nicht nur ein ausgefallenes und naturverbundenes Hobby, sondern kann auch ein lukrativer Nebenverdienst sein.«[131]

»Die meisten von uns machen es aus Liebe, nicht wegen des Geldes«, sagt Neu-Imkerin Maya, die ihren Hut wieder abgesetzt hat und ihren Bienen nachschaut, die aus dem Stock schwärmen. Was aus einer Laune und dem Gefühl heraus begann, etwas für die Natur tun zu wollen, wurde nach einem Imkerkurs zur Leidenschaft. Inzwischen ist sie fasziniert von den Tieren, die als Volk wie ein Superorganismus perfekt durchorganisiert sind, mit einer eigenen Intelligenz und Kommunikation. Die Arbeiterinnen informieren einander mit dem sogenannten »Schwänzeltanz«, wo es Futterquellen gibt. Während im Frühjahr blühende Obstbäume noch für Überfluss sorgen, wird im Spätsommer das Nahrungsangebot knapper. Maya ist froh, dass es in ihrer Nähe viele Bauerngärten gibt, die bis in den Herbst hinein blühen. Auch aus ihrem eigenen Grund hat sie eine »Bienenweide« gemacht und Pflanzen angesät, die besonders nektar- und pollenreich sind. Hobbyimker wie Maya werden gebraucht wie nie.

53. GRUND

WEIL ÄPFEL HOFFNUNG MACHEN

»Welcher soll es denn nun sein?«, fragte der Mann und schaute demonstrativ auf seine Armbanduhr, aber er hatte den falschen

Moment gewählt, um mich unter Zeitdruck zu setzen. Immerhin sollte ich eine Entscheidung treffen, mit der ich die nächsten Jahrzehnte leben wollte. »Es ist schwierig«, seufzte ich. Die Qual der Wahl vor Augen, wägte ich in Gedanken noch einmal die Argumente ab: Der eine war robust, der andere süß, und der daneben hatte eine große Tradition. »Am besten nehmen Sie den hier. Mit dem können Sie alles machen«, meinte der Mann, der Feierabend machen wollte, und deutete auf den nächstbesten Apfelbaum. Von einem noch dünnen unteren Ast baumelte ein kleines Schild, auf dem stand: »Topaz. Mittelgroße Früchte. Festes Fruchtfleisch. Saftig und süßsäuerlich.« Zehn Minuten später wuchtete ich das junge Bäumchen in einen alten Opel Caravan. Die Krone stieß an die Frontscheibe, die verpackte Wurzel hing aus dem Kofferraum. Egal, ich brachte meinen ersten eigenen Apfelbaum nach Hause und mit ihm Träume von frisch geernteten Früchten, leckeren Kuchen, Strudel und Apfelbrot.

An so einem Baum hängt Lebensfreude, das wurde mir in diesem Moment klar. Martin Luther erfasste es schon im 16. Jahrhundert. »Wenn ich wüsste, dass morgen die Welt untergeht, würde ich heute noch ein Apfelbäumchen pflanzen«, meinte der große Theologe. So ein Apfelbaum ist eben mehr als ein Stück Natur. Er ist ein Symbol der Hoffnung. Zumindest für Luther war er das. Die katholische Kirche verband damit Verführung und Sexualität, denn schon in der Antike war der Apfel ein Sinnbild für weibliche Kraft und Fruchtbarkeit. Der griechische Weingott Dionysos beschenkte die Liebesgöttin Aphrodite mit einem Apfel.[132] Wohl dem, der auf dem Land lebt, wo in Gärten Liebessymbole wachsen, es noch Streuobstwiesen gibt und alte Sorten überleben.

Gemeinsam mit Mann und Kindern suchte ich den geeigneten Platz im Garten, um den Wurzeln ein gemütliches Bett zu graben. Während die Männer schaufelten, kümmerte ich mich um ihre Bildung und referierte über Liebesäpfel, den Reichsapfel mittelalterlicher Herrscher und den goldenen Zankapfel, mit dem die griechische Göttin Eris letztendlich den Trojanischen Krieg auslöste. »Wow!«, murmelte mein Sohn, während mein Mann schwitzend den Baum im frischen Erdloch gerade rückte und »Schlaumeierin« raunte. »Der Baum steht schief«, revanchierte ich mich und setzte meinen Monolog fort.

Deutschland hat zwei große Apfelgebiete: das Alte Land bei Hamburg und die Bodenseeregion. Insgesamt ernten unsere Obstbauern in guten Jahren bis zu eine Million Tonnen Äpfel. Kein anderes Obst ist hierzulande so beliebt – und bekommt so viel Platz: 70 Prozent der Anbauflächen für Obstbäume.[133] Eine gesunde Entscheidung, denn das englische Sprichwort »An apple a day keeps the doctor away« ist nicht nur einfach so dahingesagt. Äpfel haben der Gesundheit viel zu bieten. In ihnen stecken unter anderem lebenswichtige Vitamine und Mineralien. Die drei Baumarbeiter in meinem Garten verdrehten die Augen. Ich musste mehr Action in meine Geschichten bringen. Die Bienen! Natürlich! Ohne sie wächst am Apfelbaum gar nichts.

Nur weil fleißige Bienen Blütenstaub (Pollen) von einer Apfelblüte zu einer anderen transportieren und diese damit befruchten, entwickeln rund fünf Prozent der Blüten Früchte. Das funktioniert, wenn die Pollen nicht von der gleichen Fruchtsorte stammen. Topazpollen bewirken auf Topazblüten nichts. Sie brauchen Partnersorten wie beispielsweise »Rubinette« oder »Retina«. Darum wird in großen Apfelplantagen nie nur eine Sorte gepflanzt, und Privatleuten hilft die Vielfalt in Nachbars Garten weiter.[134] Mir genügte das nicht. Ich wollte selbst für Nachwuchs und Arterhaltung sorgen. Gleich morgen würde ich zurück zur Baumschule fahren und mich wieder der schweren Entscheidung stellen: »Welcher soll es denn nun sein?« Natürlich nicht wieder ein Topaz, das zumindest war klar.

54. GRUND

WEIL ES ZEIT WIRD FÜR EIN SCHLOSS

Mein jüngerer Sohn hat alles, was ein Ritter braucht, finde ich: ein Schwert, einen Schild, einen Helm und sogar eine Leinenrüstung mit einem Drachenkopf darauf. Er findet: »Mir fehlt eine Burg.« – »Du hast zwei Playmobil-Burgen«, erinnere ich ihn. »Ja, aber darin hab ich ja keinen Platz«, bemängelt er und fasst zeitgleich einen Plan: »Wenn ich groß bin, kaufe ich mir eine richtige Burg. Es gibt ja genug.« Stimmt. Bei uns auf dem Land stehen eine Menge Burgen rum, in jedem erdenklichen Zustand. Schlösser auch. Insgesamt dekorieren mehr als 5.000 Wehr- und Prunkbauten Deutschland. Diesen Immobilienreichtum verdanken wir jener langen geschichtlichen Epoche, in der das Land in viele weltliche und geistliche Fürstentümer aufgeteilt war und jeder noch so kleine Herrscher seine Größe Stein auf Stein ausdrücken wollte.

Die meisten der alten Statussymbole stehen heute in der Provinz, in bester Lage mit guter Aussicht. Jedes Jahr kommen etwa 20 bis 40 Objekte auf den Markt, weiß das *Wall Street Journal*. Eine kleine Burg mit etwa 1.000 Quadratmeter Wohnfläche ist ab 500.000 Euro zu haben, für einen großen herrschaftlichen und renovierten Wohnsitz kann man auch 20 Millionen kalkulieren.[135] Die Preise für sanierungsbedürftige Immobilien liegen deutlich darunter. »Mitunter kann ein geschichtsträchtiges Herrenhaus günstiger sein als eine Eigentumswohnung in einer Großstadt«, sagt Christoph Freiherr Schenck zu Schweinsberg.[136] Er leitet beim internationalen Immobilienunternehmen Engel & Völkers das Geschäftsfeld »Schlösser und Herrenhäuser«. Wer aufs Land ziehen will, um dort besonders feudal zu wohnen, sollte nicht zu lange zögern. Sonst sind andere schneller dort.

»Schlösser, Guts- und Herrenhäuser, Landsitze und Burgen rücken zunehmend in den Fokus von Immobilienkäufern«, beobachtet Freiherr Schenck zu Schweinsberg.

Gerade südwestlich von Köln können sie fündig werden. »Die Region zählt so viele historische Anwesen wie kaum ein anderer Landstrich in Europa. Südlich der Kölner Stadtrandgrenze liegt etwa die Villa Cönders. In der Nähe von Euskirchen befinden sich die historische Wasserburg Veynau und die Burg Kommern.« Im Videointerview verrät der Experte, mit welchen Konkurrenten Interessierte rechnen müssen: »Die Käufer kommen aus Europa und sehr konstant aus den ehemaligen Sowjetrepubliken, den Ölstaaten und – vor allem in den letzten Jahren ganz deutlich zu merken – aus Asien, ganz besonders aus China.«[137] Kein Wunder, zählen bei einer Immobilie bekanntlich drei Dinge: Lage, Lage, Lage.

»Ich will eine Burg auf einem Berg«, sagt mein Sohn und probiert, ob sein Ritterhelm auf meinen Kopf passt. »Du darfst auch in meiner Burg wohnen«, verspricht er. »Oder willst du lieber ein Schloss?«

55. GRUND

WEIL ES HIER KEINE WOHNKOMPLEXE GIBT

Gleich kommen Hänsel und Gretel um die Ecke oder Rotkäppchen, vielleicht auch der böse Wolf. Denn dass wir bei unserem Sonntagsspaziergang mit Freunden im Märchenwald gelandet sind, scheint sicher. Über unseren Köpfen erzählen sich alte Kiefern ächzend Geschichten, und zu unseren Füßen findet mein Sohn Spuren von Zwergen. Sein großer Bruder sucht das Hexenhaus. »Da hinten ist Licht!«, ruft er und stürmt los. Mutiges Kerlchen. Vater, Mutter, der kleine Zwergensucher und Freunde laufen hinterher. Tatsächlich. Er hat es gefunden. Vor uns steht ein Haus, wie es sich nur Menschen mit Fantasie und Sachverstand ausdenken können. Seine Fassade ist aus dunklem Holz und öffnet sich der Natur mit einer Fensterfront. Durch die Glasscheibe gehen Wald und Wohnen ineinander über. Das Dach des Hauses erzählt mit Schwung und wohlproportionierten Maßen von Mythen und Märchen.[138] Die Gebrüder Grimm lassen grüßen. Fensterrahmen und Türen deuten mit ihren abgerundeten Ecken und weißen Einfassungen die Idee von Lebkuchen an. Kein Schnörkel stört die Verbindung von Natur und Architektur. Die Formen sind puristisch, auch im Wohnraum, wo Wände und Böden in weißer Farbe den kleinen Grundriss optisch vergrößern. Zen im Märchenwald. Das Waldhaus in Klein Köris in Brandenburg gefällt nicht nur mir, auch Leute vom Fach können sich dafür begeistern und zeichneten es unter anderem mit dem BDA-Preis guter Bauten im Land Brandenburg aus.[139] Auf dem Land ist eben Platz für gute, moderne Architektur – auch wenn es um Altbauten geht. Bauernhöfe zum Beispiel.

Auf der Wunschliste von Stadtmüden stehen sie oft ganz oben. Egal, ob reetgedeckte Anwesen im Norden oder alte Höfe aus Holz im Süden des Landes, die Gebäude erzählen von einer langen Bautradition, liebevoller Handwerkskunst und fügen sich in ihre Umgebung ein. Architektur ist für Regionen mehr als eine Geschmacksfrage. Es ist eine Charaktersache, und deshalb wird sie ernst genommen. Das Bayerische Fernsehen führte in der Sendung *Unter unserem Himmel* die vielen schönen Dörfer in der Provinz darauf zurück, dass Heimatliebe und Verantwortungsbewusstsein hier großgeschrieben werden. »Auf dem Land wird seit Generationen weitergedacht«, erklärt mir ein Bauer das Prinzip und fügt feierlich hinzu: »Was du von deinen Vätern geerbt, bewahre es für deine Söhne.« Dann grinst er. »Für die Töchter natürlich auch.« Seine eigene hat dafür gesorgt, dass der alte Hof klimagerecht saniert wurde. Egal, ob im Chiemgau, Allgäu oder an der Nordseeküste, wer mit dem Land verwurzelt ist, fühlt sich verantwortlich für das, was darauf wächst, auch wenn es aus Stein und Beton ist. Der Blick nach vorne gehört dazu.

Selbst durch die Kirchen weht ein neuer Geist. Ein gutes Beispiel zeigt Helmsdorf in Thüringen. Dort verwandelte das Architekturbüro Rüppel die alte Kirche St. Peter und Paul in ein modernes Kirchenschiff, das seine Gemeinde buchstäblich ins Boot holt: Ein rubinroter, hoch wärmegedämmter Kubus mit Fensterfronten mitten in der Kirche macht als Gemeinschaftsraum Platz für Begegnungen. Teeküche und Toiletten sind in der ehemaligen Sakristei untergebracht. Nur der barocke Hochaltar steht noch an seinem alten Platz über dem verbleibenden Gottesraum und erfüllt hier seinen Dienst. Für das Bistum gilt das Projekt als zukunftsweisende Referenz.[140] Halleluja!

Frischer Wind weht auch in Hiddenhausen in der ostwestfälischen Provinz, wo die Gemeinde nicht mehr länger in Baugebiete am Ortsrand investiert, sondern Leben zurück ins Zentrum bringt. Unter dem Motto »Jung kauft Alt« werden junge Familien mit bis zu 9.000 Euro und einem Altbaugutachten unterstützt, wenn sie eine alte Immobilie erwerben und ihr wieder Sinn geben.[141]

Modellcharakter entwickeln ländliche Regionen auch in Sachen Baumaterial und setzen zunehmend auf den nachwachsenden Rohstoff Holz. Im kleinen Ort Mietraching bei Bad Aibling entstand das emissionsfreie Holzquartier »City of Wood«. Der internationale Stararchitekt Matteo Thun lieferte dazu Entwürfe und ein Holzbauunternehmen aus der Region das Know-how.[142] Heute steht hier unter anderem das erste achtstöckige Holzhochhaus Deutschlands. Zersiedlung und Grünflächenversiegelung? Im Gegenteil. Für den Bauplatz wurde ein altes Militärgelände »recycelt«. Eine kurze Fahrradtour davon entfernt steht das Schloss Maxlrain mit Brauerei, Schlosswirtschaft und Biergarten. Architektur und Lebensqualität gehören auf dem Land traditionell zusammen.

Unsere alten Freunde Jens und Maren, mit denen wir in Brandenburg das Hexenhaus gefunden haben, sind aus Berlin zurück

aufs Land gezogen. Jens wollte nicht mehr »in gestapelten Wohn-
käfigen leben«, und Maren ärgerte sich über »architektonisch langweilige Luxusprojekte, die die besten Citylagen verbauen und ihnen
das Leben nehmen«. »Familien werden raus aufs Land gedrängt«,
stimmte ihr Jens zu. »Zum Glück«, lacht Maren. »Wo sonst gibt es
so schöne Häuser?« Die beiden haben sich in einem Dorf eine alte
Villa gekauft, die sie gemeinsam mit Freunden renovieren wollen.
Jens ist Architekt.

56. GRUND

WEIL EINBRECHER LIEBER IN STÄDTEN ARBEITEN

Selbst von der Unterwäsche konnten sie die Finger nicht lassen.
Was am Morgen noch geordnet in der Schublade ruhte, war jetzt
ein wildes Durcheinander auf dem Schlafzimmerboden: Seidige
Dessous, Shorts und Muskelshirts lagen zwischen Socken, Jeans
und Bettdecken. Die teuren Matratzen waren aufgeschlitzt, und die
Schatzkiste mit dem Schmuck war leer, abgesehen von drei Glas-
perlenketten, deren Wert ausschließlich emotional messbar war.
»Scheiße!« Verzweifelt sank sie aufs Bett, während er im Flur fluch-
te, weil sein neues Mountainbike nicht mehr da war. »Da parkt man
das Teil extra in der Wohnung, und dann das!« Es dauerte nicht
lange, und die Polizei war da wie gerufen. Die Beamten kannten
das Szenario zur Genüge, tröstliche Worte hatten sie nicht, dafür
eine ernüchternde Statistik. Alle drei Minuten wird in Deutschland
eingebrochen. Vermutlich auch jetzt, während Sie dieses Kapitel
lesen. Fast 150.000 Wohnungseinbrüche wurden 2013 gezählt. Es
ist der höchste Stand seit 15 Jahren. Die Aufklärungsquote dagegen
ist mit 15,5 Prozent niedrig. »Du wolltest unbedingt nach Berlin«,
warf sie ihm weinend vor. Später klagte mir meine frühere Kollegin

ihr Leid am Telefon: »In unserem Dorf wäre uns das nicht passiert.«
Sie wurde auf dem Land groß – und sie hat recht.[143]

»Großstädte sind begehrte Tatorte für Einbrüche«, warnt die
Wirtschaftswoche online.[144] »Über die Hälfte der in Deutschland
angezeigten Einbrüche werden in den 122 größten Städten verübt.«
Die zitierte Statistik bezieht sich auf die Einbrüche im Verhältnis
zur jeweiligen Einwohnerzahl. Für ein Gangsterhirn, das sich gerne
in Banden organisiert, liegen die Vorteile von Metropolen auf der
Hand: Die Wege von einer »Arbeitsstelle« zur nächsten sind kurz,
und in Menschenmengen fallen Einbrecher weniger auf. Unter
diesen Gesichtspunkten sind Beutezüge in der Provinz weitaus
weniger attraktiv.

Nicht nur Geld und Wertsachen, auch Fahrräder werden auf dem
Land seltener gestohlen. Eine Frage der Moral? Der Allgemeine
Deutsche Fahrrad-Club lässt es vermuten: »Fahrraddiebstahl wird
vor allem in Ballungsgebieten als Massendelikt angesehen und als
Kavaliersdelikt abgetan. Diese Einstellung setzt die Hemmschwelle
herab, zum Täter zu werden«, kommentieren die Radler die Statistik.[145]

Hinter nackten Zahlen stehen oft Menschen unter Schock, die
froh wären, wenn nur ihr Fahrrad weg wäre und nicht ihre innere
Sicherheit, denn Einbrüche in den eigenen vier Wänden gefährden
diese nachhaltig. »Dabei machen den Betroffenen die Verletzung
der Privatsphäre, das verloren gegangene Sicherheitsgefühl oder
auch schwerwiegende psychische Folgen, die nach einem Einbruch
auftreten können, häufig mehr zu schaffen als der rein materielle
Schaden«, weiß die Polizei.[146]

Drei von vier polizeilich registrierten Straftaten sind Eigentums-
oder Vermögensdelikte. Trotz allem sind sie das kleinere Übel im
Vergleich zu körperlichen Angriffen oder Tötungsdelikten. Auch
in dieser Beziehung sind die Städte das gefährlichere Pflaster, allen
voran Frankfurt, Köln, Berlin, Düsseldorf und Hannover. Generell
gilt, dass die Häufigkeit der registrierten Straftaten mit der Ein-

wohnerzahl zunimmt. Mehr Menschen, mehr Risiko. Logisch. Das Klischee, dass Großstädte im Vergleich zu Dörfern Gefahrenzonen sind, stimmt. Wer die Stadtgrenzen verlässt, erhöht seine persönliche Sicherheit enorm.

Kranke Köpfe suchen sich große Ziele. Es gibt ängstliche Menschen, die dieser Gedanke bei jedem Ausflug in eine Großstadt begleitet. Die Angst vor Anschlägen und Amokläufen kommt leider nicht von ungefähr. Als 2013 beim Boston-Marathon Bomben hochgingen, packten die eingangs zitierten Neuberliner ihre Sachen, um zurück aufs Land zu ziehen. Sie hat sich einen Safe gekauft, er ein neues Fahrrad. Oft vergisst er, sein Schmuckstück abzusperren, aber am nächsten Morgen steht es trotzdem noch vor der Tür. Und wenn die beiden verreisen, kümmern sich die Nachbarn um Hab und Gut.

57. GRUND

WEIL NEUE WILLKOMMEN SIND

Wer auf dem Land wohnt, ist Stadtflüchtlinge gewohnt. Schon im 19. Jahrhundert fuhr man zur Sommerfrische mit der Kutsche ans Meer oder in die Berge. Im 20. Jahrhundert stiegen Städter in ihren VW-Käfer, um Hektik und schlechter Luft wenigstens zeitweise zu entkommen. Wer es sich leisten konnte, reiste aufs Land. Das ist noch heute so, und wer sich auf den Weg macht, wird traditionell mit offenen Armen empfangen. Zugegeben, nicht nur aus reiner Nächstenliebe, sondern aus Erfahrung, denn die hat nicht nur den Bauernschlauen gezeigt, dass Stadtmenschen Geld bringen. Lange bevor die Bundesregierung den Tourismus als Schlüsselbranche in Deutschland ausgerufen hat, richteten Bauersfrauen Gästezimmer ein und ließen sich Handwerker zum Bergführer ausbilden. Sie wussten: Gastfreundschaft hat Zukunft, nützt der Region und weitet den Horizont. Das gilt für Touristen und für die, die bleiben wollen. In Bayern nennt man sie »Zugroaste«. Nicht herablassend, sondern nahezu liebevoll. Schließlich ist eine entscheidende Gemeinsamkeit gewiss: die Liebe zum Landleben. Zusätzlich können neugebackene Landeier mit ihren positiven Nebenwirkungen bei Alteingesessenen punkten. Ganz vorne auf der Beliebtheitsskala: Kaufkraft und Kinder. Auch über neue Geschäftsideen und frischen Wind in alten Dörfern freuen sich die »Ureinwohner«, selbst wenn sie dies nicht immer auf Anhieb zeigen können. »Nicht geschimpft ist genug gelobt«, heißt es in Bayern. Gewiss ist: Wer die Herzen der Landmenschen erst einmal gewonnen hat, kann sich auf ihre Zuneigung verlassen – und wenn es nicht klappt mit der Sympathie, gibt es immer noch genug andere Zugroaste, um Freundschaften zu schließen.

58. GRUND

WEIL HERZLICH BESSER ALS FÖRMLICH IST

»Und was kriegst du?«, fragt mich der Mann hinterm Tresen. Er ist erwachsen, ich bin erwachsen, und im Grunde kennen wir uns nicht. Wir sehen uns nur, wenn es ums Fleischliche geht. Er ist Metzger im Nachbardorf und macht aus den Schweinen vor Ort köstlichen Schinken. Ihm verdanke ich es, dass ich mit relativ gutem Gewissen hin und wieder Schweinereien und Rinderhack kaufen kann. Trotzdem haben wir ausschließlich eine Geschäftsbeziehung, und unsere kurzen Konversationen gehen nie über Fleisch, Wurst und Wetter hinaus. Er duzt mich dennoch. In Anbetracht der Lage begeht er damit einen Fauxpas, der so saftig ist wie sein Rinder-steak. Spezialisten für gute Manieren würden meinen Metzger für einen ungehobelten Rüpel halten. Dabei ist er nur ein Bayer und lebt auf dem Land. Da duzt man sich traditionell und nicht erst, seit Ikea Felder zubetonierte. Fakt ist: Es waren nicht die Schweden, die das Du in die deutsche Landschaft gebracht haben. Auf dem Land verkürzt man den Weg von Mensch zu Mensch traditionell auf die zwei Buchstaben D und U.

Das Sie steht nur im Weg. Die formelle Anrede baut eine künstli-che Distanz auf, stützt Hierarchien und pflegt Formalitäten. Außer-dem überholen die Herausforderungen der Moderne ohnehin ge-rade das altmodische Siezen. In einer Zeit, in der die Zukunft nur miteinander gelingen kann, bekommt das Du Symbolwert. Es ist ein Ausdruck von Demokratie. Olof Palme erkannte das bereits 1969. Am zweiten Tag seiner Regierungszeit als schwedischer Premiermi-nister verkündete er: »Die Duz-Gewalt geht vom Volke aus.«[147] Dass von oben nach unten geduzt wurde, aber in die andere Richtung gesiezt, hatte dem Gerechtigkeitssinn der Schweden widersprochen. Sie gingen offiziell zum Du über.[148] Die Folge: Heute herrscht in

Schweden ein freundschaftlicher Ton, doch auch bei uns bewegt sich etwas. Mit meinen Sympathien für eine barrierefreie Ansprache stehe ich nicht allein. Immer mehr moderne Unternehmen duzen ihre Kunden in E-Mails und am Telefon ganz selbstverständlich. Und selbst in den öffentlich-rechtlichen Nachrichten sprechen sich Moderatoren und Korrespondenten schon mit Vornamen an.

Dummerweise drängt sich ein abgenutztes Argument noch immer in nahezu jede Diskussion zum Thema »Duzen oder Siezen«. »Du Depp« sage sich leichter als »Sie Depp«. Wirklich? Seit ich auf dem Land lebe, wurde ich jedenfalls nicht öfter beleidigt als in der Stadt. Im Gegenteil. »Ja, aber«, mögen jetzt Benimmexperten hinterherhecheln. »Das Sie drückt doch Respekt aus.« Noch mehr kann nur das Du. Es lässt uns – und sei es nur für einen Moment – wie Freunde miteinander umgehen. Nicht wie beliebige Facebook-Nummern, sondern Freunde, wie der Dalai Lama sie in seinem Buch *Der Weg zum Glück* definiert. Er schreibt: »Auch wenn wir uns vielleicht das allererste Mal treffen, akzeptiere ich jeden Menschen als Freund. Für mich besteht kein großer Unterschied darin, ob ich einen alten oder einen neuen Freund treffe, denn wir sind alle gleich: Wir sind alle menschliche Wesen.«[149]

In unserer Sprache drückt sich diese Gleichwürdigkeit im Du aus. »Ach, gib mir noch 200 Gramm gekochten Schinken«, sage ich zu meinem Metzger und habe das Gefühl, er schneidet die Scheiben besonders sorgfältig. Menschen, mit denen man wie mit Freunden spricht, behandelt man oft auch wie solche. Das liegt in der Natur des Dus.

59. GRUND

WEIL MAN GUTE VERBINDUNGEN HAT

Wenn meinem Onkel etwas nicht passte, marschierte er ins Rathaus, direkt zum Bürgermeister. Einen Termin brauchte er nicht. Er stürmte einfach so in dessen Büro und rief: »Du, Burschi, hör mal zu.« Burschi war seit Kindertagen der Spitzname des Ortsvorstandes, und mein Onkel kannte ihn seit dem Kindergarten. Ohne sich dessen bewusst zu sein, bahnte er schon als Bub die Kontakte in die inneren Zirkel der Macht an. Später profitierte er davon. Er wusste, wie er dem »Hosenbiesler«, der inzwischen ein großes Unternehmen führte, Sponsorengelder aus der Tasche ziehen konnte. Es war ein Leichtes für ihn, dem »alten Batzi«, dem jetzt eine Gastwirtschaft gehörte, Freibier abzuschwatzen. Und seine Baugenehmigung bekam er von der Rosi im Bauamt, die er seit der ersten Klasse zärtlich »Kipferl« nannte, natürlich schneller als jeder andere. Kurz: Mein Onkel hatte überall seine Amigos und Gspusis. Selbst auf dem Friedhof liegt er nun zwischen alten Bekannten und guten Freunden. Sein System aber hat überlebt.

Wer auf dem Land groß wird, baut automatisch von Anfang an die besten Verbindungen in Politik und Wirtschaft auf – und wer später dazukommt, dem bleiben immer noch gute Möglichkeiten, ein Netzwerk zu knüpfen: Auf dem Land läuft man sich einfach ständig über den Weg, bei Dorffesten, im Elternbeirat, selbst morgens beim Bäcker. Im Laufe der Zeit steht auch der Zugezogene mit den wichtigen Personen im Dorf auf vertrautem Fuß. Mit etwas Glück reichen die guten Verbindungen sogar weit nach oben, nämlich dann, wenn Lokalpolitiker Karriere machen und im Bundestag landen. Dass ihr Draht zu den alten Bekannten nicht abreißt, dafür sorgen die Umstände – denn meist bleiben die Familien im Wahlkreis wohnen, man sieht sich am Wochenende. Beim sonntäglichen Spaziergang sind die Chancen hoch, den Herrn Abgeordneten zu treffen und ein paar offene Worte mit ihm zu wechseln. Schließlich fühlt er sich in der Pflicht zu beweisen, dass er so leutselig ist wie eh und je, auch wenn er es jetzt »bürgernah« nennt. »Du Burschi, hör mal ...«

 60. GRUND

WEIL MAN SICH HILFT

Ein Fahrrad und ein minderjähriges Y-Chromosom genügen, um auf einer Bremsspur in die Bredouille zu schlittern. Wie ein Wilder trat mein siebenjähriger Sohn in die Pedale, bis er seine persönliche Höchstgeschwindigkeit erreicht hatte, um genau in diesem Moment ruckartig die rechte Bremse zu ziehen. Als die Reifen Sekunden später über den Asphalt quietschten und eine schwarze Spur hinterließen, war er an seinem eigentlichen Fahrziel: der Vollbremsung. Ich allerdings wollte auf Hochtouren an den Badesee sieben Kilometer weiter. Doch alle Ermahnungen halfen nichts, irgendwann war das Reifenprofil des Kinderrades glatt wie die Wade eines Rennradrennfahrers – und es passierte, was passieren musste.

Ein Steinchen genügte, schon zischte die Luft aus dem Schlauch – und wir konnten nur zusehen beziehungsweise zuhören: eine Mutter, zwei Kinder und drei Fahrräder auf einem Waldweg im idyllischen Niemandsland zwischen zwei Dörfern. Der nächste Fahrradladen war – wie ich dank Smartphone wusste – wegen Betriebsferien geschlossen. »Der Papa kann doch Reifen reparieren«, meinte mein Sohn. Ja, aber der Papa war auf Geschäftsreise am anderen Ende der Welt, und sein Rucksack mit dem Flickzeug hing an der Garderobe zu Hause. Wir waren zum Schieben verdammt. Es dauerte nicht lange, und mein Nervenkostüm war so dünn wie der defekte Fahrradschlauch.

Da hörten wir aus der Ferne ein Motorengeräusch, das wie Hoffnung klang. Ein Retter? Schon knatterte ein junger Mann auf einem Roller heran, der von einem Rasenmäher-Motor angetrieben wurde. Er verlangsamte sein Tempo, erfasste mit einem Blick die Lage – und fuhr grüßend an uns vorbei. Na, Servus.

Der Kerl hatte wohl noch nie etwas vom Bystander-Effekt gehört, einem soziologischen Phänomen.[150] Es besagt, dass die Hilfsbereitschaft umso geringer ist, je mehr Menschen vor Ort sind, die theoretisch helfen könnten. Daher greift auch kaum jemand ein, wenn beispielsweise in der U-Bahn ein Fahrgast angepöbelt oder bedroht wird, während außerhalb der Stadtgrenzen selbst Tom Cruise als Pannenhelfer unterwegs ist. Das ist verbrieft: Als sich der Weltstar 2003 für Dreharbeiten zu *Last Samurai* in Neuseeland aufhielt, stoppte er an einer liegen gebliebenen Familienkutsche und wechselte höchstselbst den Reifen.[151]

Auch Stress senkt die Hilfsbereitschaft, das belegt eine Studie der Universität Princeton – und der Stresslevel ist in Städten erwiesenermaßen höher als auf dem Land.[152] Ausnahmen wie gestresste Dorfburschen auf einem Roller bestätigen anscheinend die Regel.

Während ich noch immer durch die Idylle schob, vermisste ich Tom Cruise doch sehr – und hörte es auf einmal in der Ferne wieder rattern. Der junge Mann war umgekehrt!!! »Habt's a Flickzeug dabei?« Leider nein. »Dann kemmt's hoid mit«, meinte er und lotste uns zur nächsten Siedlung, zum Haus seiner Großeltern. Dort holte er das nötige Werkzeug aus der Garage und flickte den schlappen Reifen. Seine Oma versorgte in der Zwischenzeit meine Kinder mit Gummibärchen und sein Opa mich mit guter Laune. »Ist doch selbstverständlich!«, fanden alle drei. »Also zumindest bei uns hier draußen«, fügte der Senior hinzu.

Sind Landbewohner die besseren Menschen? Nein, aber auf dem Land sind die Voraussetzungen einfach besser, um sich von seiner besten Seite zu zeigen.

61. GRUND

WEIL WENIGE WORTE VIEL SAGEN

»›Moin‹, sagte der Postmann gedehnt und drückte damit aus, wofür man anderswo einen ganzen Satz gebraucht hätte, nämlich: ›Na, das hat ja ganz schön gedauert, was hast du denn gemacht? Nickerchen?‹ Enno setzte zur Antwort an, zögerte sie einen Moment hinaus und entgegnete kurz und leise: ›Moin.‹ Damit waren Eingeständnis und Entschuldigung ausreichend und unmissverständlich formuliert.«

Die Szene stammt aus dem Krimi *Friesisch Roulette*, geschrieben hat sie Marvin Entholt. Der norddeutsche Autor und Filmemacher schätzt die Fähigkeit der Küstenbewohner, eine Unterhaltung auf zwei Silben zu reduzieren: »Moin.« – »Moin.« – »Das Wesentliche lässt sich eben mit wenigen Worten ausdrücken, und nirgendwo beherrscht man diese Kunst so prächtig wie auf dem Land«, sagt er. Wie das Land, so die Leute.

Die Provinz ist eine sabbelfreie Zone, auch im Süden, wo sich Stammtischrunden regelmäßig auf drei Worte einigen: »Oane geht noch.« – »Wir Bayern sind ein ökologisches Volk«, erklärt es ein Chiemgauer Wirt. »Wir vermeiden Wortmüll.« – »Schmarrn!«, fährt die Bedienung dazwischen. »Das hat nichts mit Müllvermeidung zu tun, sondern mit Lyrik. In der Provinz wird Gefühl in wenige kraftvolle Worte gepackt.« Der Rest sind Taten, weil von Worten allein nichts wächst. Diese Erfahrung hat über Jahrhunderte den Charakter der ländlichen Bevölkerung geprägt, und was wirklich wichtig ist, passt ohnehin in einen Satz. Liebeserklärungen und Bauernweisheiten wie diese: »Des Bauern Handschlag ist auch ein Manneswort.« Und führt obendrein seltener zu Missverständnissen als penetrantes Gerede.

In der Stadt ist Kommunikation eine Wissenschaft, die an Universitäten gelehrt wird. »Es gibt einen angeborenen Sprachinstinkt.

Wir sind emotional auf Sprache eingestellt«, schreibt Ruth Berger in ihrem Buch *Warum der Mensch spricht: eine Naturgeschichte der Sprache*. Seit dem ersten Grunzen der Neandertaler haben wir es weit gebracht: Zwischen 300.000 und 500.000 Wörter umfasst die deutsche Gegenwartssprache, taxiert der Duden, schränkt aber ein: »Der aktive Wortschatz eines deutschen Durchschnittssprechers wird heute auf 12.000 bis 16.000 Wörter geschätzt. Ohne Schwierigkeiten verstanden werden mindestens 50.000 Wörter.«[153] Darunter auch das vermutlich erste Wort der Menschen: »Boah!« Der Sprachwissenschaftler Ray Jackendoff glaubt, in allen modernen Sprachen Relikte aus der Urzeit zu finden, und Ausrufe wie Boah, Au, Huch oder Ah zählt er dazu.[154] Ein Besuch in die Zentren moderner Metropolen erinnert an die Anfänge: »Boah ey!« Die Wortkargheit auf dem Land hat ein anderes Niveau und klingt besser. »Moin.« – »Moin.«

62. GRUND

WEIL EIN AUGENBLICK MEHR VERSPRICHT

»Schau mir in die Augen, Kleines«, ist das wohl berühmteste Filmzitat der Welt. Hätte *Casablanca* allerdings auf dem platten Land gespielt, hätte Humphrey Bogart die schöne Ingrid Bergman gar nicht erst dazu auffordern müssen. Denn in der Provinz hat man keine Schwierigkeiten, Blickkontakt herzustellen, es ist elementarer Bestandteil der sozialen Interaktion. Studien belegen, dass sich in ländlichen Regionen Menschen ungefähr viermal so häufig in die Augen sehen wie Stadtbewohner – selbst wenn sie nur aneinander vorübergehen.[155] Kein Wunder, dass Anonymität auf dem Land keine Chance hat.

Seit Urzeiten als Tor zur Seele beschrieben, spiegeln Augen unsere Gefühle. Mit Blicken schlagen wir Brücken von Mensch zu Mensch. Das tut gut, wie Wissenschaftler bestätigen. »Selbst ein gewährter oder verweigerter Augenkontakt bei einer flüchtigen Begegnung mit einem Fremden hat Einfluss auf unser Wohlbefinden«, fasst die Zeitschrift *Psychologie heute* das Ergebnis eines Feldversuchs zusammen.[156] Menschen fühlen sich nach Blickkontakten »wohler und verbundener – selbst dann, wenn das Gegenüber nicht einmal gelächelt hatte«. Und die Chance, durch die Augen der anderen wahrgenommen zu werden, ist wo am höchsten? Genau!

 63. GRUND

WEIL NACHBARN NÄHER ALS FACEBOOK-FREUNDE SIND

Wenn es mir am Schreibtisch zu einsam wird, gehe ich einfach vor die Tür. Bei schönem Wetter sind die Nachbarn garantiert draußen, und Themen gibt es immer. Selbst das Wetter taugt als Gesprächsstoff, wenn Kinder und ein Garten zum Haus gehören. Kaffee oder ein kühles Radler sind schnell zur Hand, und schon kann sich spontan die schönste Stehparty entwickeln. Die Voraussetzungen dafür sind in kleinen ländlichen Siedlungen besonders gut. Hier gibt es keine anonyme Nachbarschaft, dafür nette Gesellschaft. Meine persönliche Erfahrung bestätigt das Bundesinstitut für Bau-, Stadt- und Raumforschung: »In ländlich geprägten Kommunen sind die Menschen besonders zufrieden mit ihrer Nachbarschaft.«[157]

Streitlustige Kleingeister sind ohnehin die große Ausnahme. Im Auftrag des Magazins *Chrismon* hat das Meinungsforschungsinstitut Emnid 1.000 Deutsche über ihr Verhältnis zu den Nachbarn befragt. Das Ergebnis: Hilfsbereitschaft und Toleranz prägen die Beziehungen mit unseren Nächsten. Die Post wird angenommen, im Urlaub werden Blumen gegossen und im Notfall sogar Besorgungen erledigt. Man ist füreinander da; je besser man sich kennt, desto lieber.[158] Funktioniert die Bohrmaschine nicht oder fehlt ein Werkzeug, fragen 72 Prozent der Deutschen zuerst ihren Nachbarn, bevor sie zum Baumarkt fahren.[159] Kein Wunder, dass fast die Hälfte aller von Emnid Befragten auch gerne mit ihren Nachbarn feiern. Spätestens wenn die Grillsaison beginnt, treffen sie sich im Garten. Wer zusammen Fleisch und Gemüse brät, stört sich auch nicht am Geruch, der sich dabei ausbreitet. Es ist wie früher am Höhlenfeuer. Eine gute Nachbarschaft bedeutet Geborgenheit.

Das soziale Nachbarschafts-Netzwerk ist auf dem Land besonders stabil, was an historischen Erfahrungen liegt. Bis ins vergangene Jahrhundert hinein war es in Dörfern lebenswichtig, zusammenzuhalten. Feuer wurden gemeinsam gelöscht, Ernten eingebracht und Maschinen geteilt. Das Prinzip Gemeinschaft funktioniert auch heute noch prima, wie der bundesweite Wettbewerb »Unser Dorf hat Zukunft« beweist (früher: Unser Dorf soll schöner werden). Dorfgemeinschaften kämpfen dabei gegen die Verödung ihrer Heimat: Dorfläden erleben als Genossenschaft ihre Wiedergeburt, Fördervereine retten historische Gebäude vor dem Verfall und nutzen sie als Begegnungsstätte, Kooperativen legen Streuobstwiesen an und vermarkten die Früchte gemeinsam. Dem MDR-Wissensmagazin war das sächsische 300-Seelen-Dorf Lastau (Teilnehmer 2012) sogar einen kleinen Film wert, in dem Bewohner generationsübergreifend schwärmen: »Wir helfen uns bei der Gartenarbeit, bei den Kindern und nehmen am Leben des anderen teil.« Der Umweltsoziologe Jens Jetzkowitz von der Universität Halle bestätigt: »Auf dem Land sind die Strukturen aus der räumlichen Nähe heraus wesentlich elementarer spürbar.«[160] In Städten kennt fast jeder Vierte seine Nachbarn »so gut wie gar nicht«, bestätigt eine Umfrage von ImmobilienScout24 und www.meinenachbarschaft.de.[161] Das Herz braucht etwas anderes: Ein gutes Verhältnis zu den Nachbarn kann sogar das Infarktrisiko verringern, fanden amerikanische Wissenschaftler heraus und veröffentlichten ihre Studie im Fachmagazin *Journal of Epidemiology and Community Health*.[162] Nicht umsonst lautet in Ungarn ein Sprichwort: »Kein Mensch ist so reich, dass er nicht einen Nachbarn brauchte.«

Zeit vor die Tür zu gehen, um meine Nachbarn zu treffen. Dieses Kapitel ist ihnen gewidmet.

64. GRUND

WEIL MAN IN BESTER GESELLSCHAFT IST

Tausche roten Teppich gegen Landidyll. Auch immer mehr Prominente kehren den Aufgeregtheiten des Stadtlebens den Rücken. So wie die Schauspielerin Ann-Kathrin Kramer, die München hinter sich ließ. »Die Raserei stellte ich zum ersten Mal infrage, als mein Sohn Leo geboren wurde. Ich wollte nicht, dass er so aufwächst«, schrieb die 48-Jährige in einem Gastbeitrag für das Frauenmagazin *Für Sie*. Den Anstoß für den Umzug gab letztlich ihr Mann, der Schauspieler Harald Krassnitzer. »Als ich Harald zwei Jahre später kennenlernte, merkte ich: Ich will selbst nicht mehr so leben, fremdbestimmt und ständig unter Druck.« Heute wohnt die Familie im Bergischen Land.[163]

Früher Berlin, heute Plau am See. Hinnerk Schönemann findet den Ausgleich zur oberflächlichen Medienwelt auf einem Hof in Mecklenburg-Vorpommern.[164] Dort hält der Mime ein paar Pferde und arbeitet, wenn er nicht gerade dreht, als Heubauer. Was am Landleben nervt? »Mein Zahnarzt ist in der Stadt. Sonst nichts«, sagt er im Interview mit *TV-Spielfilm*.[165] Schönemanns Schauspielkollegin Nadeshda Brennicke mistet ebenfalls lieber den Pferdestall aus, als am Berliner Glamourleben teilzunehmen. Sie bewirtschaftet schon seit einigen Jahren einen Reiterhof im Oderbruch – und freut sich, »mit niemandem reden zu müssen«.[166]

Auch *Tatort*-Kommissar Andreas Hoppe, eigentlich ein waschechter Berliner, hat Zuflucht auf dem Dorf gefunden. Er besitzt in Mecklenburg-Vorpommern ein Bauernhaus mit einem Stück Land und baut Gemüse an. »Auf meinem Hof kann ich Stille spüren und anders als in der Stadt wird es abends tatsächlich dunkel«, schwärmt er vom Landleben.[167]

Peter Maffay hält sich mit Holzhacken und Unkrautzupfen für die Bühne fit. Auf seiner Finca auf Mallorca baut der Musiker Obst, Gemüse und Salat an, stellt Brot, Honig und Wurst her, wenn er nicht gerade im Tonstudio im oberbayerischen Tutzing an neuen Songs bastelt. »Der herrliche Blick über den Starnberger See auf die Alpenkette hat uns von Beginn an motiviert und unsere Kreativität weiter gefördert«, sagt er.[168]

Thomas D, Frontman der Fantastischen Vier, hat auf einem Gutshof in der Eifel sogar seinen Traum von einer Landkommune verwirklicht. Grundlagen der Gemeinschaft, so der Musiker auf seiner Website: eine friedliche, spirituell orientierte, künstlerisch spontane und vegetarisch gesunde Lebensweise.[169] Grünflächen haben eben mehr zu geben als ein roter Teppich.

65. GRUND

WEIL MAN HIER GUTE KARTEN HAT

Thomas Müller tut es. Philipp Lahm tut es. Und mein Onkel Alois tut es auch: Er lässt regelmäßig mit Freunden und Bekannten die Sau raus. Bevorzugt die Eichelsau, weil die am stärksten ist. Dieses

Vergnügen nennt er: »Schafkopfen«. Das Kartenspiel ist in bayerischen Dorfwirtschaften Kult. Wer es beherrscht, ist ein wichtiger Mann am Stammtisch. Oder eine wichtige Frau.

Zugezogene Neulinge haben kein leichtes Spiel, aber gute Karten. Mit Talent und ein wenig Glück können sie sich Respekt und eine wichtige Position verschaffen. So wie Helge aus Thüringen, den die Liebe in das Dorf meines Onkels verschlagen hatte. Bei einem Urlaub auf Mallorca hatte sich Irmi in sein Herz getanzt. Er war betrunken, und als er wieder nüchtern war, hatte die neue Frau in seinem Leben bereits seinen Umzug nach Bayern organisiert. Ein halbes Jahr später saß Helge das erste Mal am örtlichen Stammtisch. Mein Onkel erzählt noch heute davon.

Helge wollte Skat spielen, was nahe lag, zumindest für ihn. Das Spiel entstand schließlich in seiner Heimat Thüringen Anfang des 19. Jahrhunderts. Die Vorfahren des modernen Skats waren »Schafköpfe«. Einer glaubwürdigen Überlieferung nach war es ein Kutscher aus Altenburg, der von seinen Fahrten über Land ins sächsisch-böhmische Erzgebirge das dort beheimatete »Schafkopf« mitbrachte. Der Mann brachte das Spiel einem Mitglied der »Brommeschen Tarockgesellschaft« bei, und danach wurde es des Öfteren in Altenburg gespielt. In den Jahren 1810 bis 1817 entstand aus diesem Schafkopf das Skatspiel.[170] Oder wie es mein Onkel ausdrückt: »Schafkopf wurde auf dem Land groß und ist die Mutter aller Trumpfspiele.« Auch wenn er nicht glauben kann, dass Schafkopf ursprünglich aus Helges thüringischer Heimat stammt.

Auch Helge wusste davon nichts, als er sich neben meinen Onkel an den Stammtisch setzte. »Was spielt ihr denn hier so?«, fragte er hoch motiviert und schaute interessiert in Alois' Karten.

»Ich spiele mit der Alten«, brummte der Onkel, und Helge sah sich suchend um. Er konnte meine Tante nirgends entdecken, dabei war er sich sicher, dass Alois seine Gattin Alte nannte.

»Versteh ich nicht«, gestand Helge.

»Wir nennen die Eichelsau Alte«, erklärte mein Onkel unwillig, während er eine Karte auf den Tisch schlug.

»Spielt ihr Schafkopf?«, fragte Helge.

»Was sonst?«, wies ihn mein Onkel zurecht, und Helge hielt endlich den Mund. Er wurde Zuschauer, Zuproster und Mittrinker. Es sollte lange dauern, bis er das Spiel verstanden hatte und zum Ersatzspieler aufrücken durfte. Als es endlich geschah, war es wie ein Ritterschlag für ihn. Heute hat er seine Anfangsschwierigkeiten vergessen und macht anderen Mut: »Wer ein gutes Blatt spielen kann, hat in jeder Dorfwirtschaft die besten Karten – egal, ob in Bayern oder Thüringen.« Inzwischen kommen auch die Frauen ins Spiel. Das liegt in der Natur der Sache. »Herz ist Trumpf«, sagt Helge und grinst seine Irmi an. Er hat sich zum Schafkopf-Lehrer für seine Frau und deren Freundinnen qualifiziert. Irmi hat nämlich einen großen Traum: Müller und Lahm beim Schafkopf zu besiegen.

66. GRUND

WEIL FREUNDE GERNE HIERHER ZU BESUCH KOMMEN

Zugegeben: Ich hatte Angst, mit dem Umzug aufs Land meine Freunde in der Stadt zu verlieren. Wegen der Entfernung. Weil man sich nur noch selten sieht. Doch meine Sorge war unbegründet. Seit wir in unserem Häuschen auf dem Dorf leben, könnten wir fast jedes Wochenende die Bude voll haben. »Jeder Ausflug zu euch ist für mich ein kleines Stück Urlaub«, meint etwa der beste Kumpel meines Mannes. »Die Stille, die frische Luft, der weite Blick, das sind Dinge, die ich in der Stadt vermisse.« Wie unsere Geschwister und anderen Freunde auch bleibt er gerne über Nacht. Uns ist es recht. Platz haben wir ja genug; anders als in unserer Stadtwohnung, wo Wochenendgäste auf der Ausziehcouch im Wohnzimmer schlafen mussten, das gleichzeitig unser Schlafzimmer war, haben wir jetzt ein richtiges Gästezimmer. Auch an Freizeitmöglichkeiten mangelt es bei uns nicht.

Statt sich zu verflüchtigen, haben sich durch den Umzug aufs Land die ernsthaften Bindungen im Freundeskreis gefestigt. Denn aus schnellen Treffen in Bars oder Theaterfoyers wurden lange Begegnungen mit Zeit zum Reden, Entspannen und Abenteuererleben. Freundschaften blühen eben auf, wenn sie Muße und Raum bekommen – und der Mensch auch. »Freunde halten uns Menschen gesund«, sagt der Psychologe Franz J. Neyer dem SPIEGEL. Seit zwei Jahrzehnten erforscht er an der Universität Jena das Phänomen Freundschaft. »Echte soziale Unterstützung wie unter Freunden federt jede Form von Stress ab, und das stärkt die Abwehrkräfte von Körper und Seele.«[171] Das können nur enge Freunde bieten, und von denen hat ein Mensch höchstens fünf, wie Studien bestätigen.[172] Diese wenigen wirklich wichtigen Freunde überqueren mit Leichtigkeit Stadtgrenzen und fühlen sich auch auf dem Land wohl, denn dort gibt es für alles mehr Zeit und Raum, auch für Beziehungen.

7. KAPITEL

ESSEN & TRINKEN

67. GRUND

WEIL ES ECHTE BODENSCHÄTZE GIBT

Das Messer ist frisch geschliffen. Zufrieden fahre ich mit meiner Daumenkuppe über die scharfe, glänzende Klinge. Jetzt ist alles bereit, und der Zeitpunkt stimmt. Noch treibt sich Nebel vor den Fenstern rum, und der Morgen graut. Wir werden allein draußen unterwegs sein. »Auf in den Wald«, treibe ich meinen Mann an. Er schlüpft in seine Wanderschuhe, packt die Thermoskanne mit dem Kaffee ein und sieht mich zweifelnd an. »Es ist lebensgefährlich, was du vorhast«, warnt er mich. »Ich habe fast ein Jahr darauf gewartet, und außerdem bin ich Spezialistin«, erinnere ich ihn. Letzteres habe ich meiner Oma zu verdanken. Mit ihr bin ich schon als Kind in die Wälder gezogen, um echte Bodenschätze zu finden: Pilze. In Bayern sagen wir liebevoll »Schwammerl« dazu.

Rund 2.500 verschiedene Pilzarten gibt es bei uns, und die wenigsten kann man gefahrlos essen.[173] Noch weniger schmecken wirklich, nur einer lässt keine Wünsche offen: der Steinpilz. Er ist der König der Pilze, Sammlerglück und Delikatesse. Um sein festes Fleisch und den nussigen Geschmack bauen Spitzenköche ganze Menüs. Lea Linster, die in Luxemburg ein Sternerestaurant führt und im deutschen Fernsehen kocht, schwärmt: »Ich liebe die aromatischen Steinpilze!«[174] Dünn geschnitten und in Butter gebraten mit etwas fein gehackter Petersilie empfehlen sie sich als edle Vorspeise, und im Risotto heben sie die Hauptspeise auf den Gipfel der Genüsse. Kein Zweifel: Steinpilze sind die Stars der Pilzsaison. Und ich will sie finden.

Sie wachsen gerne unter Fichten und Buchen und bevorzugen feuchte, aber nicht zu nasse Böden. Als gesellige Gewächse stehen sie meist in kleinen Gruppen. Ihren glänzenden braunen Hut hält ein kräftiger bauchiger Stiel. Steinpilze sind Naturschönheiten, aber in der Öffentlichkeit macht sich der giftige rote Fliegenpilz mit seinen weißen Punkten breit, auf T-Shirts, Notizheften und Kühlschrankmagneten. Fälschlicherweise gilt er als Glücksbringer, aber Gourmets wissen, welcher Pilz diese Bezeichnung wahrhaftig verdient. Der deutsche Dichter und Lyriker Eugen Roth hat ihn in einem Gedicht bejubelt: »Doch welch ein Glück, ein Steinpilz stand, ein Prachtstück, dicht am Wegesrand.« Früher wurden Steinpilze »Herrenpilze« genannt, weil sie vor allem bei reichen Leuten auf den Tisch kamen.

Seit Urzeiten sammelt der Mensch Pilze. Die alten Römer reichten sie ihren Soldaten als Stärkungsmittel. Spätere Analysen gaben ihnen recht, denn Pilze enthalten Kalzium, Magnesium und andere Mineralstoffe, sowie Spurenelemente wie Mangan, Zink und Selen. Zusätzlich enthalten sie Vitamine und sind reich an Aminosäuren, den Bausteinen der Eiweiße.[175] Kräfte ganz anderer Art wurden den Pilzen im Mittelalter zugeschrieben. Damals glaubten die Menschen, Hexen und Feen würden sich zwischen den Gewächsen versammeln. Hintergrund: Rund 60 Pilzarten sprießen in Kreisform aus der Erde, oft über Nacht. Niemand wagte es, diese »Hexenringe« zu betreten, überzeugt, es würde ihm sonst Schreckliches widerfahren. Und wenn es am Waldboden leuchtete, glaubte man, Feen wären unterwegs, wo doch nur Leuchtpilze standen.[176] Heute weiß man: Pilze sind Naturwunder und so einzigartig, dass sie weder zu den Pflanzen noch zu den Tieren gehören, sondern eine eigenständige Gruppe bilden.

Endlich im Wald, sauge ich die kräftige Luft ein. Der herrliche Duft von Schwammerln liegt darin, gemischt mit Erde, Harz und Moos. Mein Mann verzieht das Gesicht, setzt sich auf einen Baumstamm und schenkt sich eine Tasse Kaffee ein. Ich aber folge meiner Nase bis zum Stamm der Fichte. Dort, auf dem lockeren Waldboden, sehe ich perfekt geformte braune Hüte. Feierlich nehme ich mein frisch geschliffenes Messer und ernte unser Mittagessen.

68. GRUND

WEIL WILDKRÄUTER DIE KÜCHE BEREICHERN

Meine Freundin Steffi verehrt Jean-Marie Dumaine. Der Spitzenkoch ist ihr Guru, seit sie ihm durch die Weinberge des Ahrtals zwischen Koblenz und Bonn gefolgt ist. Dabei hat sie von dem Franzosen gelernt, welche Wildkräuter essbar und aromatisch sind. Er liebt wilden Oregano, mischt Fichtenspitzen statt Pinienkerne ins Pesto und kombiniert Hopfenspitzen zu Spargel. Waldmeister schätzt er als »Vanille des Waldes«. In seinem Restaurant »Vieux Sinzig« beweist Dumaine seiner Wahlheimat Deutschland, dass Wildkräuter selbst der hohen französischen Kochkunst noch neue Nuancen entlocken können.[177] »Göttlich!«, urteilt Steffi und geht nicht mehr ohne geflochtenen Weidenkorb in Wäldern und Wiesen spazieren.

Irgendetwas Essbares gibt es immer zu pflücken, und die Transportwege sind kurz. Davon profitieren die Aromen, und das Portemonnaie sowieso. Außerdem haben es die Naturgewächse in sich: »Bevor der Mensch mit dem Ackerbau begann, waren Wildkräuter die einzige pflanzliche Nahrungsquelle. Bezüglich ihrer Inhaltsstoffe übertreffen sie das Kulturgemüse. Vor allem enthalten sie mehr Mineralstoffe, Spurenelemente und Vitamine. Zum Beispiel weist Brennnessel 7,8 Milligramm Eisen pro 100 Gramm essbarer Anteil auf, Spinat nur 4,1 Milligramm«, erfährt man von der Gärtnerei »Wilde Kost« in Blunk. Die Inhaberin Anja Christiansen ist überzeugt, dass Wildkräuter keine Notlösung sind, sondern eine Bereicherung. »Statt teure Nahrungsergänzungsmittel zu kaufen, wäre ein Spaziergang in der Natur gesünder und günstiger.«[178]

Unser Land ist in dieser Hinsicht ein Schlaraffenland. Der Spitzwegerich beweist es. Zahlreich wächst er am Wegesrand und auf Wiesen – und wird dort gewöhnlich übersehen. Dabei schmecken seine schmalen, langen Blätter köstlich, erinnern an Pilze und machen sich gut als Würze oder auf Quiche und Pizza. Obendrein hilft die Pflanze bei Juckreiz. Es genügt, ein Blatt zwischen den Fingern zu zerreiben und den feuchten Saft auf den Mückenstich zu drücken. Auch Klee hat viel zu bieten: Mit drei Blättern gibt er Gerichten einen säuerlichen Kick, und mit vier Blättern bringt er Glück. Weniger Symbolwert, dafür starke Abwehrkräfte, verspricht die Brunnenkresse, und wer gerne Rucola mag, dem mundet wahrscheinlich auch das geschmacksverwandte Hirtentäschel. Steffi bückt sich und füllt ihren Korb mit frischem Grün. Unter ihrer Ernte ist die feine Vogelmiere, deren Geschmack an Babymais erinnert und die sich so gut im Salat macht.

Brennnessel, Löwenzahn und Gänseblümchen erkennen selbst Anfänger, und um die Fortbildung kümmern sich immer mehr Köche, Kräuterpädagogen und Wildnisschulen. Die Experten geben altes Wissen weiter und warnen vor tödlichen Verwechslungsgefahren, zum Beispiel beim Waldknoblauch. Offiziell Bärlauch genannt, gewann er in den vergangenen Jahren viele Fans. Seine aromatischen und gesunden Blätter peppen Salate auf, entfalten sich in Suppen und lassen sich zu köstlichem Pesto verarbeiten. Das vielseitige Kraut schießt im Frühjahr in feuchten Laub- und Auenwäldern aus dem Boden. Man muss sich nur bücken und sich bewusst sein, dass es hochgiftige Doppelgänger hat: die Blätter der Herbstzeitlosen und die von Maiglöckchen. »Nur was nach Knoblauch riecht, ist Bärlauch«, erklärt Steffi. Stimmt, aber die gewöhnliche Nase kann nach mehreren Duftinjektionen nicht mehr fein unterscheiden, außerdem riechen die Finger schon nach dem Pflücken der ersten Bärlauchblätter, als hätte man sie in Zaziki getaucht. Trotzdem werde ich künftig auch mit einem Weidenkorb spazieren gehen. Der Grund: Ich habe mir ein Kochbuch vom »Wildkräuter-Papst« Jean-Marie Dumaine gekauft. Es verspricht »100 unkomplizierte Rezepte mit Wildpflanzen und Gemüse«. Ich glaube, ich melde mich auch zu einem seiner Kurse an.

69. GRUND

WEIL SELBST GEPFLÜCKTE ERDBEEREN AM BESTEN SCHMECKEN

»Soll ich einen Kuchen backen?«, rufe ich durchs Treppenhaus nach oben. »Ja!!!«, poltern die Zwillinge meiner Freundin ins Erdgeschoss, schnappen sich in der Speisekammer ein Spankörbchen und schwingen sich aufs Rad. Ich höre noch, wie Linus seiner Schwester zubrüllt: »Wer als Erster am Feld ist.« Und weg sind die beiden. Mit einer Erdbeerplantage in der Nähe ist Kinderhüten wirklich leicht, denke ich, während ich Mehl und Zucker für den Mürbteigboden abwiege. Meine Freundin hat nicht zu viel versprochen, als sie sich mit ihrem Ehemann ins Wanderwochenende verabschiedete und die Patentante mit zwei Elfjährigen auf dem Land zurückließ. »Die Kinder sind kaum zu bremsen, wenn es ums Erdbeerpflücken geht«, hat sie prophezeit. »Schick sie einfach zum Bauer Sepp.« Kuchen backen war das Codewort für »Holt ihr Erdbeeren?«.

Frisch vom Acker schmecken Erdbeeren einfach am besten. So aromatisch süß und duftend, so handverlesen bekommt man sie nicht einmal im Hofladen oder auf dem Wochenmarkt. Wer selbst einmal zwischen Erdbeerstauden herumgekrochen ist, weiß warum. An einer Pflanze sind nie alle Beeren gleichzeitig reif. Jeder sucht daher nach den besten Früchten und pflückt nur die wirklich reifen, die, die prall und rot an der Staude hängen. Dass sich, wie oft im Supermarkt, halb grüne oder matschige, gar verdorbene Früchte in der Schale verstecken, muss kein Selbstpflücker fürchten. Genauso wenig wie wässrige Exemplare. Nicht umsonst schiebt sich an schönen Sommerwochenenden ein gebückter Rücken neben dem anderen durch die Reihen der Erdbeerfelder hinter dem Dorf, in dem meine Freundin wohnt. »Wenn die Sonne scheint, ist die Erdbeerlaune der Menschen am größten«, weiß Sepp. Dann können schon mal 200 Besucher am Tag vorbeikommen und das Feld bis zum Abend abgrasen. Doch das sei kein Problem, meint er: »Am Morgen darauf sind bereits die nächsten Früchte reif.«

Seit vor etwa 25 Jahren die ersten Bauern Erdbeerfelder zum Selbstpflücken öffneten, hat die Idee richtig Schule gemacht. Heute bieten quer durch die Republik Hunderte von Erdbeerbauern zwischen den Monaten Mai und August die Möglichkeit, die Früchte selbst zu ernten. Nach Angaben der Landwirtschaftskammer Nordrhein-Westfalen waren 2014 allein in diesem Anbaugebiet 400 Selbstpflückfelder geöffnet.[179] Statt ins Schwimmbad zu gehen, nutzen viele Eltern das Wochenende gerne für einen Abstecher zum Erdbeerfeld vor den Toren der Stadt. »Erdbeeren an der frischen Luft zu pflücken, ist viel schöner, als sie im Supermarkt zu kaufen«, sagen sie. Für solche Stadtmenschen hat das Informationszentrum für die Landwirtschaft, Proplanta, seit der Erdbeersaison 2012 sogar eine interaktive Karte ins Netz gestellt,[180] wo man nach dem nächstgelegenen Erdbeerfeld suchen und den exakten Standort und die Kontaktdaten der Obstbauern abrufen kann. Der integrierte Routenplaner hilft, das gewünschte Feld ohne Umwege zu finden. Wie gut, dass meine Freundin nur einen Kilometer entfernt vom Erdbeerhof wohnt. Bis die Ausflügler aus der Stadt am Feld eintreffen, haben die Zwillinge ihre Tagesernte jedes Mal schon »eingefahren«. Denn vom Sepp wissen sie: »Am besten pflückt man Erdbeeren in den frühen Morgenstunden, dann ist das Aroma am intensivsten.«

Abgesehen vom Freizeitspaß für die ganze Familie gilt Erdbeerpflücken auch als pädagogisch wertvoll. Immer mehr Kindergärten bauen daher Pflücktage in ihr Sommerprogramm ein. Quasi nebenbei lernen Kinder dabei den Wert von Lebensmitteln und Landwirtschaft zu schätzen. Sie erfahren, wie und wo Erdbeeren wachsen. Sie merken, dass Obst und Gemüse Saisonprodukte sind und dass Supermarktware oft nur künstlich frisch gehalten wird. Und sie spüren am eigenen Leib, wie aufwendig Ernte sein kann.

Frische Erdbeeren sind der Inbegriff des Sommers. Ab Mitte Mai stehen die meisten Sorten saftig-rot im Beet. »Nach dem Apfel ist die Erdbeere die beliebteste Frucht der Deutschen«, bestätigt Theo Däxl, Referent für Obst und Gemüse im Bayerischen Bauernverband.[181] Jeder Deutsche verspeist im Jahresschnitt etwa drei Kilo frische Erdbeeren.[182] Das ist viel. Bei Kirschen liegt der Pro-Kopf-Verbrauch nur bei 1,5 Kilo. Hochgerechnet werden somit in Deutschland jährlich 250.000 Tonnen Erdbeeren verzehrt. Etwa 60 Prozent dieser Menge werden auch hierzulande angebaut.

»Heute sind sie wieder besonders süß«, ruft Linus, als er mit dem Korb voller Erdbeeren in die Küche stürmt. Das sehe ich. Der rote Saft rinnt ihm noch übers Kinn. Wahrscheinlich ist wieder nur jede zweite Beere im Behälter gelandet. Schön, dass anders als im Supermarkt beim Obstbauern auch Naschen erlaubt ist.

 70. GRUND

WEIL OLLE KARTOFFELN SCHMECKEN

»Bintje« hielt ich für nordisches Süßgebäck, »Rosa Tannenzapfen« für Weihnachtsdekoration und bei »Blauen Schweden« musste ich an trinkfreudige Oktoberfestbesucher denken. Ich hatte keine Ahnung, dass Kartoffeln solche vielversprechenden Namen tragen können. Seit einem Urlaub in der Lüneburger Heide weiß ich es besser. Dank Karsten Ellenberg. Der Biobauer aus Barum rettet uralte Kartoffelsorten vor dem Vergessen. Er gilt als Noah der Knollenfrüchte, und seine 80 Hektar Ackerland sind die Arche. 1997 hat er begonnen, Kartoffelsorten, die im Handel nicht mehr erhältlich sind, zu sammeln und zu pflanzen. Heute züchtet er auf seinen Feldern 140 Kartoffelsorten in allen Farben und Formen, die die Natur hervorbringt. Rund 35 der Raritäten verkauft er jedes Jahr in seinem Hofladen. Feinschmecker aus ganz Deutschland sind dem Bauern dafür dankbar und pilgern zu »Ellenbergs Kartoffelvielfalt« aufs Land – oder bestellen online. Sie wollen ihre Geschmackserlebnisse nicht in die Hände weniger Konzerne legen.[183]

Heutzutage bestimmen vor allem Agrar- und Lebensmittelindustrie, welche Kartoffeln angebaut werden, für Zucht und Handel ist es wirtschaftlicher, mit wenigen Sorten zu arbeiten, die ganz bestimmte Eigenschaften erfüllen. Ertragreich müssen sie sein, maschinell zu pflanzen und zu ernten und geschmacklich massenkompatibel. Denn die Nachfrage ist groß: Im Durchschnitt verspeist jeder Deutsche 55 Kilogramm der Knollen im Jahr.[184] Trotzdem findet sich in den Gemüsetheken der Supermärkte nur eine kleine Auswahl praktischer Einheitskartoffeln, obwohl es weltweit mehrere Tausend Sorten gibt.

Einkaufsalternativen bieten Hofläden wie der von Karsten Ellenberg. Er sorgt dafür, dass auch seltene Sorten wenigstens in kleinen Mengen wieder auf den Markt kommen. Vor einigen Jahren hat er sogar eine Lieblingskartoffel der Deutschen gerettet: Linda. Die festkochende Kartoffel liegt in einer Holzkiste im »Kartoffelladen«. Durch ihre lange, ovale Knolle und die gelbe, glatte Schale ist sie leicht zu erkennen. Unter der natürlichen Schutzhülle versteckt sich tiefgelbes Fleisch, das gekocht einen sehr cremigen Geschmack entfaltet. Ob als Salat-, Salz-, Pell- oder Gratinkartoffel, Linda schmeckte den Deutschen, 30 Jahre lang. Trotzdem wäre die schmackhafte Knolle beinahe von deutschen Tellern verbannt worden. Schuld daran war ein moderner Saatgutkonzern.[185]

Der größte Teil des Saatguts wird weltweit inzwischen von Unternehmen wie Bayer, Monsanto und Syngenta kontrolliert. Sie haben genug Finanzkraft, um sich die teure, aufwendige Zulassung neuer Sorten leisten zu können, die dann 30 Jahre geschützt sind. Bevor bei Linda 2004 der Sortenschutz auslief, nahm sie die Züchterfirma Europlant vorzeitig aus dem Handel, um zu verhindern, dass Bauern die beliebte Linda nach Ablauf des Sortenschutzes ohne

Lizenzzahlungen unkontrolliert vermehren konnten. Die Königin sollte abdanken und neuen Industriesorten keine Konkurrenz machen. Feinschmecker schrien auf – und Karsten Ellenberg begann, sich mit Herz und Verstand zu wehren.

Der Kartoffelbauer gründete den Freundeskreis »Rettet Linda« und sorgte mit prominenter Unterstützung, u. a. von Hobbykoch Alfred Biolek und Autor Ulrich Wickert, für einen »Kartoffelkrimi« (*taz*).[186] Die Behörden stellten sich quer, aber Ellenberg fand einen Ausweg und führte Linda über Großbritannien wieder ein. Die EU machte es möglich. 2012 fällte der Europäische Gerichtshof dann endlich ein bauern- und verbraucherfreundliches Urteil, das es Landwirten erlaubt, Saatgut aus alten, amtlich nicht zugelassenen Pflanzensorten selbst herzustellen und zu vermarkten. Zum Glück! Wer schon einmal bunte Bratkartoffeln gegessen hat, wird die »Blauen Schweden« nicht mehr vergessen.

71. GRUND

WEIL HIER DIE FEINSCHMECKER-HOCHBURGEN LIEGEN

Industriell hergestellte Milch? Würde Boris Benecke im Schlosshotel Friedrichsruhe niemals zum Frühstück servieren. Der Sternekoch lässt die Milch direkt vom Biohof »um die Ecke« liefern. Nicht nur die. Insgesamt ein gutes Dutzend regionaler Erzeuger fährt jeden Morgen vor dem Küchentrakt des Schlosshotels in Hohenlohe vor: Milchwirt, Gemüse- und Obstbauern, Metzger und Fischzüchter, Pilzsammler und Imker. Küchenchef Boris Benecke kennt alle persönlich, er hat ihre Produkte auf der Suche nach den kulinarischen Schätzen Hohenlohes entdeckt. Auch die Bäuerin, die gerade frisch gepflückte Beeren bringt, steht für Beneckes Anspruch: absolute Frische, einzigartiger Geschmack, Bioqualität und ökologisch kurze Wege.

Sterneköche zieht es aufs Land, weil dort die besten Zutaten wachsen. Vor den Toren des Schlosshotels Friedrichsruhe liegen Beneckes »Feinkostläden«. Die Landschaft, die von den Zwillingsflüssen Jagst und Kocher und den Waldenburger Bergen geprägt ist, hat nicht nur eine hohe Dichte an Biolandwirten zu bieten. Die Hohenloher haben auch viele regionale Spezialitäten bis in die heutige Zeit hinein bewahrt. Zum Beispiel das Limpurger Rind, die älteste noch existierende Rinderrasse Baden-Württembergs. Anfang der 80er-Jahre so gut wie ausgestorben, leben heute wieder mehr als 600 Tiere in streng kontrollierten Zuchtbetrieben.[187] Die Tiere bekommen ausschließlich Weidegras und Heu zu fressen und dürfen in Ruhe heranwachsen. Genau das schmeckt man, wenn Benecke sein »Bœuf de Hohenlohe« serviert.

Michelin-Sterne gehen in der Provinz auf, weil Küchenchefs hier Tradition und Moderne in einen Topf werfen. Alexander Huber, Sternekoch des Huberwirts im bayerischen Pleiskirchen, spricht stolz von einer »Provinzküche« voller Power und Überraschungen.[188] Huber gehört zu den »Jeunes Restaurateurs«, einem lockeren Zusammenschluss junger Spitzenköche, von denen die meisten ihr Lokal in kleinen Orten betreiben. »Das spricht sowohl für die kulinarische Kreativität der dort angesiedelten Restaurants als auch für das große Interesse der dort wohnenden Gourmets. Beides wird häufig eher in den Großstädten verortet, was offensichtlich so nicht zutrifft«, schreibt das Portal BuchGourmet.de.[189]

Auch knapp die Hälfte der Restaurants mit der Maximalbewertung »drei Sterne« liegen auf dem Land.[190] Ein typisches Beispiel: das »Überfahrt« in Rottach-Egern am oberbayerischen Tegernsee. Chef de Cuisine Christian Jürgens sichert dem kleinen Ort einen Platz auf der großen kulinarischen Weltkarte, weil er die besten Produkte der Alpenregion zu überraschenden Menüfolgen verwandelt. Laut *Gault Millau* »huldigt er mit Intelligenz und Ironie dem Produkt und lebt vor, wie man das Flair der Landschaft in einen Küchenstil auf der Höhe der Zeit umsetzen kann, fern jeder Volkstümelei«.[191] Wer allerdings am Ufer des Tegernsees speisen will, muss ein paar Monate im Voraus reservieren, denn das Lokal ist in der Regel völlig ausgebucht. »Opernkarten für Bayreuth sind leichter zu haben«, scherzt mein Cousin, ein eifriger »Sternesammler«, der unter seinesgleichen eine Tendenz ausmacht: Zum Opernabend fährt man in die Stadt, zum gepflegten Dinner aufs Land. »Doch wie oft gehen Menschen schon in *La Traviata* oder *Die Hochzeit des Figaro*, während sie von gutem Essen nie genug bekommen können.«

Echte Genusshochburgen brauchen keine hohen Einwohnerzahlen, allein ihr Ruf löst Völkerwanderungen aus. Der Name Baiersbronn etwa lässt auch Gourmets jenseits der Grenzen aufhorchen, denn in der kleinen Schwarzwaldgemeinde gibt es gleich mehrere Sterneköche, an deren Spitze seit 23 Jahren unangefochten Harald Wohlfahrt mit seiner »Schwarzwaldstube« steht. Ein Rekord, der Kollegen inspiriert. Im traditionsreichen Hotel Bareiss verwöhnt Dreisternekoch Claus-Peter Lumpp die Gaumen der Gäste, und im »Schlossberg« kocht Jörg Sackmann in der Zweisterneliga. Das Landleben ist köstlich, weil hier wächst, was schmeckt. Guten Appetit!

72. GRUND

WEIL DIE BIERKRÜGE HOCH GEHALTEN WERDEN

Neulich in meiner Küche: Ich serviere einer Hamburger Freundin ein Weißbier im passenden Glas mit einer perfekten Blume on top. »Sorry, aber so eine Plörre trink ich nicht. Grundsätzlich«, meckert sie und verzieht das Gesicht. Sie hat eine Flasche Prosecco im Reisegepäck. Die Arme weiß nicht, wie gut Bier sein kann, weil sie bislang nur den Gerstensaft aus Industriebrauereien kennt, zugeschnitten auf den Massengeschmack. Feine, aromatische Handarbeit aus kleinen ländlichen Brauereien ist ihr fremd, dabei wird gerade dort das beste Bier gebraut. Ich überrede meine Freundin, die Leo Weisse der Schlossbrauerei Maxlrain zumindest zu kosten. Immerhin wurde sie 2014 von der DLG mit Gold prämiert.[192] Die Qualitätsprüfung der Deutschen Landwirtschafts-Gesellschaft bezeichnen die Maxlrainer als »härtesten Biertest« der Welt. Widerwillig nippt die Hamburgerin an dem Premiumprodukt aus der Provinz, zögert, schaut überrascht und nimmt schon im nächsten Moment einen kräftigen Schluck und dann noch einen. »Mönsch!«, meint sie. »Dascha doll!«

Hinter den Stadtgrenzen beginnt das Paradies für Gerstensaft-Genießer. Die erfolgreichste Brauerei Europas kommt nicht etwa aus München, sondern aus einem kleinen Dorf im Umland: Aying. Vier Medaillen hat die dort ansässige Privatbrauerei beim »European Beer Star« abgeräumt.[193] Biersommelier Sandra Strobel erklärt den Unterschied zwischen regionalen Köstlichkeiten und den großen Fernsehbieren im *Stern*. »Eine Brauerei, die ihr Bier überregional oder sogar international verkauft, muss immer einen gleichen Geschmack erreichen. Dafür muss das Getränk standardisiert werden, damit bleiben natürlich bestimmte Rezepturkniffe auf der Strecke. Kleinere Brauereien können dagegen mehr experimentieren und auch mal andere Hopfensorten ausprobieren.« Trends werden deshalb von kleinen Brauereien gesetzt.[194]

Ihre Braumeister sind wie der Druide Miraculix aus *Asterix*: Herren über den mächtigen Zaubertrank. Ein besonders erfolgreicher Braumeister ist Bernhard Vötter. Er arbeitet bei der Privatbrauerei Waldhaus in einem kleinen Ort im Südschwarzwald. In dem Familienunternehmen gilt das Motto vieler Provinzbetriebe: »Lieber kleiner, aber feiner.« Vötter schaufelt mit beiden Händen Gerste aus einem Sack. Konzentriert riecht er an dem Getreide, bevor er es beinahe liebevoll durch seine Finger zurückrieseln lässt. »Bier ist für mich nicht nur ein Getränk, sondern eine Lebenseinstellung«, sagt er. Für Massenproduktionen hat der Kenner nichts übrig. »Bei uns steckt Herzblut drin«, beschreibt er den Geschmacksunterschied. Jede Fuhre Gerste wird einzeln kontrolliert.[195] Apropos Gerste, sie ist neben Wasser, Hopfen und Hefe eine Grundzutat bei jeder Bierkomposition. Warum bierselige Bayern trotzdem beten »Hopfen und Malz, Gott erhalt's« anstatt »Hopfen und Gerste ...«, lässt sich einfach erklären und zwar nicht mit dichterischer Freiheit, sondern mit dem Produktionsprozess: Um die Gerste in braufähigen Zustand zu bringen, wird sie in Wasser eingeweicht, bis sie keimt. Danach wird sie getrocknet, dann gemahlen. Das Ganze nennt man Mälzen, und so wird aus Gerste Malz, erklärt der Deutsche Brauer-Bund.[196] Malz ist die Seele des Bieres, es verleiht ihm seine Geschmacksfülle und die Farbe. Untergärige Biere wie Helles, Export oder Pils werden ausschließlich aus Gerstenmalz hergestellt, beim Weißbier dagegen werden mindestens 50 Prozent Weizenmalz dazugemischt, weshalb man zum Weißbier auch Weizenbier sagt.

Das älteste noch gültige Lebensmittelgesetz der Welt ist das Reinheitsgebot für Bier von 1516.[197] »Bier ist eines der reinsten Getränke der Welt«, preist man in der Waldhaus-Brauerei. Jeden Montag Punkt elf Uhr treffen sich Mitarbeiter zur Blindverkostung und testen Haus- und Fremdprodukte. Geschäftsführer Dieter Schmid erklärt den Frühschoppen im Team mit wissenschaftlichen Erkenntnissen: »Um elf Uhr morgens sind die Geschmacksnerven am empfindlichsten.« Durch Rücksicht auf den Biorhythmus, mit hervorragenden Rohstoffen und begeisterten Braumeistern sammelt die kleine Landbrauerei zahlreiche Auszeichnungen, unter anderem beim »World Beer Cup« in den USA, wo auch 2014 wieder auffallend viele Gewinner aus der deutschen Provinz kamen, zum Beispiel die Schlossbrauerei Friedenfels und der Alpirsbacher Klosterbräu. Dabei war die Konkurrenz größer denn je. »In Denver gingen mehr als 4.750 Biere von rund 1.400 verschiedenen Brauereien aus 58 Ländern an den Start«, informiert der Deutsche Brauer-Bund.[198] Auch auf anderer Ebene schnitt der Gerstensaft gut ab: Beim Symposium »Bier und Gesundheit« in Brüssel wurde von wissenschaftlicher Seite bestätigt: Moderater Biergenuss ist gesund. Na, dann.[199]

Auch der Sex-Appeal profitiert vom Bier, findet Moderatorin Sonya Kraus und verkündete beim Deutschen Brauertag 2014 in Berlin: »Ich liebe Bier. Bier und starke Frauen, das passt einfach zusammen. Ich finde diese Kombination aus Bodenständigkeit und Eleganz sehr sexy.«[200] Meine Prosecco-Freundin aus Hamburg stimmt Kraus schon nach dem ersten Glas Maxlrainer zu und ist dann schnell beim zweiten. Sie beschließt, künftig nur noch Provinzbier zu trinken. »Prost!«

73. GRUND

WEIL ES GUTE GEISTER GIBT

Pfannkuchensuppe, Schweinsbraten, Apfelstrudel. Das volle Programm. Wir haben Franzosen zu Besuch und wollen sie mit den Feinheiten der bayerischen Küche vertraut machen. Die Familie meines Mannes steckt die Sauerei locker weg. Französische Gänseleberpastete und der fette Bohneneintopf Cassoulet trainieren selbst den empfindlichsten Magen für bayerische Herausforderungen. Nur mir ist schlecht, weil ich gewöhnlich zum Schweinsbraten weder Vor- noch Nachspeise brauche, aber Franzosen auf diese für sie existenziellen Gänge nicht verzichten wollen, schon gar nicht im Urlaub. Mon dieu! Mir kann nur noch ein guter Geist helfen: ein Himbeergeist von Guggenbichler.

Hochwertiger Alkohol ist auf dem Land zu Hause, im amerikanischen Tennessee, in den schottischen Highlands und in den Chiemgauer Obstwiesen. Dort liegt der Hof von Schnapsbrenner Johann Guggenbichler. »Schon als kleiner Bub lief ich stets hinter meinem Vater her, um all das geistreiche Wissenswerte über den feinen Obstbrand zu erfahren«, erzählt er. Heute führt er die inzwischen 150-jährige Familientradition fort. Seine Edelbrände begeistern sogar Sternekoch Heinz Winkler, der auf der Guggenbichler-Website als Fan geoutet wird. Vermutlich braucht auch er hin und wieder einen Digestif, was natürlich viel besser klingt als »Erste Hilfe bei Völlegefühl aufgrund hemmungsloser Fresserei«. Meine französische Schwägerin, mit der Figur und Eleganz von Coco Chanel, braucht jetzt auch einen Schnaps und entscheidet sich für »Gravensteiner Apfel«. Ihr feiner Gaumen hat Glück: dreijährige Reifezeit, sortentypisches Aroma. Was will man mehr. Auch in Äpfeln wohnt ein guter Geist, von dem selbst die vermutlich sehr weltmännische Redaktion von GQ angetan ist.[201]

Doch auch für meinen französischen Schwager, einen Whiskykenner, habe ich etwas auf Lager: Slyrs, einen bayerischen Single Malt Whisky vom Schliersee. Jean-François verzieht das Gesicht. Wenn es ums Essen und Trinken geht, sind Franzosen lieber ehrlich als höflich. Ich bitte ihn, wenigstens zu probieren, und erzähle die Geschichte des Firmengründers Florian Stetter: Bei einer Studienreise nach Schottland fiel ihm auf, dass es in manchen Regionen der Speyside-Region ähnlich aussieht wie in Oberbayern: Tannenwälder, Berge, klare Seen, rauschende Flüsse und die reine Luft erinnerten Stetter an seine Heimat. Auch zwischen dem Charakter der Schotten und dem der Bayern zog er Parallelen: »Eine gewisse Sturköpfigkeit, eine schwierige Aussprache und den Hang zur Freistaaterei.«[202] Noch am selben Abend wettete er um einen Kasten Weißbier, dass er in Bayern auch Whisky brennen könnte. Er kehrte nach Miesbach zurück, wo er einst das Bierbrauen gelernt hatte, und begann sein Werk. »Nicht schlecht!«, urteilt mein Schwager erstaunt. Natürlich nicht. 2014 wurde der bayerische Slyrs in London als »Bester Single Malt Whisky Europas« ausgezeichnet.[203] Während die hochprozentigen Geister in unserem Inneren aufräumen, inspirieren sie mich zu einer guten Idee. Morgen machen wir einen Ausflug zur bayerischen Whisky-Destillerie an den Schliersee – als Alternative zu Schweinsbraten und Apfelstrudel. Gute Geister lassen sich auf dem Land heimsuchen. Hui!

74. GRUND

WEIL HIER DER HUMOR ZU HAUSE IST

Endlich gehen die Lichter aus in der Erdinger Stadthalle, nur die Bühne bleibt erleuchtet. »Gleich kommt sie raus«, raunt ein Herr in der Reihe hinter mir aufgeregt. »Mei, i bin ja so stolz auf unser Madl«, antwortet ihm eine Frauenstimme und überschlägt sich fast dabei. Ihre Mutter? Ich drehe mich um, kann aber keine Ähnlichkeit zwischen der rustikalen Dame und Monika Gruber ausmachen, der Kabarettistin, auf die in diesem Moment 1.600 Menschen warten. Für mehr war nicht Platz in der Halle, und die Tickets waren schon nach wenigen Stunden ausverkauft.[204] Wieder purzelt die Frauenstimme nach vorne: »Die Gruberin kommt ja von hier.« – »A so a Schmarrn!«, zischt eine andere. »Die Monika kommt nicht aus Erding, sondern aus Tittenkofen, deshalb ist die so lustig, weil sie keine Stadtpflanze ist.« Eines ist sicher: Ihre Sprachwurzeln liegen in der bayerischen Provinz. Tittenkofen ist richtig! In diesem Moment kommt die Gruberin auf die Bühne, um zu tun, was sie am besten kann: Lachmuskeln mit derben Spitzen attackieren, die meisten davon in intelligentes Gift getaucht, für die Tiefenwirkung. Ihre Mimik und Gestik geben dem Zwerchfell den Rest. Seit sich Gruber 2006 den Bayerischen Kabarettpreis in der Kategorie »Senkrechtstarter« verdient hat, spielt sie oben mit und beweist: Aus Landeiern schlüpfen großartige Kabarettisten.[205]

»Wenn du lang auf dem Dorf gewohnt hast, und in meinem Fall ist Dorf ein großes Wort, dann hast eine andere Sichtweise auf die Dinge …«, erklärt die Künstlerin ihrem Publikum und tauft ihr erstes Buch auf den Titel: *Man muss das Kind im Dorf lassen – Meine furchtbar schöne Jugend auf dem Land*. Es ist eine schriftliche Beweisführung, warum Humor in der Provinz besonders gut gedeiht.

Spätestens seit Grubers Kollege Michael Mittermeier aus seinem kleinen Heimatort Dorfen auf die großen Bühnen der Republik gesprungen ist, ist ohnehin alles klar. Zumindest für die Bayern: »Es stimmt schon«, erklärt er dem *Focus*, »dass es extrem viele bayerische Kabarettisten aus der Provinz gibt, was vielleicht auch daran liegt, dass es dort viel Reibung gibt, und man dadurch eher angestiftet wird, etwas zu machen.«[206] Monika Gruber würde dazu sagen: »Es heißt ja BRD – Bayern, Restdeutschland.«

Von einer Grundausbildung auf dem Land profitiert auch der Kabarettist Django Asül, der seine Anfänge in der dritten Person beschreibt: »Von klein auf verinnerlicht er das Niederbayerntum mit seiner ganzen Denk- und Handlungsweise. Dank fürsorglicher Eltern, Nachbarn und fester sozialer Strukturen erlebt er das, was man eine glückliche Kindheit nennt.« Bis heute kann sich Asül nicht vorstellen, aus diesem kleinen Ort wegzuziehen.[207] Auch Monika Gruber bestätigt: Auf dem Land verwurzelt zu sein, hat ihr auf jeden Fall geholfen,[208] deshalb baut sie sich auch ein Haus in ihrer Heimat und macht sich auf der Bühne darüber lustig. »Weil d'Mama sagt, das des Geld verreggt.« Auf dem Land wird auf die Mama gehört, schließlich verdankt man ihr den Mutterwitz.

Von dem hat auch die hochgelobte und ausgezeichnete Luise Kinseher, aufgewachsen im niederbayerischen Geiselhöring, eine kräftige Portion. Ihr Kollege Frank-Markus Barwasser erinnert sich an die erste Begegnung in den 90er-Jahren: »Sie fragte mich, ob ich einen bestimmten Frauentyp bevorzuge. Ich verneinte, woraufhin sie antwortete: ›Das glaub ich dir. Das kann sich ein Typ wie du auch gar nicht leisten.‹«[209] In der Provinz hat frau noch nie ein Blatt vor den Mund genommen. 2014 übergab Barwasser der Kinseher voll Anerkennung den Bayerischen Kabarettpreis. Den wahren Ritterschlag hatte sie da schon längst: Kinseher war im gleichen Jahr die erste Salvatorrednerin auf dem Nockherberg. Sie erschien im Kleid der Bavaria, Schutzpatronin der Bayern, um die Politprominenz zu »derblecken«, was auf Hochdeutsch heißt: Sie machte sich über Seehofer und Konsorten lustig.

Zurück nach Erding. In der Stadthalle tobt das Publikum vor Begeisterung. Auch wenn die Gruberin in Wahrheit aus Tittenkofen stammt, für die Erdinger ist sie eine der ihren. Zugabe! Zugabe! In den Lärm hinein schreit meine Souffleuse aus der hinteren Reihe: »Und auf einem Bauernhof ist sie groß geworden, so wie der Ottfried Fischer. Gell, da schaugst!« Auf dem Land ist der Humor zu Hause.

75. GRUND

WEIL KÜNSTLERSEELEN LANDSCHAFT BRAUCHEN

»Worpswede, Worpswede, Worpswede! Versunkene-Glocke-Stimmung! Birken, Birken, Kiefern und alte Weiden. Schönes braunes Moor, köstliches Braun! Die Kanäle mit den schwarzen Spiegelungen, asphaltschwarz. Die Hamme mit ihren dunkeln Segeln, es ist ein Wunderland, ein Götterland«, schwärmt Paula Becker 1897 in ihrem Tagebuch.[210] Die angehende Malerin, die später als Modersohn-Becker Weltruhm erlangt, ist hingerissen von der spröden, urtümlichen Landschaft und ihren dramatischen Himmelstimmungen, als sie das ärmliche Bauerndorf nördlich von Bremen zum ersten Mal besucht. Kein Jahr später zieht sie in die kleine Künstlerkolonie, die die jungen Maler Fritz Mackensen, Otto Modersohn und Hans am Ende wenige Jahre zuvor gegründet haben. Sie wollten in Worpswede eigentlich nur Urlaub machen, doch die weltferne, von Birkenalleen durchzogene Geestlandschaft schlägt sie in ihren Bann: Hier wollen sie eine von der Natur inspirierte Kunst schaffen. Mit ihrer lyrischen Landschaftsmalerei haben die

»Worpsweder« bald großen Erfolg und ziehen immer mehr Künstler an, die sich ebenfalls dem ursprünglichen Leben und Malen in der Natur widmen wollten. Auch Dichter kommen – wie Rainer Maria Rilke, der einen »Himmel von unbeschreiblicher Veränderlichkeit und Größe« findet. Bis heute gehören die Wolkentürme über dem Teufelsmoor zu den Lieblingsmotiven der Künstler in Worpswede. Immer neue Generationen begeistern sich für das Zusammenspiel von Licht und Landschaft. Heute leben etwa 130 Maler, Bildhauer, Keramiker, Gold- und Silberschmiede, Fotografen, Literaten und Musiker in dem bereits 125 Jahre alten Künstlerort im Norden Deutschlands.[211]

Das südliche Pendant ist 800 Kilometer entfernt. Hier erliegt Anfang des 20. Jahrhunderts eine junge Künstler-Avantgarde dem Zauber des Alpenvorlands. Die Region rund um den Staffelsee wird zur Wiege der Künstlergruppe »Der Blaue Reiter«. Die Seen, das Murnauer Moos, der freie Blick auf die Bergkette der Alpen und die wechselnden bläulichen Lichtstimmungen treiben Künstler wie Wassily Kandinsky, Gabriele Münter und Franz Marc zu ungeheurem Schaffensdrang. Während Franz Marc vor allem in Sindelsdorf nach Motiven sucht, lebt und arbeitet das Paar Münter/Kandinsky von 1909 bis 1914 im heutigen Münter-Haus in Murnau, bis sich die Gruppe bedingt durch den Ersten Weltkrieg auflöst.[212] Rund 30-mal malt Kandinsky allein den Blick auf Kirche, Ort und Berge, verfremdet ihn immer mehr und findet so den Weg von der gegenständlichen in die abstrakte Malerei des Expressionismus.

Dorfleben und Landschaften sind für die Künstler Motiv, Kraftquell und Inspiration. Heute mehr denn je. Der zeitgenössische Fotograf Andreas Wonisch sagt: »Landschaften, die ich fotografiere, kommen mir manchmal wie ein Traum vor. Der Traum von einer besseren, schöneren Welt, die aus unserer Welt entstehen kann, wenn man nur zur rechten Zeit am rechten Ort ist und sein ganzes kreatives Können abruft.«[213] Wenn der Mannheimer mit der Kamera durch die Einsamkeit des Schwarzwaldes und die blütenbunten Wiesen und Weinterrassen des Kaiserstuhls streift, findet er seine Themen: Nebelschwaden über dem See, der einsame Baum im Weizenfeld, die stille Schönheit des Waldes, die Farben des Himmels.

Landschaftsaufnahmen bilden eine ursprüngliche Sehnsucht ab. So erklärt sich unter anderem, dass das teuerste Foto der Welt eine Landschaftsaufnahme ist. Grauer Himmel, vom Wind bewegtes, silbrig glänzendes Wasser, Grünstreifen, ein schmaler asphaltierter Weg, all das in streng horizontaler Schichtung: So sieht der Fotokünstler Andreas Gursky den Rhein. Das großformatige Panoramabild erzielte 2012 bei Christie's in New York 4,3 Millionen Dollar.[214]

Selbst der zeitgenössische Maler Georg Baselitz, eher als Raubein denn als sensibler Landschaftsmaler bekannt, nährt seine bildgewaltige Sprache immer wieder mit Landschaftssujets aus seiner sächsischen Heimat. Die Natur hat als kreativer Impulsgeber nichts von ihrer Anziehungskraft verloren.

76. GRUND

WEIL HIER DIE MUSIK SPIELT

»Nein! Nein!« Maxi versteckt sein Gesicht hinter den Händen und schüttelt den Kopf. Er will nichts zum Thema Heimat sagen, egal wie penetrant ihn der Journalist auch mit dem Mikrofon bedrängt. »Maxi, du bist der Maxi, der Leadsänger, der jetzt auch Gitarre spielt. Maxi, sag du was zum Heimatsound!« Aber Maxi lässt sich nicht hinter den Handflächen hervorlocken. Seine drei Kollegen der Mundart-Band Kofelgschroa aus Oberammergau sind ähnlich zurückhaltend. »Ihr müsst euch schon präsentieren, Jungs«, mahnt eine Stimme aus dem Off.[215] Umsonst. Wer etwas über Kofelgschroa erfahren will, muss ihren poetisch melancholischen Stücken zuhören, und das machen inzwischen eine Menge Menschen. Musik aus der Provinz ist wieder das, was sie ursprünglich einmal im besten Sinne war: Volksmusik. Ihre Kraft, ihren Charme und ihre besonderen Noten sammelt sie auf dem Land.

Hier spielt die Musik, aber lange hatte sie den *Musikantenstadl* im Schlepptau, und ihr Imageproblem war so schwerwiegend wie die Wildecker Herzbuben. Erst als die Biermösl Blosn die Bühne betrat und alten bayerischen Tönen mit satirischen Texten neuen Sinn verlieh, begann sich der Wind zu drehen und aufzufrischen. Haindling aus Niederbayern wies die Richtung, die Wellküren stürmten nach vorne, und Hubert von Goisern nahm sich mit seinen Alpinkatzen die »Dekonstruktion alpiner Volksmusik« vor.[216] 20 Jahre später füllt von Goisern die Erfurter Stadthalle ebenso leicht wie den Circus Krone in München. Die neue Volksmusik ist im Mainstream angekommen. Etwas Besonderes bleibt sie trotzdem. Das liegt an den Instrumenten und an der Sprache.

Stefan Dettl von der bayerischen Bläsercombo LaBrassBanda singt Dialekt oder englisch, weil er »Hochdeutsch nicht kann«.[217] Aber dass musikalisches Heimspiel und internationale Noten gut zueinanderpassen, bewies bereits Dettls Opa, der nach dem Zweiten Weltkrieg mit den stationierten Amerikanern aufspielte. Er war Trompeter. Der Enkel knüpft daran an und legt seine Texte auf wilde Mischungen aus Urbayerisch, Techno, Reggae, Funk und Ska. Viele Hundert Konzerte haben sie inzwischen gespielt, auch in der Münchner Olympiahalle vor 10.000 Menschen.[218] »Im 21. Jahrhundert wird die Welt immer kleiner und die Heimat immer größer«, erklärt der Frontmann der *Welt*.[219] Dettl selbst ist am Chiemsee aufgewachsen und der Provinz treu geblieben. Sein Lebensgefühl besingt er in dem Lied *Nackert*: »I fahr mitn Bulldog in die Wiesn und leg mi nackert an mein See ....« Der Sound gefällt nicht nur Landkindern.

Moderne Volksmusik funktioniert inzwischen auch in der Stadt. Die Münchner Hip-Hopper von Blumentopf holten sich für ihren

Song *Fenster zum Berg* die Münsinger Musikkapelle als Verstärkung. Der Blumentopf-Rapper Holunder meint dazu: »Blasmusik hat live eben eine wahnsinnige Power. Die bläst dich einfach um.«[220]

Was in Bauernstuben und Wirtshäusern entstanden ist, zieht heute um die Welt, zum Beispiel mit den CubaBoarischen, die einem traditionellen Ländler lässig einen Latin-Groove verpassen und den Zweifachen mit einem Cha-Cha-Cha verheiraten. Dabei wollten ein paar bayerische Dorfmusiker im Jahr 2000 eigentlich nur Urlaub auf Kuba machen. Doch schon in der ersten Nacht veranstalteten sie in der Hotelbar mit einheimischen Musikern einen zünftigen bayerisch-kubanischen »Hoagascht« (Musiksession auf Bayerisch). Es war eine Initialzündung. Seitdem mischen die Dorfmusiker sehr erfolgreich erdige alpenländische Rhythmen mit kubanischer Lebensfreude. Auf dem Land ist der Horizont eben weit, auch musikalisch.

Dem Musiker von Kofelgschroa droht der Moderator noch immer mit dem Mikrofon, und Maxi bleibt hinter seinen Händen versteckt. Der Angreifer gibt schließlich mit der Bemerkung auf: »Kofelgschroa, vier labile Jungs aus Oberammergau.« Die Szene findet sich auf der Band-Website und wurde von dem Quartett »Heimatfilm« getauft. Es ist ein ironischer Kommentar, weil Reden ohnehin oft nur die zweitbeste Lösung ist. Kofelgschroa drücken sich lieber mit ihrer Musik aus, aber einen sehenswerten Film über sie gibt es trotzdem. Barbara Weber hat ihn gedreht. Er heißt *Frei. Sein. Wollen.* Ein Gefühl als Musik.

77. GRUND

WEIL ES EINE KULTURLANDSCHAFT IST

»Sie kommen doch vom Land. Gibt es dann da überhaupt Kultur?«, wurde Gitta Connemann von einer großen deutschen Tageszeitung gefragt, als sie zur Vorsitzenden der Enquete-Kommission »Kultur« des Deutschen Bundestags gewählt wurde. Ihre Antwort: »In meiner ostfriesischen-emsländischen Heimat gibt es keine feste Bühne, kein Landesmuseum und keine Galerie, aber ist das ein Grund, meiner Heimat Kultur abzusprechen? Nein!«[221] Sie verweist auf die unzähligen Menschen, die sich vor Ort kulturell engagieren in Chören, plattdeutschen Theatergruppen, Spielmannszügen und Heimatvereinen. Auf dem Land steht die Kultur auf einer breiten Basis – und schafft Spitzenleistungen. Auch, weil sie dort nicht vorwiegend über elitäre teure Veranstaltungen definiert wird, für die ohnehin kaum Karten zu bekommen sind.

Auf dem Land gibt es eben alles, auch Großevents. Prominentestes Beispiel: das Schleswig-Holstein Musik Festival. »I fell in love with Schleswig-Holstein«, schwärmte der Komponist und Dirigent Leonard Bernstein, der das jährliche Ereignis mit den »Musikfesten auf dem Lande« mitgegründet hat.[222] Auf Gutshöfen in Orten wie Emkendorf, Hasselburg und Wotersen spielen jeden Sommer selbst Spitzenstars. Schwellenängste hat hier trotzdem keiner. Außerhalb der Stadtgrenzen geht es entspannter zu. Das meint auch Ludwig Baumann. Früher auf den Opernbühnen der Welt zu Hause, gründete er ein Opernfestival auf einem Gnadenhof im Chiemgau: Gut Immling. In seinem Chor singen Bauern, Metzger, Ärzte und Unternehmer aus der Gegend. »Das sind echte Volksveranstaltungen, und so soll es sein«, sagt er über seine erfolgreichen Eigenproduktionen, für die sich auch Musikkritiker begeistern können.

Hast du da noch Töne? Sowieso. Die gehen auf dem Land nie aus, aber auch im Bereich der bildenden Künste kann das Land mehr bieten als den »Röhrenden Hirschen« oder die »Küstenlandschaft« in Aquarellfarben. »Diese Motive führen wir nur für Touristen aus der Stadt«, flüstert mir eine Galeristin an der Ostseeküste zu, »auf dem Land sind wir kitschresistenter.« Und moderner. Die Triennale in Sachsen-Anhalt Süd beweist es mit Malerei, Grafik, Fotografie, Plastik, Skulptur und Objekten. »Gibt es eine schönere Galerie?«, fragt eine Triennale-Besucherin aus Leipzig auf Schloss Merseburg und beantwortet ihre Frage gleich selbst, indem sie den Kopf schüttelt. »Außerdem kann man hier direkt mit den Künstlern sprechen«, fügt sie hinzu. Und noch etwas will sie loswerden: »Also in der Stadt kommt die Kultur doch oft ziemlich arrogant daher, nicht wahr?«

78. GRUND

WEIL HIER HÄUSER GESCHICHTEN ERZÄHLEN

Im Giebel rekelt sich Gottvater auf einer Wolke. Unter ihm wehklagen Maria und Johannes am Kreuz Christi, und auf den Fensterstürzen im Erdgeschoss hocken diverse Heilige. Wie am historischen »Haus Fürst« in Mittenwald erzählen zwischen Isar und Ammer viele dekorative Fassaden von der tiefen Frömmigkeit der (früheren) Bewohner, von der Familiengeschichte, von ihrem Alltag und Gewerbe. Einst lagen hier die Zentren der bayerischen Lüftlmalerei, die im 18. Jahrhundert entstand und ihre Wurzeln in der Monumentalkunst der italienischen Renaissance hat. Fahrende Händler und Künstler brachten sie über die Alpen, wo sie begeistert adaptiert wurde und bis heute gepflegt wird. Vor allem in Mittenwald, Krün, Wallgau, Garmisch-Partenkirchen und Oberammergau prägen noch viele prachtvoll bemalte Häuserfronten aus alter und neuer Zeit das Ortsbild. Hier ist ein Spaziergang wie der Besuch einer Freiluftgalerie.

Goethe nannte Mittenwald begeistert ein »lebendiges Bilderbuch«. Heute sind hier noch 22 der uralten Außenfresken erhalten. Woher der Name der Kunstform stammt, ist unklar. Die Fremdenführerin Regine Ronge vermutet, dass er sich vom damals bekanntesten Maler der Region ableitet: Franz Seraph Zwink, der von 1748 bis 1792 lebte, besaß in Oberammergau das Anwesen »Zum Lüftl«

und trug, wie im Alpenraum üblich, den Hausnamen. Mittenwald jedenfalls hinterließ der »Lüftl« die prachtvollen Gemälde am Gasthof Alpenrose und am Hornsteiner Haus. Letzteres zeigt die Enthauptung des Feldherrn Holofernes durch die schöne Judith, eines von Regine Ronges Lieblingsmotiven: »Es erzählt auf wenigen Quadratmetern eine Geschichte, die in der Bibel gleich mehrere Seiten einnimmt.«[223] Kraftvolle Reduktion, die typisch für das Land und ihre Bewohner ist – und sich mit der Kunst Südeuropas mischt.

Nach dem Ersten Weltkrieg brachte es auch der Partenkirchner Heinrich Bickel als Lüftlmaler zu Ruhm und Ehre. Auf Reisen durch Südeuropa hatte er sich die spezielle Technik der Freskomalerei angeeignet und schuf zu Hause 40 Jahre lang einzigartige Zeugnisse der Zeitgeschichte. Seinen bäuerlich-barocken Szenen vom einfachen Leben, von Dorfalltag und Werdenfelser Brauchtum begegnet man heute am Fuße der Zugspitze auf Schritt und Tritt. Jeder Spaziergänger weiß beispielsweise seit 1933 sofort, was im »Bräustüberl« in Garmisch Sache ist. Auf der Fassade des Hauses trinken vor Kraft strotzende Bergbauern und andere bayerische Charakterköpfe um die Wette. Und an der Stirnseite des Gasthofs »Fraundorfer« in der historischen Ludwigstraße in Partenkirchen lässt der Künstler ein Bauernpaar ganz traditionell mit Hochzeitslader und einer bunten Gästeschar seine Vermählung feiern. Heimatkunde als sinnliches Vergnügen. Typisch Land!

Selbst Wind und Wetter können der alten Kunst nichts anhaben. Noch nach 200 Jahren wirken die farbenfrohen Gemälde wie neu, was sie einer speziellen Technik verdanken. Die Künstler malten ihre Darstellungen auf frisch verputzte Wandflächen (al fresco = ins Frische), sodass die Naturfarben tief in den feuchten Kalkmörtel eindringen konnten. Beim Trocknen an der Luft entstand ein glasiges marmorartiges Häutchen, das die Oberfläche wasserfest »versiegelte«. Korrekturen waren dann nicht mehr möglich. »So konnten die Farben Jahrhunderte überdauern«, erklärt Stephan Pfeffer, der im 21. Jahrhundert die Tradition der Lüftlmalerei weiterführt. Seine Familie ist seit fast 500 Jahren in Mittenwald ansässig, und er hat das alte Handwerk von seinem Vater erlernt, der ihn schon als kleinen Bub zu Aufträgen mitgenommen hat. Pfeffer junior arbeitet allerdings »al secco«, also auf trockenem Putz. Moderne Farben und abbindender Mörtel machen's möglich. »Eine sehr geübte Hand, viel Sinn für Proportion und Perspektive braucht man allerdings auch heute noch für die Lüftlmalerei«, weiß Pfeffer, der immer wieder Gäste- und Geschäftshäuser zum fantasievollen Bilderbuch machen darf.[224] Die Kunst entwickelt sich weiter – und der liebe Gott verfolgt es wohlmeinend von seiner Wolke im Giebel.

79. GRUND

WEIL DIE STAATSOPER EIN SCHWACHES ALIBI IST

»Aufs Dorf ziehen? Um Gottes willen! Mir würde das Kulturangebot fehlen«, sagten die einen vor meinem Umzug. »Vermisst du nicht Theater, Museen und die Oper?«, fragten die anderen, nachdem ich mich auf dem Land eingerichtet hatte. Immer schwang ein überheblicher Unterton mit, über den ich mich nur wundern konnte, denn in meinem städtischen Bekannten- und Freundeskreis nutzen nur die Studenten und Rentner das viel gerühmte Kunst- und Kulturangebot regelmäßig. Alle anderen haben genug damit zu tun, ihren Job mit der Familie zu vereinbaren, Partner und Kindern gerecht zu werden, Freunde nicht aus den Augen zu verlieren, Sport in den Tagesablauf zu integrieren und noch ab und zu ins Kino zu gehen. Die schöngeistige Vielfalt macht ihnen höchstens ein schlechtes Gewissen. Ständig haben sie das Gefühl, etwas zu verpassen – das angesagte Theaterstück, eine hochgelobte Vernissage, das neueste Kabarettprogramm. Trotzdem beharren viele Großstadtbewohner darauf, das Kulturangebot als fortwährende Möglichkeit im Hintergrund wissen zu müssen. Für den Fall, dass sie doch einmal Zeit und Geld übrig haben. So ganz spontan. Dumm nur, dass es dann meist keine Eintrittskarten (mehr) gibt. Interessante Opern-Inszenierungen sind – ähnlich wie AC/DC-Konzerte – binnen Minuten ausverkauft. Wer sich nicht mit einem Abo verpflichten will, hat wenig Chancen, halbwegs gute Plätze zu bekommen. Selbst bei den großen und kleinen Theater- und Kabarettbühnen kommt man mit Spontaneität nicht durch die Tür. Monate vorher muss man Karten für den Tag X reservieren und hoffen, dass einem Landeier und Touristen nicht zuvorkommen. Auch Werkschauen und Retrospektiven eignen sich selten für den kulturellen Zwischenimbiss. Wer in den letzten Jahren Ai-Weiwei- oder Gerhard-Richter-Ausstellungen besuchen wollte, war gut beraten, einen Campingstuhl mitzubringen, um in der langen Schlange vor dem Eingang wenigstens sitzen zu können – hinter den Studenten und Rentnern.

Fehlt mir das Kulturangebot? Nein, es ist mir ja geblieben: Was läuft, verraten Zeitungen und Internet, die Tickets gibt's online und die – oft wochenlange – Vorfreude gratis. Wer nicht im Überangebot ertrinkt, entscheidet sich umso lieber. Ein gewisser Abstand hilft bei der Wahl. »Soll das heißen, ihr Landeier seid kulturell im Vorteil?«, fragt der Bildungsbürger aus der Stadt. Nun, zumindest brauchen wir die große Oper nicht als Alibi, um unsere Kulturbeflissenheit zu beweisen, und sollte es uns in *La Traviata* oder *Schwanensee* ziehen, dann kümmern wir uns rechtzeitig um Karten. Kein Problem.

 80. GRUND

WEIL HOLZ EIN KUNSTSTOFF IST

Kritisch betrachtet Elsa Nietmann das Gesicht der Skulptur und wirft die Kettensäge an. Mit schwerem Gerät, aber leichter Hand schnitzt sie dem weiblichen Antlitz eine Seele ins Gesicht. Sekunden später ziehen feine Kerben wie Lebenslinien durch das Holz, Schmerz, Freude, Wandlung. Die Figur scheint zu atmen, obwohl sie vor Monaten noch der 500 Kilogramm schwere Stamm eines Kirschbaums war. Prüfend betrachtet die Künstlerin ihr Werk und umrundet die üppigen Formen der 1,80 Meter großen Holzskulptur. Das Kunstwerk wird aufs Land ziehen, ans Ufer des Starnberger Sees. Im Schlosspark Garatshausen findet eine Ausstellung unter dem Titel »Metamorphosen« statt. »Auf dem Land ist noch Platz für große Kunst«, lacht Elsa Nietmann, während sie ihre Skulptur unter zwei uralten Bäumen verankert und auf den See blicken lässt. Hier auf dem Land wächst ihr Werkstoff, und auch ihre Kunst ist hier zu Hause.

Die Holzbildhauerei hat ihre Wurzeln in der Natur. In ihren Anfängen schrieb man ihr magische Kräfte zu. Wenn Urmenschen Figuren schnitzten und die Wände ihrer Höhlen bemalten, wollten sie vermutlich zaubern, schreibt Ernst Gombrich in der *Geschichte der Kunst*. »Man nimmt an, die primitiven Jäger hofften, sie müssten nur ein Abbild ihrer Beute machen – und das vielleicht mit Spießen und Faustkeilen bearbeiten – und die wirklichen Tiere würden ihnen dann zum Opfer fallen.«[225] Später schnitzen sich die Menschen Masken, um mit den Geistern in Kontakt zu treten. Egal, ob im afrikanischen Busch, bei den amerikanischen Ureinwohnern oder im Werdenfelser Land, die Menschen griffen zu totem Holz, um es mit Messer und Meißel zum Leben zu erwecken. »Manchmal wachsen die Figuren direkt aus dem Holz«, erklärt Elsa Nietmann und streicht über die Rundungen der Skulptur. »Beim Arbeiten hatte ich das Gefühl, ein Kopf und eine Schulter drücken sich mir entgegen. Ich musste die Frau nur noch befreien.«

Mit der Kraft und Entschlossenheit, mit der ihr Kunstwerk heute im Wind steht, erinnert es an eine Galionsfigur – und an deren Kräfte. Lange Zeit wollte kein Seemann ohne eine prächtige Glücksbringerin am Bug auslaufen. Die geschnitzten Seemannsbräute sollten die Besatzung vor Gefahren und bösen Geistern beschützen und sie auf Kurs halten. Das machen sie noch heute, dank Claus und Birgit Hartmann. Die beiden Künstler gelten heute als weltweit einzige hauptberufliche Galionsfiguren-Bildhauer. Seit rund 20 Jahren arbeitet das Paar auf der Weserinsel Harriersand, Europas größter Flussinsel mit weniger als 100 Einwohnern. Im Stall eines alten Bauernhauses befindet sich ihre Werkstatt. »Als wir 1994 damit angefangen haben, gab es den Beruf fast gar nicht mehr«, erzählten sie der *Zeit*.[226] Inzwischen sind sie Experten auf dem Gebiet und haben beispielsweise der Alexander von Humboldt II und dem Schulschiff Deutschland Galionsfiguren geschnitzt. Mehr als 30 Skulpturen aus Harriersand sind inzwischen auf den Weltmeeren unterwegs.[227]

Die bunten Meerjungfrauen machen es dem Betrachter leicht. Sie geben sich auf den ersten Blick zu erkennen. Anders die geschnitzte Frau am Starnberger See. »Sie ist vielschichtig, rätselhaft und doch klar im Ausdruck«, schwärmt ein Berliner Regisseur bei einem Rundgang durch den Schlosspark. »Stark, verletzlich und sensibel«, ergänzt seine Freundin. Die beiden befassen sich zum ersten Mal mit Holzbildhauerei. »Das liegt auf dem Land einfach nahe. So mitten in der Natur«, meint er. Seine Freundin, eine Werberin, findet: »Holz ist doch der schönste Kunststoff.« Die beiden wollen die Skulptur mit nach Hause nehmen. In ihr Loft – »und wenn es zu eng wird, ziehen wir aufs Land«, meint er. Gute Idee.

 81. GRUND

WEIL DER HEIMATFILM GROSSES KINO IST

»Habe die Ehre, Servus«, grüßt Marcus H. Rosenmüller im Bayerischen Fernsehen. Der Regisseur besucht die *Abendschau*, um

Werbung für seinen neuen Film zu machen. *Beste Chance* kommt in die Kinos. Damit schließt »Rosi«, wie ihn seine Fans nennen, die Trilogie über zwei Freundinnen aus der Provinz ab. Dort kennt sich Rosenmüller aus. Es ist seine Heimat. Geboren am Tegernsee und aufgewachsen in einem kleinen Ort namens Hausham, beweist er seit seinem Überraschungserfolg *Wer früher stirbt, ist länger tot:* Heimatfilme sind großes Kino.

Die Themen liegen auf der Landstraße und in den kleinen Orten. Hier kristallisieren sich Kinostoffe von selbst heraus, was an der überschaubaren Gesellschaftsstruktur liegt. »Die Personen können sich nicht so leicht verstecken. Sie werden gefordert und müssen reagieren. Auch eine scheinbare Passivität ist da durchaus eine Reaktion«, sagt Marcus H. Rosenmüller dazu.[228] Viele Geschichten aus seiner Jugendzeit in Hausham finden sich in seinen Filmen wieder. Die kleine Gemeinde trägt er heute in seinem Namen, den er von Marcus Heinrich Rosenmüller in den Künstlernamen Marcus Hausham Rosenmüller verwandelt hat. Es ist eine Hommage an seine Heimat, die auch seine Filme durchleuchtet. Manche Filmkritiker sehen in ihm den »Erneuerer des Heimatfilms«. Und was sagt er dazu? »Es gab immer guten Heimatfilm. Achternbusch, Geißendörfers *Sternsteinhof*. In jeder Phase gab es Heimatfilme, denen man etwas zutrauen konnte. Jetzt sind's ein paar mehr. Ich glaube, dass man es geschafft hat, diesen faden Beigeschmack von Heimatfilm jetzt mal wegzukicken. Aufgrund des Globalen macht es den Leuten Spaß, regionale Sachen zu sehen. Es wird immer weitergehen mit dieser Art von Filmen, wenn wir Geschichten finden. Und es gibt in jedem kleinen Dorf eine tolle Geschichte.«[229]

Rosenmüller ist nicht allein. Auch Hans Steinbichler wurde nach seinem Regiedebüt *Hierankl* das Etikett »neuer Heimatfilm« verpasst. Seine Perspektive ist eher schmerzhaft, denn in seinem Film entwickelt sich ein Familienfest zur Generalabrechnung. Heimat ist für ihn da, wo es wehtut – und weitergeht. »Für mich bedeutet Heimatfilm den Anfang einer neuen Entwicklung«, sagt er in einem Interview mit ARTE. Hat er deshalb dieses Genre gewählt? »Ich habe tatsächlich einen großen Bezug zu meiner Heimat und zu ihrer sagenhaften Landschaft. Im Chiemgau kenne ich jeden Stein. Die Schauplätze des Films entsprechen einer emotionalen Landkarte meines Inneren: ein erster Kuss, ein Ort, an dem ich eine bestimmte Musik gehört habe – diese Gefühle waren für mich und meinen Film ausschlaggebend. Ich möchte die Klischees aus dem Weg räumen. Heimatfilm kann mehr bieten als heile Welt.«[230] Auch Rosenmüllers Komödie schürft tiefer. Es geht um Liebe und Tod.

»Fällt dir was auf?«, fragt Franz seinen kleinen Bruder Sebastian in *Wer früher stirbt* und hält ihm das Sterbebild ihrer Mutter vor die Nase. »Dein Geburtstag ist der Mama ihr Todestag.« Fortan glaubt der Elfjährige, seine Mutter umgebracht zu haben, und fürchtet sich vor dem Fegefeuer. Um ihm zu entkommen, muss er seine Seele reinwaschen. Die Ereignisse überschlagen sich, und Regisseur Rosenmüller mischt dabei das Fantastische und Surreale mit einem traditionellen Volkstheaterhumor. »Ich mag guten Komödienstadl genauso wie Karl Valentin oder Luis Buñuel«, sagt er.[231] Und gewann u. a. den Deutschen Filmpreis für das beste Drehbuch und die beste Regie. Damit war es offiziell: Der Heimatfilm ist kein Nischenprodukt, weil er mehr kann als die Regionalsprache. »Dialekt alleine hat noch keine Qualität. Dialekt kann aber dazu beitragen, dass ein Film authentischer wird«, sagt Rosenmüller,[232] für den im heimatlichen Sound Gefühl schwingt. »Ich glaube, dass so was im Ruhrpott oder in Sachsen genauso funktioniert – nur eben mit dem Dialekt von dort. Man soll zu dem stehen, woher man kommt.«[233]

Was im Heimatfilm möglich ist, zeigte den Bayern ausgerechnet ein Österreicher: Stefan Ruzowitzky. 1998 brachte er die *Die Siebtelbauern* in die Kinos und Schauspieler wie Sophie Rois und Simon Schwarz groß raus. Die dichten Stoffe auf dem Land locken auch Städter wie Philipp Stölzl raus. Neben seinem bildgewaltigen Bergfilm *Nordwand* wirken Hollywoodstreifen à la *Vertical Limit* wie teure Effekthascherei. »Diese Filme haben mit dem Bergsteigen ohnehin nicht viel zu tun«, meint Stölzl, »das sind Action-Spektakel, die den Berg als Schauplatz nützen, mehr nicht. Beim Bergfilm ist der Berg der Hauptdarsteller und der Kampf mit ihm der Kern der Handlung.«[234] Es sind die Geschichten, die sich bei den jungen Heimatfilmen in den Vordergrund spielen. Zum Beispiel die Story über einen Herrgottschnitzer und eine alte Bäuerin, die eine McDonald's-Filiale am oberbayerischen Irschenberg verhindern wollen. Thomas Kronthaler kommt aus der Gegend und hat darüber mit *Die Scheinheiligen* eine fast wahre Komödie gedreht. Er bekam gute Kritiken, einen Nachwuchspreis und ein Problem – die Dialoge für internationale Filmfestivals ins Englische zu übersetzen. Heimatfilme sind inzwischen international salonfähig. Man weiß, was aus den Regisseuren werden kann. Siehe Detlev Buck.

Der Erfolgsregisseur wurde auf einem Bauernhof in Nienwohld groß, nahe Hamburg. Nach Abi und Zivildienst lernte er Landwirt und bewarb sich an einer Schauspielschule in Hamburg. Er wurde abgelehnt und schuf sich selbst eine Rolle. In seinem Film *Erst die Arbeit und dann!* übernahm er die Rolle eines Jungbauern zwischen holsteinischem Land- und Hamburger Nachtleben. Es wurde ein gewitzter Streifen, der seine Hauptfigur verstand, anstatt sie bloßzustellen. Es folgte der Film *Karniggels* über einen jungen Polizisten, der in der Provinz einen Kuhmörder finden soll. Dem Land blieb Buck auch in *Wir können auch anders ...* treu: Darin schickte er ein Brüderpaar und einen desertierten Rotarmisten auf eine Irrfahrt durch Ostdeutschland.[235] Der Rest ist Kinogeschichte. Buck gehört heute zu den erfolgreichsten Filmemachern und Schauspielern Deutschlands.

Und Marcus H. Rosenmüller? Der hat *Beste Chance* auf dem bayerischen Land und in Indien gedreht. Die besten Heimatfilme sind weltoffen.

82. GRUND

WEIL MAN SICH MEHR LEISTEN KANN

Münchner und Hamburger kennen die Situation: Ein unschuldiger weißer Umschlag liegt im Briefkasten, und der Name des Vermieters steht als Absender darauf. Die nächste Mieterhöhung ist ins Haus geflattert. Als ob Wohnungen in den Innenstädten nicht schon genug aufs Konto drücken würden. »Die Mieten haben ein Niveau erreicht, das für viele Fachkräfte nicht mehr zu bezahlen ist«, sagt Gülseren Demirel, Fraktionschefin der Grünen im Münchener Stadtrat.[236] Ein Umzug aufs Land kann die Finanzen wieder ins Lot bringen. Raus aus den roten Zahlen, hinein ins Grüne. Dort bekommt man mehr für sein Geld, was unter dem Fachbegriff »höhere Kaufkraft« läuft. Die Provinz zahlt sich aus.

»Armut ist urban«, analysierte das Institut der deutschen Wirtschaft in Köln (IW) im August 2014. Die Ökonomen hatten in ihrer Armutsstudie erstmals nicht nur die Einkommensverhältnisse, sondern auch das regionale Preisniveau, also die Mietpreise und Lebenshaltungskosten, berücksichtigt. Ergebnis: Es gibt ein starkes Gefälle zwischen Stadt und Land.[237] In Städten sind 22 Prozent der Bevölkerung kaufkraftarm, in ländlichen Regionen hingegen nur 14. Oder um es an einem konkreten Beispiel festzumachen: Ein Single in München braucht 1.030 Euro, um sich genauso viel leisten zu können wie ein Durchschnittsdeutscher an der Armutsschwelle von 870 Euro. Kein Wunder, liegen doch die Preise in den Großstädten laut Studie um mehr als sechs Prozent höher als in ländlichen Gebieten. In Dillingen an der Donau oder im Donau-Ries hat man laut IW am meisten von seinem Geld, aber auch in anderen ländlichen Gebieten fährt man günstiger – buchstäblich. Autoversicherungen rechnen hier nämlich mit niedrigeren »Regionalklassen«, die das statistisch geringere Unfallrisiko auf dem Land berücksichtigen.

Finanzielle Vorteile gibt es auch bei Lebensmitteln. Wer für Frischmilch, Obst und Gemüse nicht auf den Biosupermarkt in der Stadtmitte angewiesen ist, sondern direkt beim Biobauern kaufen kann, versorgt sich günstiger und obendrein nachhaltiger.[238]

Am Ende der Kaufkraft-Rechnung geht es allerdings nicht um Zahlen, sondern ums Lebensgefühl: Weil das Gefälle zwischen Arm und Reich auf dem Land nicht so gravierend und weniger sichtbar ist als in Großstädten, fällt es leichter, zufrieden zu sein. Ob man sich reich oder arm fühlt, hängt nämlich weniger vom eigenen Einkommen ab als vom subjektiven Vergleich mit Freunden, Nachbarn und Kollegen. Untersuchungen haben eindeutig gezeigt, dass Menschen ihre materielle Lebenslage im Verhältnis zu ihrem jeweiligen Umfeld beurteilen. Selbst, wenn sie »objektiv« als wenig wohlhabend erscheinen, sehen sie sich selbst eher als »Durchschnittsfall«, wenn die Nachbarn auch ein kleines Auto fahren, nicht zwischen Designermöbeln wohnen und keine teure Markenkleidung tragen. Nach demselben Prinzip fühlen sich Mitglieder einer Arbeitsgruppe ungerecht behandelt, wenn ihr Einkommen 1.000 Euro unter dem eines Kollegen liegt, während ihnen das üppige Jahressalär des Vorstandsvorsitzenden keine schlaflose Nacht beschert. Der lebt und parkt gewöhnlich auch nicht in ihrem Wohngebiet. Hier investiert er höchstens, als Vermieter.

83. GRUND

WEIL WERBUNG HIER NUR KLECKERT

Eine Frage an Stadtmenschen: Was haben Werbung und Wetter gemeinsam? Sobald Sie vor die Tür treten, entkommen Sie beiden nicht. Riesengroße Plakatwände drängen Ihnen zweifelhafte Botschaften auf, Litfaßsäulen stellen fragwürdige Versprechungen in den Weg, an Hauswänden und Baugerüsten hängen Photoshop-geschönte Models und sinnentleerte Sprüche. Was an Bussen und Straßenbahnen klebt, ist meist auch nicht gehaltvoller. Im Grunde lässt sich die Botschaft einer jeden Reklame auf zwei Worte reduzieren: Kauf mich! Dieses optische Geschrei müssen sich Menschen in Städten auf Schritt und Tritt bieten lassen, dabei ihre Geldbörse festhalten und ihr Unterbewusstsein vor Kaufimpulsen schützen. Keine leichte Aufgabe, weil die Werbung im nervösen Geheische um Aufmerksamkeit im öffentlichen Raum immer massiver und großflächiger auftritt. Sie springt in die Augen und verfolgt einen selbst auf die öffentlichen Toiletten. Ein Mensch, der sich nach einem griechischen Philosophen Epikur nennt, klagt darüber auf feynsinn.org: »… sie verdrehen unsere Köpfe, vergiften unsere Gedanken und sind ein ständiges mental-emotionales Ärgernis. In der Großstadt natürlich weit mehr als auf dem Land. In Berlin ist alles mit dem Gehirn-Vergewaltigungs-Dreck zugepflastert. Es gibt keinen Ruhepunkt mehr …«[239] Landbewohnern bleibt viel erspart, weil Werbung hier zurückhaltender und damit leiser auftritt. Hier wird gekleckert, statt geklotzt. Logisch, die Zielgruppe ist viel kleiner.

Wer auf dem Land für etwas werben will, stellt einen Anhänger aufs Feld und eine handgezimmerte Plakatwand auf die Ladefläche. So wird auf den Apfelmarkt aufmerksam gemacht oder die nächste Discoparty der Landjugend. Oft haben die Minikampagnen einen freundlichen Einladungscharakter. Statt Sperrholzmöbel wird das nächste Waldfest angekündigt, statt Fertigessen der nächste Hofladen und statt Haartönungen der Biofriseur im Nachbarort. Meist lohnt es sich hinzuschauen, während man in der Stadt wegschauen muss, um nicht in der Reizüberflutung unterzugehen. Kommunikationsforscher schätzen, dass auf jeden Deutschen täglich zwischen 2.500 und 10.000 Werbebotschaften einprasseln.[240] Ein Teil davon im öffentlichen Raum, dort wo keine Fernbedienung zur Hand ist, die auf sanften Druck eine Alternative zur Werbepause liefert (was für eine paradoxe Wortwahl), und keine Website, die sich schließen lässt. Im Gegenteil: Wer in Ballungsräumen unterwegs ist, muss die Augen offen halten, zur eigenen Sicherheit. Man erinnere sich nur an die legendäre Werbekampagne von H&M im Jahre 1993. Damals beklebte die Bekleidungskette Bushaltestellen in ganz Deutschland mit der üppigen Anna Nicole Smith, die sich in Dessous rekelte. Es kam zu zahlreichen Auffahrunfällen, die sogar der *SPIEGEL* für erwähnenswert hielt, und die Riesenposter avancierten zu Trophäen. Selbst der brave Moderator Johannes B. Kerner konnte die Finger nicht von Anna Nicole lassen und klaute ein Werbeplakat, wie er im Fernsehen öffentlichkeitswirksam beichtete. Dummerweise ließ er sich dabei erwischen und verbrachte eine Nacht im Gefängnis.[241] War das nun Reklame für H&M oder Imagearbeit für Herrn Kerner?

84. GRUND
WEIL CARSHARING AUF DEM LAND ERFUNDEN WURDE

Was Trendforscher im urbanen Umfeld als neues Lebens- und Konsummodell ausmachen, praktizieren Bauern schon lange: Teilen statt Haben. Jahrzehnte bevor das Internet erfunden wurde, bewährte sich dort schon Gemeinschaftseigentum als Geschäftsprinzip. Stichwort »Carsharing«. Landwirte betreiben es seit 1958 in großem Format, nur läuft es bei ihnen unter dem pragmatischen Begriff »Maschinenring«.

Die Idee war visionär, aber so hätte es Gründervater Erich Geiersberger nie ausgedrückt. Der Agrarwissenschaftler und Redaktionsleiter des bayerischen Landfunks formulierte eher hölzern und im Duktus eines Betriebswirts: »Das Gebot der Stunde ist es, das brachliegende, verzinste Kapital, das in Form von Maschinen in den Betrieben festliegt, durch Selbsthilfe zu mobilisieren und der technischen Weiterentwicklung aller Betriebe nutzbar zu machen«.[242] In der Praxis sieht das noch heute so aus: Teure Großgeräte wie Mähdrescher oder Rübenroder werden gemeinsam finanziert und genutzt, so wird kein Bauer durch die Anschaffung in den Ruin getrieben, und die Maschinen sind ausgelastet. Gleichzeitig erlaubt das Sharing-Modell den Landwirten, immer auf die modernste Erntetechnik zurückzugreifen. Geiersbergers Konzept, Tausenden von Höfen durch überbetriebliche Zusammenarbeit das Überleben zu sichern, ist aktueller denn je. Ende 2014 sind in Deutschland knapp 200.000 landwirtschaftliche Betriebe in 260 Maschinenringen organisiert.

Als Carsharing boomt die Nachfolgeidee des Maschinenrings heute in deutschen Großstädten und verbreitet sich nun auch in seiner geistigen Heimat weiter: auf dem Land. Erste Pilotprojekte sind erfolgreich gestartet. Im Eifeldorf Gey etwa nutzen die 1.800 Einwohner gemeinsam ein Elektroauto für Einkäufe, Arztbesuche und andere Alltagsfahrten. »So können wir auch zeigen, wie jung und modern die Eifel ist«, sagt Sylvia Fahle, die das Projekt vor Ort managt.[243] Auch im Harzer Ort Wernigerode kann man unkompliziert Autos nutzen. Der Ford-Händler Auto Ackert hat sich mit Carsharing ein weiteres Geschäftsfeld aufgebaut. Die Auslastung der Pkw sei so gut, meint der Chef, dass er demnächst noch einen Kleinbus in den Fuhrpark aufnehmen wolle.[244]

Die »Meins ist deins«-Kultur, vor einem halben Jahrhundert auf dem Land verwirklicht, hat heute die Kraft, eine ganze Gesellschaft zu verändern: Man profiliert sich nicht mehr über Eigentum und Statussymbole wie das eigene Auto, sondern im Gegenteil darüber, etwas *nicht* zu besitzen. Auto, Wohnung, Garten oder Büro werden einfach zusammen mit anderen genutzt. »Intelligenter Verzicht«, nennen es die Wissenschaftler vom Gottlieb Duttweiler Institut, die das Phänomen in einer Studie untersucht haben.[245] Vor allem die junge urbane Digitalelite fährt darauf ab. Schließlich ist der Motor der Entwicklung das Internet, wo beinahe täglich neue Dienste und Plattformen entstehen, die zum Teilen motivieren. Und wo sind die Vorläufer der modernen Share Economy zu finden? Auf Wiesen, Feldern und Bauernhöfen. Auf dem Land wachsen eben auch große Ideen.

85. GRUND

WEIL H&M UND MCDONALD'S IN DEN STÄDTEN BLEIBEN

»Frankfurt is beautiful«, schwärmt die amerikanische Touristin im Straßencafé. Ich sitze in der Fußgängerzone am Nebentisch und wundere mich. »No, honey, we are in Dresden«, berichtet sie ihr Begleiter leicht genervt. »We are in Munich«, mische ich mich ein. »Who cares! Wen kümmert's, sieht sowieso alles gleich aus«, meint der Mann und zeigt auf die Geschäfte um uns herum. Er habe sich mehr von seinem Kompakturlaub in »good old Germany« erhofft, vor allem nicht überall die gleichen Geschäfte, erklärt er mir. Ich kann den Amerikaner gut verstehen und empfehle ihm und seiner Frau Ausflüge aufs Land, weil es dort keine Bekleidungsketten gibt. »Promise, no H&M?«, fragt er nach. »No H&M!«, verspreche ich. Ich weiß, wovon ich rede. Wieder einmal bin ich froh, auf dem Land zu leben, wo Orte noch ihren eigenen Charakter haben, weil sich keine internationalen Konzerne den Platz im Mittelpunkt kaufen. Egal, ob Gucci oder Günstig, Edelmeile oder Schnäppchenzone, am Ende sehen die großen Städte alle gleich aus, zumindest dort, wo etwas in Massen verkauft wird. Nur für die Konzerne sieht es gut aus: 1,92 Milliarden Euro verdiente H&M 2013 weltweit mit seiner

Billigkleidung.[246] Eine Folgeerscheinung ist die Gleichmacherei der Innenstädte und Kleiderschränke, die gerne als Demokratisierung der Mode verkauft wird.

»Let's go to Starbucks«, unterbricht die Amerikanerin meine Gedanken. Sie möchte sich »wie zu Hause fühlen«, scherzt sie. Ihr Mann verzieht das Gesicht. »Auch so eine Kette, der man in euren Innenstädten nicht entkommen kann«, kritisiert er. »Und McDonald's stinkt hier auch überall. Es ist wie bei uns in den USA«, meckert er weiter und zeigt Richtung Karlsplatz. Seine Frau fühlt sich bemüßigt, die schlechte Laune ihres Gatten zu erklären. Der Jetlag! Das Bier! Und überhaupt! Er sei eben kein Stadtmensch. Sie dagegen meint, »time is money«, und wenn man ohnehin schon alles kenne, spare man eine Menge Zeit. »You know!« Ich freue mich darauf, heim aufs Land zu fahren.

Zugegeben, nachdem die großen Ketten die Innenstädte abgegrast haben, drängen sie nun auch nach draußen, ins frische Grün. Selbst das große Dorf Garmisch hat inzwischen einen H&M, aber eben auch noch Gegengewichte wie das traditionelle Trachtenhaus Grasegger. Dort laufen in letzter Zeit immer mehr Menschen, die ziemlich lässig und modern daherkommen, durch die Tür. Was sie suchen? Individualität, Beratung und Qualität. Aua, das klingt wie ein Werbespruch zum Abwatschen, trifft aber zu. Die ersten Trendsetter verlassen zum Shopping die Städte und fahren in die Provinz, weil sie genau das suchen und eben dort finden: beim Schuhmacher zum Beispiel, beim Schneider oder beim Schreiner. Obendrein ohne Gedränge und Einheitsfassade.

Wieder zu Hause, setze ich mich in unser Dorfcafé und sehe mich um: an der Ecke ein Töpferladen, in dem auch selbst gemachter Honig der Künstlerin verkauft wird, gegenüber ein Antikladen und versteckt in einer Nebenstraße ein kleines Interieurgeschäft, das nur stundenweise geöffnet hat, aber mit seinen ausgewählten Designobjekten aus den Siebzigern immer wieder Menschen aus München anlockt, wie die Nummernschilder vor dem Schaufenster verraten. Keine Bekleidungskette weit und breit und auch keine tristen Lückenfüller für Kriegsschäden, dafür ein junger Modeladen mit Espressobar, gegründet von zwei Frauen, deren guter Geschmack sich eher an der *Vogue* als an der *Landfrau* orientiert.

Schlagartig fällt mir ein, dass ich noch Schuhe zu meinem neuen Kleid brauche. Natürlich könnte ich nach Hause radeln, den Computer anwerfen und online shoppen. Wer sie denn wirklich haben will, dem werden Massen- und Markenwaren von H&M und Co. per Paket geliefert – was zumindest dem Einkaufserlebnis ein Upgrade beschert, weil die Luft zu Hause gewöhnlich besser ist als in den überlaufenen Flagship-Stores und Tageslicht die Kleidung ehrlicher beleuchtet als Kunstlicht. Versandkosten sind auch kein Thema, weil sie immer günstiger sind als ein Parkticket in der Innenstadt. Trotzdem möchte ich bei den konventionellen Ketten nichts kaufen, weil ihre Produktionsbedingungen für mich undurchsichtig sind und weil ich gerne Dinge anfasse, bevor ich dafür zahle. Auch Beratung nehme ich gerne an, wenn Know-how dahintersteckt – wie bei meinem Schuhmacher vor Ort. Er hat sich vor drei Jahren in der Provinz niedergelassen, weil hier die Mieten günstiger sind, die Kunden qualitätsbewusster und die Umgebung schöner. Bei ihm finde ich ökologisch einwandfreie Handarbeit in klassischer Form, aber auch lässige bunte Sneaker aus chromfreiem Leder. Ich entdecke fast immer etwas bei ihm, allerdings nie auf die Schnelle, weil er sich Zeit nimmt. Erst seit ich seine Kundin bin, weiß ich, dass ich Schuhe bislang eine Nummer zu klein gekauft habe. Und wer läuft am Schaufenster vorbei, als ich gerade ein neues Paar probiere? Amerikanische Touristen!

86. GRUND

WEIL DIE ZAHLUNGSMORAL BESSER IST

Der Sepp, ein alter Schulfreund, ist Fliesenlegermeister in der Provinz und hat den Betrieb seines Vaters übernommen. Die Geschäfte laufen gut, sogar aus München bekommt er Aufträge. Eigentlich erfreulich, würden die Städter ihn nicht regelmäßig vor dieselbe Frage stellen: Bekomme ich am Ende mein Geld? »Auf dem Land ist vieles besser, auch die Zahlungsmoral«, sagt Sepp aus Erfahrung. Die Begründung liefert er gleich mit: Die Rahmenbedingungen sind ideal. »Man kennt sich und vertraut sich.« Zudem laufe man sich regelmäßig über den Weg, am Stammtisch, beim Bäcker, beim Metzger oder in der Autowerkstatt. »Da will niemand eine offene Rechnung im Raum haben, außerdem würde sich so etwas auch schnell herumsprechen.« Während für echte Zahlungsschwierigkeiten immer Lösungen gefunden werden. Im Vertrauen und »face to face«, wie es Sepp schmunzelnd ausdrückt. Es erledigt sich vieles von selbst, wenn der Rechnungssteller kein anonymes Unternehmen ist, sondern ein bekanntes Gesicht. Anders herum: Je anonymer der Geschäftspartner, umso geringer ist seine Chance, dass seine Rechnung bezahlt wird. Diesen Schluss legt eine Umfrage des Bundesverbandes Deutscher Inkasso-Unternehmen nahe, nach der die Onlinehändler in Deutschland darunter leiden, dass ihre Kunden die Rechnungen schlecht begleichen.[247]

Die gute Zahlungsmoral der Landbewohner steht offenbar in engem Zusammenhang mit ihrer Verschuldung. In der Stadt leben mehr Menschen auf Pump als in der Provinz. Die Wirtschaftsauskunftei Creditreform schreibt im *SchuldnerAtlas 2014*: »Insgesamt sind ein Nord-Süd- und ein Stadt-Land-Gefälle zu konstatieren: In Städten liegt die Zahl der Überschuldeten um drei Prozentpunkte höher als auf dem Land, die südlichsten Bundesländer Bayern (sieben Prozent) und Baden-Württemberg (acht Prozent) sind am wenigsten schuldenbelastet.«[248]

Und Sepp? Der zieht Aufträge auf dem Land vor. »Wenn ich es mir aussuchen kann, gehe ich auf Nummer sicher«, lacht er.

87. GRUND

WEIL ES KEIN MODEDIKTAT GIBT

Meine Münchner Freundin gibt für ihre Kleidung so viel aus wie für ihre Miete. Sie meint, sie könne gar nicht anders: »Schon morgens im Büro wird mein Outfit von Kolleginnen gescannt. Ganz automatisch und vermutlich ohne böse Absicht lesen sie daraus, ob ich weiß, was angesagt ist, einen eigenen Stil habe, cool bin und was mir mein Aussehen wert ist. Dann geht die Schublade auf.« Natürlich könnte meine Freundin über den Dingen stehen, aber wer erhebt sich schon leichtfüßig über die Meinung seiner Mitmenschen, erst recht, wenn er von deren Wohlwollen ein wenig oder mehr abhängt. Wir sind soziale Wesen, die anerkannt und geliebt werden wollen. Deshalb geht es für meine Freundin beim Mittagessen im angesagten Burger-Laden weiter. Wieder wird sie gescannt. »Wer sich mit Klamotten auskennt, ordnet dich nach dem ersten Blick ein – oder eben aus.« Der modische Druck lässt auch am Abend nicht nach: Straßencafés, Bars und sogar Biergärten sind bevölkert von gut gekleideten Menschen. Wer da nicht mithalten kann, gerät leicht in den toten Winkel der anderen. Also sieht sich meine selbstbewusste Freundin gezwungen mitzuziehen. Ich kann sie gut verstehen und bin froh über mein Leben auf dem Dorf. Da werden andere Ansprüche an die Garderobe gestellt.

Kleidung muss hier draußen vor allem lebenstüchtig sein und jeden Spaß mitmachen. Die modische Latte mag tiefer hängen, aber dafür gibt es auch kein Modediktat. Hier werden Schuhe gebraucht, die sich nicht von Waldwegen einschüchtern lassen und beim ersten größeren Stein einknicken. Hosen müssen die Beine frei machen, damit diese kräftig in die Pedale treten können, und ihre Stoffe müssen es verkraften, in Blumenwiesen gesetzt zu werden oder auf Steine. Selbstverständlich dürfen auch Oberteile nicht windig sein, sondern sollten dem Wetter standhalten. Outdoor-Kleidung liegt für naturverliebte, bewegungsfreudige Landmenschen nahe. Damit sie auch gut aussieht, machen Letztere ihre Kleidung inzwischen oft selbst. Bestes Beispiel: die Sportswear-Firma Maloja. Sie ist im oberbayerischen Rimsting am Chiemsee groß geworden – und doch weit davon entfernt, eine Provinzmarke zu sein. Selbst Audi aus Ingolstadt freute sich bereits über eine Kooperation mit den Maloja-Leuten, die ihr Selbstverständnis aus dem Ruf der Berge ziehen: »In jedem von uns steckt ein Nomade: Mit einem festen Lebensmittelpunkt und doch niemals sesshaft. Weil uns die Berge rufen.«[249] Ein Modediktat erreicht hier keinen Gipfel.

88. GRUND

WEIL RAIFFEISEN EIN VORDENKER WAR

Sie verstanden sich früh auf die Kunst, mit Geld noch mehr Geld zu verdienen: die Medici aus Florenz. Bereits im 14. Jahrhundert schufen sie den Prototyp einer gewinnorientierten Großbank: Mit Zweigstellen an den wichtigsten Handelsplätzen, Wertpapierhandel und bargeldlosen Zahlungstransfers. In Deutschland stieg die Augsburger Familie Fugger rund ein Jahrhundert später ins Bankgeschäft ein und entwickelte sich zu einem der bedeutendsten europäischen Handels- und Finanzhäuser, von dem sich selbst Kaiser und Könige Geld liehen. Es liegt auf der Hand: Schon in seinen

Kinderschuhen diente das Bankwesen den Reichen und Mächtigen. Für die mittellose Landbevölkerung hatten die Banker nichts übrig. Den meisten Bauern blieb nach Missernten und verlorenem Vieh nur der Weg zu einem Wucherer. Verpflichtet zu hohen Zinsen, steuerten sie damit oft direkt in die Zwangsversteigerung ihrer Höfe. Das sollte so bleiben, bis der Bauernsohn Friedrich Wilhelm Raiffeisen aus dem Westerwald Mitte des 19. Jahrhunderts die Zustände verbessern wollte. Nach dem Prinzip »Einer für alle, alle für einen« gründete er den »Heddesdorfer Darlehenskassen-Verein« und erklärte ihn zum »Mittel zur Abhilfe der Not der ländlichen Bevölkerung sowie auch der städtischen Handwerker und Arbeiter«. Bauern, Tagelöhner und Handwerker konnten ihre Ersparnisse deponieren und in der Not jederzeit Kredit bekommen, »zu einem möglichst günstigen Zinsfuße«. Raiffeisen bündelte die Kräfte, indem er eine feste Gemeinschaft schuf, in der sich alle gegenseitig unterstützen: die Genossenschaft. »Was dem Einzelnen nicht möglich ist, das vermögen viele«, lautete sein Motto. Damit legte er den Grundstein für das moderne Genossenschaftswesen: die späteren Raiffeisenbanken.

Friedrich Wilhelm Raiffeisen, der 1818 – im selben Jahr wie Karl Marx – als siebtes Kind geboren wurde, wusste aus eigener Erfahrung, wie sich Armut anfühlt: Der Vater verließ die Familie früh, und sein Patenonkel, ein Pfarrer, motivierte den Jungen, sich sozial zu engagieren. Später sollte Raiffeisen sagen: »Der Direktor unserer Genossenschaften ist Jesus Christus.« Einen weltlicheren Blick auf die jungen Genossenschaften hatte Bismarck, der sie als »Kriegskassen der Demokratie« betrachtete, weil »sie die kleinen Leute aus ihrer Abhängigkeit befreien«.

Raiffeisen hatte die Kraft des Kapitals erkannt und wollte sie in den Dienst der wirtschaftlichen und sozialen Entwicklung stellen. Nachdem er der Landbevölkerung zu einer eigenen sozialen Bank verholfen hatte, verbreitete er sein Konzept als Buch und baute seine Idee aus. Er regte an, dass die ländlichen Bankgemeinschaften auch das landwirtschaftliche Warengeschäft wie Saatgut, Dünger und Futter gemeinsam organisieren sollten. Noch heute gehören in vielen ländlichen Regionen Raiffeisen-Lagerhäuser und -Märkte zum Ortsbild. Das alte Grundprinzip »Selbsthilfe, Selbstverantwortung und Selbstverwaltung« ist moderner denn je. Die Kunden sind oft auch Anteilseigner, denen Leitung und Kontrolle der Genossenschaft mit obliegen. Wobei jedes Mitglied eine Stimme hat, unabhängig von der Anzahl der Geschäftsanteile. Dieses Gleichheitsprinzip ist ein wesentlicher Unterschied zu Kapitalgesellschaften, bei denen der Mehrheitsaktionär die Geschäftspolitik bestimmt.

Raiffeisens Genossenschaftsidee ist eine ländliche Erfolgsgeschichte, die um die Welt ging. Heute sind in rund 100 Ländern über 380 Millionen Menschen in Genossenschaften organisiert. Einen neuen großen Zulauf bekamen insbesondere die »Bauernbanken« nach den Skandalen an den Finanzmärkten, verursacht durch Spekulationen und Geschäfte der großen Finanzinstitute. Inzwischen drängt die Genossenschaftsidee in immer neue Felder der Wirtschaft vor, in jüngerer Zeit vor allem auch in den Energiesektor. Ist doch die Genossenschaft mit ihren dezentralen Strukturen und der Bürgerbeteiligung die ideale Unternehmensform zur regionalen Umsetzung der Energiewende. Denn der Wunsch der Menschen, die Entwicklung ihrer Gemeinden aktiv mitgestalten zu können und vor Ort Windräder, Solarfelder oder Biogasanlagen zu realisieren, ist groß. Sie haben gelernt: Es zahlt sich nicht nur in Bankgeschäften aus, Verantwortung zu übernehmen und den Mächtigen mit neuen Ideen zu begegnen.[250]

89. GRUND

WEIL TANTE EMMA ZURÜCKKOMMT

Das Wunderland lag am Ende der Straße, und die gute Fee hieß Frau Wimmer. Sie führte den einzigen Laden in ganz Kerschbaum, einem kleinen Dorf bei Gars am Inn. Ein Raum genügte ihr, um alles Lebenswichtige unterzubringen: vom Mehl über die Butter bis hin zum Klopapier. Wurst und Käse gab es auch. Damit belegte die Dorfkrämerin in Windeseile Semmeln, wenn hungrige Kinder in ihren Laden stürmten. Praktischerweise hatte sie ihre private Küche gleich hinter dem Geschäft. Die Verbindungstür zwischen Haushalt und Beruf war meist geöffnet. Frau Wimmer hatte auf beiden Seiten viel zu tun. Sie war die erste Anlaufstelle der Hausfrauen aus dem Dorf – für Nudeln, Neuigkeiten und einen freundlichen Ratsch. Wimmers Dorfladen gedieh prächtig, bis Anfang der 70er-Jahre ein Supermarkt namens Singer vor den Toren der Stadt Wasserburg eröffnete. Seine große Auswahl und die kleineren Preise führten dazu, dass immer mehr Kerschbaumer am Wochenende zum Singer fuhren. Die Einkaufstour hatte Eventcharakter, und die Hausfrauen ließen sich von ihren Männern kilometerweit ins Paradies kutschieren. Zweitwagen waren damals noch nicht üblich. Nur was vergessen wurde, kaufte man noch im Dorfladen. Irgendwann schloss er. Es ging ihm wie so vielen seiner Art. Das Geschäftsmodell von Frau Wimmer, allgemeinhin Tante-Emma-Laden genannt, war nicht mehr zeitgemäß. Heute ist es moderner denn je. Immer mehr Dorfläden eröffnen auf dem Land und steigern dort die ohnehin hohe Lebensqualität um ein paar weitere Genusspunkte. Tante Emma ist zurück und hat dazugelernt.

Es gibt frischen Kaffee, Zeitungen und ein Tagesgericht. Die kleinen Tische stehen in einer gemütlichen Ecke, aber zur Kuchentheke ist es nicht weit. Vagen, ein kleiner Ort im Mangfalltal, hat einen Dorfladen, der keine Wünsche offen lässt. Es ist ein Biomarkt mit

Metzgerei und Bäckerei. Frische Produkte kommen vom »Bajuwarenhof« des ökologischen Familienbetriebes, das Wild aus eigener Jagd und Semmeln, Brot und Brezen aus der hauseigenen Bäckerei Steingraber, die weit über die Dorfgrenzen hinaus bekannt ist, weil sie auch Wochenmärkte beliefert.[251] Dieser Dorfladen ist ein Zukunftsmodell, und zum Glück gibt es in ganz Deutschland Nachmacher. Viele werden aus der Not geboren.

Otersen in Niedersachsen hatte ein Problem: Der kleine Supermarkt in dem 500-Seelen-Dorf sollte geschlossen werden. Zu wenige Kunden, zu wenig Gewinn. Das Übliche eben. Aber über 60 Dorfbewohner machten etwas Außergewöhnliches daraus: Sie entschlossen sich, ihre Versorgungslage in die eigenen Hände zu nehmen, gründeten eine Bürgergenossenschaft und brachten gemeinsam 100.000 Euro Eigenkapital auf. 14 Jahre später, im Oktober 2014, schreibt der Laden Gewinn, die Anteilseigner haben sich mehr als verdoppelt und mit ihnen das Eigenkapital. Otersen wurde im Wettbewerb »Deutschland – Land der Ideen« ausgezeichnet, und Bundespräsident Joachim Gauck unterschrieb die Urkunde.[252]

Das Gewinnermodell öffnet am Morgen um 6.30 Uhr, damit die Dorfbewohner zum Frühstück frische Brötchen und ihre Zeitung haben. Sie kommen gerne in das schöne alte Fachwerkhaus mit 180 Quadratmeter Verkaufsfläche. Viele von ihnen haben bei der Sanierung des alten Gebäudes geholfen. Inzwischen gibt es auch Kaffee, Kuchen, Suppe und eine große bestuhlte Terrasse. Dorfläden wie in Otersen sorgen für Leib und Seele – und für neue Arbeitsplätze. Sie machen Sinn und füllen auch Lücken, die andere hinterlassen haben. In einer ehemaligen Schleckerfiliale in Adelheidsdorf (Landkreis Celle) eröffnete 2014 ein Dorfladen mit Café.[253] Auch hier waren es die Bürger, die aktiv wurden. Die erfahrenen Ladengründer aus Otersen unterstützten die Adelheidsdorfer bei der Planung.

Immer mehr Dorfbewohner wollen den großen Discountern nicht das Feld überlassen und sich von ihnen und dem Auto abhängig machen. Schätzungsweise mehr als 200 Bürger-Dorfläden gibt es bereits bundesweit. Noch steigt die Zahl von Aldi, Lidl und Co. in Deutschland, während kleine Lebensmittelhändler schließen, aber die Billigmentalität wird zunehmend mit Fragen attackiert, die Dorfläden ganz selbstverständlich beantworten können.[254] Wo kommen die Waren her? Aus der Region. Wo fließt das Geld hin? In die Region. Wer profitiert davon? Na ja, Sie ahnen es.

Und Frau Wimmer hat es schon immer gewusst: Ein Dorf braucht einen Laden – als Lebensmittelpunkt.

90. GRUND

WEIL MAN AUF NICHTS VERZICHTEN MUSS

Auf dem Land gibt es alles, was man braucht – und den Rest kann man online bestellen.

91. GRUND

WEIL EINE HOCHZEIT MIT DER EINLADUNG BEGINNT

Rosi und ich waren Kolleginnen. Als solche haben wir uns gut verstanden, aber enge Freunde wurden wir nie. Trotzdem hat sie mich zu ihrer Hochzeit eingeladen, und selbstverständlich muss ich nicht alleine kommen. Meine ganze Familie ist eingeschlossen. Aus Rosis Sicht gehört sich das so. Außerdem kommt es auf eine Person mehr oder weniger ohnehin nicht an, wenn man eine oberbayerische Bauernhochzeit feiert und den großen Festsaal des örtlichen Wirts mietet, der praktischerweise traditionell neben der Kirche steht. Ich freue mich auf das Ereignis, denn eines ist sicher: Bauernhochzeiten sind ein Erlebnis. Erst recht, wenn Braut und Bräutigam im Trachtenverein aktiv sind und die Traditionen hochhalten. Dass eine Bauernhochzeit allerdings schon bei der Einladung feuchtfröhlich wird, hatte ich völlig vergessen. Bis der Schorsch klingelte.

Ich war gerade dabei, Spuren vom Abendessen vom Tisch zu wischen, als mein Sohn aus dem Hausflur rief: »An der Tür steht ein lustiger Mann in Lederhosen. Er hat einen Stock mit Blumen in der Hand und einen Brief.« Ein Liebesbote? In der Tat. Er lupfte seinen Trachtenhut, verbeugte sich und warf die Dichtmaschine an: »Grüß euch Gott mit Herz und Mund! Ihr seid wohl alle frisch und g'sund? Auch ich bin froh und guter Ding, weil ich euch eine Botschaft bring.« Dann stellte er sich als »Schorsch, der Hochzeitslader« vor, »auch Progoder, Schmuser oder Ehrvater genannt«. Meine Kollegin hatte ihn geschickt, um mich zu ihrer Hochzeit einzuladen. Feierlich überreichte er mir nun ihre Einladung, und weil ich offensichtlich nicht wusste, was sich gehörte, ließ er mich wissen, was als Nächstes zu tun sei. »Jetzt kriag i a Schnapserl.« – »Von mir?« – »Von wem sonst?« Er schüttelte den Kopf über so viel Begriffsstutzigkeit und trat ein. Mein Mann, der inzwischen auch an der Tür war, schwankte zwischen Verärgerung, Amüsement und Neugier. Letztere siegte. Hochzeitslader kannte er bis dato nicht. Das änderte sich in der nächsten Stunde von »Stamperl« zu »Stamperl«, wie der Schorsch liebevoll die gefüllten Schnapsgläser nannte. An Trinksprüchen mangelte es ihm nicht. Es war die erste Hochzeit, die an unserem Esstisch begann. Vorglühen auf Bayerisch.

Wir freuten uns darauf, Schorsch am Tag der eigentlichen Hochzeit wiederzusehen. Wochen später war es endlich so weit. Um fünf Uhr morgens sorgten Böllerschüsse vom Schützenverein dafür, dass keiner im Dorf die Hochzeit verschlief. »Brautwecken« nennt sich das, und die »Aufwecker« müssen mit Brotzeit und Schnaps für ihre Arbeit belohnt werden. Prost zum Ersten! Gegen neun Uhr treffen sich alle Gäste zum Weißwurstessen. Prost zum Zweiten! Bei dieser Gelegenheit werden ihnen kleine »Sträußerl« an die Kleidung gesteckt, und der Hochzeitslader informiert sie über den geplanten Tagesablauf. Wenn jeder weiß, was zu tun ist, formiert sich der Hochzeitszug mit Blaskapelle und Brautpaar an der Spitze, um gemeinsam zur Kirche zu marschieren. »Willst du, Rosemarie …« Ja, meine Kollegin wollte. Er auch. Das Fest konnte weitergehen. Beim Wirt. Schorsch sorgte dafür, dass jeder seinen Platz fand, unterhielt die Leute mit witzigen und boshaften »Gstanzln«, der bayerischen Kunstform, Wortwitz musikalisch abzufeuern. Jeder bekommt dabei sein Fett ab, auch die Schwiegereltern. Prost zum Dritten! So eine bayerische Hochzeit ist eng getaktet. Nach dem Essen wird getanzt, der Brautschuh versteigert, gratuliert, eine Suppe gesalzen, die Braut entführt, und wenn der Bräutigam sie endlich in der Weinstube gefunden hat, muss er sie auslösen, indem er Alkohol bezahlt und sich lächerlich macht. Prost zum –. An dieser Stelle hört man besser auf zu zählen. Rosis Bräutigam wurde mit Schürze, Kopftuch und Besen ausgestattet.

Es ist wie beim Kölner Karneval: Von außen mag es lächerlich wirken, aber mittendrin macht es höllisch Spaß. Nach dem Wein gibt es wieder feste Nahrung, bevor der Hochzeitslader alle auffordert, das Tanzbein zu schwingen, bis es Zeit für eine letzte Runde »Ehrentänze« wird. Danach sorgt er dafür, dass das Brautpaar um Mitternacht von allen verabschiedet wird, um mit dem Brautauto nach Hause zu kutschieren.

»A so a scheener Doag!« Schorsch gönnt sich ein Schnapserl. Es ist das erste des Tages. Sagt er. »Wenn es darauf ankommt, muss ein gescheiter Hochzeitslader nüchtern bleiben.« Er freut sich, dass sein Geschäft läuft und »auf dem Land noch so gefeiert wird, dass eine Hochzeit unvergesslich bleibt«. Hoffentlich klingelt er bald wieder. Ich überlege, welche Kollegin ich an einen Bauern verkuppeln könnte.

 92. GRUND

WEIL BAUERN DIGITALE REVOLUZZER SIND

Es soll nach wie vor Menschen geben, die Bauern als Hinterwäldler verspotten. Dabei können selbst echte Techies etwas von der heutigen Landwirtschaft lernen. Während Audi und Google etwa noch am selbstfahrenden Pkw tüfteln, tuckern Bauern längst über ihre Äcker, ohne das Steuer in die Hand nehmen zu müssen. Landwirtschaft 4.0 und GPS-gesteuertes Weidemanagement sind zwei weitere Schlagworte für den bäuerlichen Vorsprung durch Technik.

Nehmen wir Max Haßlberger senior, 71 Jahre alt und in zwölfter Generation Besitzer des Steigenberger Hofs im oberbayerischen Ruhpolding. Schon seit 600 Jahren treiben die Bauern hier ihre Kühe aus dem Tal in den höher gelegenen Weidewald, eine unwegsame Berglandschaft mit Schluchten, Wiesen und Felsblöcken. »Wenn man dieses Gebiet nach den Tieren absuchen muss, ist man ein paar Stunden unterwegs«, sagt Haßlberger, der mit seinem Sohn mindestens zweimal die Woche kontrolliert, ob alle Tiere gesund sind und sich keines verletzt hat. Seit der Bauer seine Kühe allerdings mit modernen GPS-Sendern markiert hat, braucht er dafür nur noch 20 Minuten. Denn über Funk ist jedes Tier sofort zu orten, und sobald sich eines von der Herde absondert, schlägt Haßlbergers Smartphone Alarm.[255]

Ludwig Böddecker, Bauer vom Sulznerhof in der Nähe, schätzt die Satellitenortung noch aus einem anderen Grund: »Durch die Daten aus dem GPS-System wissen wir am Ende des Jahres immer genau, welche Almflächen die Kühe wirklich beweidet haben«, erklärt er.[256] Damit die kaum genutzten Flächen nicht binnen weniger Jahre »verbuschen« und später wieder mit Tannenwald zuwachsen, kann der Bauer die Kühe im folgenden Jahr dort gezielt grasen lassen. Und damit einen wichtigen Beitrag zum Erhalt der Artenvielfalt leisten. Denn eine vergleichbar große Zahl von Kräutern und Blumen auf so wenigen Quadratmetern wie auf den beweideten Bergwiesen Bayerns findet sich fast nirgendwo auf der Welt.

Modernste Mobilfunktechnologie und Sensortechnik nutzt auch die Agrarproduktions- und Handelsgenossenschaft Hinsdorf in Sachsen-Anhalt, allerdings für die Feldarbeit. »Landwirtschaft 4.0« nennen das Fachleute, analog zu Industrie 4.0, in der Maschinen und Produkte miteinander »sprechen«.[257] Nur dass in diesem Fall intelligente Erntemaschinen und Traktoren die Arbeitsabläufe untereinander regeln und auch Getreidequalität, Boden- und Wetterdaten berücksichtigen. In dem Pilotprojekt des Landmaschinenherstellers Claas mit der Deutschen Telekom sieht das so aus: Der Mähdrescher ruft automatisch, sobald sein Korntank voll ist, über Funk den Traktor mit Überladewagen. Der kennt das Gelände und sucht sich den besten Weg zum Mähdrescher, wobei er auf Zeit und Bodenschonung achtet. Sobald der Traktor das Getreide geladen hat, meldet er die Menge inklusive Daten wie Feuchtigkeitsgehalt an das Silomanagement. In der Zwischenzeit hat der Mähdrescher eine neue Wetterprognose empfangen: In drei Stunden wird es regnen. Die Erntemaschine ändert ihre Strategie und schlägt dem Fahrer vor, ab sofort mit maximaler Geschwindigkeit statt minimalem Spritverbrauch zu arbeiten, damit das Feld noch vor dem Regen abgeerntet werden kann.[258] Bauern sind eben digitale Revoluzzer.

 93. GRUND

WEIL WASSERWEGE EINE ALTERNATIVE SIND

»Post ahoi«, heißt es, wenn Andrea Bunar auf Tour geht. Die 44-Jährige ist Postbotin im Spreewald und bundesweit die einzige, die Briefe und Pakete auch mit dem Kahn zustellt.[259] Von April bis Oktober schiebt sie ihr postgelbes Boot zwei, drei Stunden täglich mit einer Holzstange durch das mystische Wasserlabyrinth südöstlich von Berlin. Nicht von ungefähr wird der Spreewald auch »grünes Venedig« genannt. Rund 970 Kilometer stille Wasserläufe und Kanäle verästeln sich hier in einer Urnatur, die zuweilen an die Everglades erinnert. Zwischen den lichten Wäldern, Sümpfen und Feuchtgebieten verstecken sich verträumte Dörfer und kleine Inselgehöfte. Früher sicherten die Wasserwege den Menschen hier ihre Existenz, der Kahn gehörte zum Alltag. Beispiel Leipe: Das 130-Seelen-Dorf ist vollständig von der Spree und dem Leiper Graben umgeben.[260] Bis 1968 eine Dammstraße gebaut wurde, war die Siedlung ausschließlich mit dem Kahn zu erreichen. Die Straßenseite der Wohnhäuser, meist im Blockhausstil gebaut und mit Schilf gedeckt, zeigt daher bis heute zum Wasser.[261]

In diesen Tagen staken die Fährleute zwar in erster Linie Touristen durch die flachen Wasserstraßen, legen an Gasthöfen, einem Kahnbauer oder Dorfhafen an. Doch auch etliche Bauern – Spreewaldgurke! – transportieren noch wie früher Vieh, Heu und Gemüseernte per Boot. Manchmal, weil ihre Felder zu abgelegen sind, manchmal auch nur, weil sich am Ufer die Trauerweiden so schön vor ihnen verneigen. »Da kann der Tag noch so stressig gewesen sein, wenn ich auf Zustellung auf den Fließen gehe, fällt alles von mir ab«, schwärmt Kahnpostfrau Bunar. »Da schwimmen Hechte, Aale und Welse nebenher, und alles ist im Gleichklang.«[262]

Andrea Bunars Zustellbezirk auf dem Wasser ist die Spreewaldgemeinde Lehde, die aus vielen kleinen Inseln besteht, von denen manche bis heute keinen direkten Zugang zum Festland haben. Die Briefkästen stehen daher am Ufer. »Die Spree bildet die große Dorfstraße, darin schmalere Gassen von links und rechts her einmünden«, schrieb einst Theodor Fontane, der einer der ersten Touristen in Lehde war.[263] Kein Wunder, dass die Postauslieferung per Kahn hier seit 1897 Tradition ist. Wobei heutzutage auch mal ein Fernseher oder eine Hollywoodschaukel dabei sein kann, erzählt Bunar, die auch als schwimmende Postfiliale fungiert. Bei ihr können die »Insulaner« Briefe und Päckchen abgeben oder Briefmarken kaufen. Zusätzlich zur Postbotin kommt übrigens jeden zweiten Freitag auch die Müllabfuhr übers Wasser.[264] Dann hievt Müllmann Dieter Adler die vollen Tonnen und gelben Säcke von den Ufergrundstücken an Bord, transportiert sie zu Verladestellen am Festland und bringt die leeren Tonnen per Boot wieder zurück.

Selbst wenn die Spreewalddörfer heute ans Straßennetz angeschlossen sind und Fußgängerbrücken die Inselgehöfte verbinden, führt oft der kürzeste Weg übers Wasser. Statt ins Auto springen die Anrainer dann in den Kahn zum Semmelholen. Diese Wasserwege sind eben eine echte Alternative – auf denen man in kalten Wintern sogar eislaufen kann.

94. GRUND

WEIL MAN WELTMEISTER WERDEN KANN

Josef Utzschneider beißt die Zähne zusammen, stöhnt. Mit vollem Körpereinsatz stemmt er sich gegen die Tischkante. Keine zehn Sekunden dauert es, bis der 30-Jährige aus dem bayerischen Ohlstadt seinen schwergewichtigen Gegner mit dem Mittelfinger über den Tisch gezogen hat. Souverän. Der Werdenfelser mit den Armen eines Möbelpackers ist einfach nicht zu schlagen. Nach etlichen Zweikämpfen sichert er sich auch 2014 den Alpenländischen Meistertitel im Fingerhakeln[265] – das Größte, was man in dieser Sportart erreichen kann, vergleichbar mit einem WM-Sieg. Jetzt ist erst mal eine Maß Bier fällig.

Starke Männer haben die Menschen seit jeher fasziniert. Noch heute sind die Festzelte rappelvoll, wenn die Mannsbilder mit der Statur von Bauernschränken zum urbayerischen Kräftemessen anrücken. Nicht selten kämpfen 150 Hakler unter dem Gejohle von weit über 1.000 Zuschauern um Titel und Ehre. Dass dabei nicht nur reichlich Schweiß fließt, sondern auch das Bier in Strömen, versteht sich fast von selbst. Wer mit welchem Lokalmatador angereist ist, ist leicht herauszuhören. »I-sar-gau« schallt es durch das Zelt, »Am-mer-gau« und »Wer-den-fels« halten andere dagegen.

Vor allem am Alpenrand wird die Tradition dieses Kraftsportes hochgehalten, der seinen Ursprung im rauen Landleben des 17. Jahrhunderts hat. In den Bergtälern Bayerns und Österreichs, erzählen Heimatpfleger, wurden abends am Stammtisch durch Fingerhakeln die Streitigkeiten beigelegt, um Raufereien oder Schlimmeres zu vermeiden. Später überwog der Showeffekt, um vor den Dorfschönheiten den starken Max zu markieren.

Heute ist aus Deeskalation und Balzgehabe ein organisierter Sport mit Vereinen, Statuten, Regeln, Schiedsrichtern sowie

Meisterschaften mit Gewichts- und Altersklassen geworden. Die Bayerische, die Deutsche und die Alpenländische Meisterschaft, die WM, werden jedes Jahr ausgetragen. Selbst die »Wettkampfgeräte« sind genormt: Tisch (109 Zentimeter lang), Hocker (48 Zentimeter hoch) und Lederriemen (zehn Zentimeter lang, acht Millimeter dick).[266] Die Tischplatte ist allerdings an den Kanten gepolstert, um Verletzungen zu vermeiden, wenn's zur Sache geht.

Mögen unwissende Städter das Fingerhakeln auch als folkloristische Biergaudi belächeln, die Männer selbst nehmen ihren Sport sehr ernst. Josef Utzschneider tritt seit seinem fünften Lebensjahr bei Wettbewerben an, auch sein Vater ist noch aktiv. Wenn der Mann aus Ohlstadt richtig gut in Form ist, hebt er mit seinem Mittelfinger bis zu 150 Kilo. Da dürfte so mancher Bodybuilder aus dem städtischen Fitnessstudio blass vor Neid werden. Doch für Fingerhakler entscheidet der Mittelfinger über Sieg und Niederlage. Wie beim Armdrücken sitzen sich die Gegner an einem Tisch gegenüber, haken ihren wichtigsten Finger in einen Lederring ein, nehmen Kampfposition ein. Meistens gehen sie sofort in Rückenlage, drücken Schienbein und die freie Hand gegen die Tischkante. Sobald der Schiedsrichter das Kommando »Beide Hakler fertig, zieht!« gibt, wird gezogen, was Muskeln und Sehnen hergeben. Länger als eine Minute hält keiner durch, sagen erfahrene Hakler. Meist geht einer bereits nach weniger als 30 Sekunden über den Tisch. Wer zweimal verliert, scheidet aus. »Der Finger muss möglichst dick sein, denn dann hält der Lederriemen gut«, verrät Josef Utzschneider in einem Porträt, das die *Bayerische Staatszeitung* über ihn geschrieben hat.[267]

Dafür ist regelmäßiges Training nötig, zwei bis drei Stunden die Woche. Statt eines Gegners ziehen die Titelanwärter dann Gewichte oder einen Expander, der mit den Füßen gehalten wird. Manche gießen auch einfach einen Eimer mit Beton aus und heben diesen hoch. Siegertypen wie Utzschneider machen sogar mit dem Mittelfinger Klimmzüge. Fast genauso wichtig wie die Kraft ist jedoch die

Hornhaut. Nur wenn sie dick und hart genug ist, verteilt sie den Zugdruck perfekt auf den Finger. Und trotzdem ist niemand vor Verletzungen gefeit. Wenn sich während eines Turniers der Lederriemen immer wieder tief in die Haut gräbt, kann die Belastung sie irgendwann vom Mittelfinger reißen. Ein Drama für den betroffenen Hakler, mit blutendem Finger ist er so gut wie chancenlos. Echte Traditionalisten behandeln die Wunden mit Rinderurin. Das brenne zwar wie Feuer, sagen sie, helfe aber.

Auch die Redewendung »jemanden über den Tisch ziehen« wird übrigens aufs Fingerhakeln zurückgeführt. Von einer »Grundausbildung für CSU-Politiker« sprechen daher gerne Bayerns Kabarettisten.

95. GRUND

WEIL FRAUEN HEXEN KÖNNEN

Rund 10.000 Frauen in Deutschland, schätzen Fachleute, nennen sich Hexe, und die meisten leben dort, wo man sie auch vermuten würde: auf dem Land, naturnah. Hier wirken sie seit Jahrhunderten – mit Kräutern, Magie und viel Frauenpower. Eine von ihnen ist Kathrin, die mit ihren blonden Haaren, einem bürgerlichen Job und zwei Kindern jedes Hexenklischee bricht. Sie reitet auch nicht auf dem Besen, sondern fährt mit dem Auto vor. Kathrin ist eine moderne Hexe, fernab von populären TV-Kreationen wie Willow, der rothaarigen Freundin von Vampirjägerin *Buffy*, oder den vier magischen Damen von *Charmed*. Im schwäbischen Nesselwang treffe ich mich mit ihr zum Wissenstransfer. Ich will Magie lernen. »Da bist du auf dem Land richtig«, lacht meine Lehrmeisterin, und zusammen ziehen wir in die Natur.

Im Mittelalter wäre Kathrin wahrscheinlich auf dem Scheiterhaufen gelandet. Weise Frauen, die sich und anderen zu helfen wussten, waren den Männern damals suspekt. Noch heute besetzen vor allem weibliche Menschen den Begriff »Hexe« positiv. Aus gutem Grund, wie die Ethnologin Victoria Hegner von der Universität Göttingen erklärt. »Die Hexe gilt (heute) als starke, selbstbestimmte, magie- und naturkundige Frau, die in der Zeit der Hexenverbrennung Opfer patriarchaler und kirchlicher Gewalt wurde.«[268] Hegner forscht seit Jahren zu diesem Thema und verfolgte die Wandlung der Hexe zu einer Galionsfigur der Frauenbewegung: Bereits in den 1950er-Jahren hat der Begriff »Hexe« eine feministische Umdeutung erfahren, in den 1970ern befeuerten »Hexen« die Emanzipationsbewegung. 1977 demonstrierten in der Walpurgisnacht erstmals Tausende von Frauen gegen sexuelle Gewalt. Ihr Slogan: »Frauen erobern sich die Nacht zurück«. Der Hexentanz griff eine alte Tradition auf. Noch heute treffen sich Frauen in der Nacht zum 1. Mai im Harz rund um den Blocksberg, der offiziell Brocken heißt. Inzwischen auch gerne mit Hexennase, Zauberhut und Besen.[269] Einst sollen hier in der Walpurgisnacht die Hexen auf ihren Besen auf den Berg geritten sein, um mit dem Teufel Orgien zu feiern. So beschreibt zumindest Goethe in *Faust* das dämonische Treiben. Meine Hexenlehrerin Kathrin kann dem »Hokuspokus« nichts abgewinnen. »Das hat mit echter Magie nichts zu tun«, meint sie und zaubert lieber mit Kräutern.

Wie ihre Vorfahrinnen bekämpft sie Hitzewallungen mit Salbeiblättern, senkt mit Eisenkraut Fieber und lindert mit Eibischwurzeln Erkältungen. »Die Natur ist eine einzige Apotheke. Das ist uraltes verschüttetes Wissen, das früher in geheimen Zirkeln unter der Hand weitergegeben wurde. Ich versuche es zu bewahren.« Heilen und Helfen war und ist das Anliegen der Hexen. Sie verehren die Natur und sehen das Leben als großes Ganzes. Manchmal legen sie auch Tarotkarten. Hexen haben Fantasie und Geist.

Claire, die unter dem Namen »Holunderhexe« einen Blog betreibt, kam früh mit der Welt des Spirituellen in Kontakt. Sie kann auch die Frage beantworten, wie und wo man eigentlich zum Hexentum kommt: »Ich habe große Teile meiner Kindheit auf dem Land verbracht, inmitten einer reichen Fülle von Bräuchen und Traditionen … Bei uns in der Gegend wurde man mit der Gürtelrose vom Arzt zum Schäfer geschickt, der sie weggesprochen hat. Das waren Dinge, mit denen ich ganz selbstverständlich groß wurde.« Als sie dann das Kartenlegen von ihrer Mutter lernte, war ihr Weg in magische Gefilde vorgezeichnet: »Mir war ab dem Moment, in dem ich die Karten erblickte, klar: *Das* ist es.«[270] Hexen sind Frauen, die wissen, was sie wollen.

Manchmal sind es auch gestandene Männer, die in der Hexentradition wirken. In der Eifel etwa leben auch viele männliche Geistheiler, die durch Handauflegen oder Gesundbeten Menschen und Tiere von Schmerzen und Krankheiten befreien, Brandverletzungen und Hautausschläge kurieren. Bei heftigem Nasenbluten oder einer Verbrühung wird oftmals nicht der Arzt, sondern der Heiler gerufen. Ihre Namen sind nirgendwo nachzulesen, und sie verlangen meist auch kein Honorar. Der Heimatkundler Walter Hanf hat ein Buch darüber geschrieben: *Dörfliche Heiler* heißt es und wurde vom Institut für Landeskunde und Regionalgeschichte des Landschaftsverbandes Rheinland veröffentlicht. »Ich vermute, dass es bis heute in fast jedem Dorf der Nordeifel einen oder mehrere solcher Heiler gibt«, sagt der Autor bei Erscheinen des Buches der *Welt*. Und wenn die Männer nicht mehr weiterwissen, gibt es immer noch die Kräuterhexen.

96. GRUND

WEIL TRACHT JEDEM SCHMEICHELT

Stella McCartney und Marc Jacobs, Miuccia Prada und Raf Simons werden eines nie erreichen: das perfekte Outfit zu entwerfen. Das gibt es nämlich schon. Es wird vorzugsweise auf dem Land getragen und läuft unter dem Dachbegriff »Tracht« – der vom mittelhochdeutschen »tragen« abstammt. Tracht ist kein Kostüm, sondern moderne tragbare Mode. Das war sie übrigens schon immer. Als Dirndl holt dieses famose Kleidungsstück aus jeder weiblichen Figur das Beste heraus: Brüste hebt es in prachtvolle Dekolletés, die Taille setzt es dort an, wo sie schmeichelt, und Hüftspeck spielt es ebenso weg wie dicke Oberschenkel. Von dieser Verschönerungskunst profitieren auch Männer, denn ihre Tracht heißt Lederhose und lässt weichgesessene Hinterbacken wie Knackärsche erscheinen. Obendrein spricht sie dem männlichen Geschmeide Wichtigkeit und Größe zu – mit einem riesigen geschmückten »Hosentürl«. Auch über der Gürtellinie vollbringt die Tracht Erstaunliches und zaubert mit rustikalen Jacken aus einem dünnen Hänfling einen gestandenen, gut gekleideten Kerl. Cooles Modedesign braucht keinen urbanen Background.

In der Provinz weiß man, wie Mode funktioniert. Hier entstehen die schönsten Trachtenoutfits in Manufakturen wie dem Chiemgauer Heimatwerk in Bernau am Chiemsee, wo die Schneidermeisterin Gabriele Herrmann Dirndl nach Maß anfertigt, wenn sie nicht gerade Nähkurse gibt. Herrmanns Ansage ist klar: »Es werden klassische Dirndl gefertigt, keine Faschingskostüme oder Wiesn-Fetzn!«[271] Letztere verursachen bei Mitgliedern von Trachtenvereinen Augen- und Herzschmerzen. »Alles peinliche Fälschungen«, mokieren sie sich über glitzernde Rüschenfähnchen und Lederhosenimitate aus Filz. Solche Modepannen bleiben Menschen erspart, die ihre Tracht dort kaufen, wo sie besonders geschätzt wird: auf dem Land. Hier gibt es die Originale, und damit ist man bei jeder Gelegenheit passend gekleidet, egal, ob die Gelegenheit als Kirchenfest, Maibaumaufstellen, Herbstfest, Taufe oder Hochzeit daherkommt. Außerdem behauptet sich ein Trachtengewand umweltfreundlich nachhaltig über Jahrzehnte im Kleiderschrank, weil es nie aus der Mode kommt, aber immer wieder Trend wird.

97. GRUND

WEIL DER SOMMER HEISS ANFÄNGT

Einmal im Jahr ging es im Dorf meiner Oma besonders heiß her, und auf diesen Tag warteten alle. War er dann endlich da, fieberten alle der Nacht entgegen. Der Huber, die Meierin und die anderen hatten nur eines im Sinn: Sie wollten ihr Feuer entfachen, und dazu musste es dunkel sein. Die Vorbereitungen waren wie immer zuverlässig getroffen: Die freiwillige Feuerwehr hatte mit Expertise einen riesigen Holzhaufen aufgeschichtet, und bei der örtlichen Brauerei standen die Bierfässer bereit. Fing es endlich an zu dämmern, machten sich die Dorfbewohner auf den Weg zum Holzhaufen. Keiner wollte den Moment verpassen, wenn der Feuerwehrhauptmann eine brennende Fackel auf das trockene Holz warf und die Flammern aufloderten. »Das Johannisfeuer brennt«, brüllte der, um sich dann um seinen eigenen Brand zu kümmern – am Ausschank. Die Party konnte beginnen. Wer glaubt, Lagerfeuer wären das Größte, hat noch nie eine Sonnwendfeier auf dem Land erlebt.

Dort verstehen die Menschen etwas von heißen Partys und nutzen jede Gelegenheit, um nicht aus der Übung zu kommen. Der

Sommeranfang gehört zu den großen Events – und wird wie zu Omas Zeiten mit einem Feuer begrüßt. Die einen nennen es Johannisfeuer, um an die Geburt von Johannes dem Täufer zu erinnern (24. Juni), die anderen Petersfeuer, um des Apostels Petrus zu gedenken, und der Rest sagt Sonnwendfeuer und kommt damit dem Ursprung des Brauchs am nächsten: Schon lange vor der Christianisierung faszinierte die Menschen die Sonnenwende. Der Bau der Steinkreise von Stonehenge im Südwesten Englands ist darauf ebenso ausgerichtet wie die Reste der Sonnentempel in Niederbayern.[272]

Sonne und Feuer waren von Anbeginn der Menschheit Brennpunkte von Hoffnungen und Ängsten. Selbst in Städten wie München loderten im Juni die Flammen. Die *Süddeutsche Zeitung* beruft sich auf schriftliche Quellen aus dem Mittelalter, die von »ausgelassenen sunbentfeuern« um 1400 berichten. Weil es dabei zu Bränden kam, wurden die Feuer immer wieder verboten.[273] Schon damals war die Provinz mit ihrem großzügigen Platzangebot besser für heiße Feste geeignet.

Auch an Partyspielen mangelte es damals wie heute nicht. Nach Mitternacht begannen im Dorf meiner Oma Paare Hand in Hand ums Feuer zu tanzen, und besonders Wagemutige sprangen drüber. Sie erinnerten sich wohl an den alten Vers: »Sunnawend, Sunnawend, dass mi net 's Feuer brennt, dass i blad z'heiraten kumm, drum tanz und spring i drum.« Nach ihren heißen Sprüngen suchten sie meist die Dunkelheit. Das Feuer hat eben eine verbindende Kraft. Das gilt für Dörfer ebenso wie für Paare.

98. GRUND

WEIL DORFWIRTSCHAFTEN
IM MITTELPUNKT STEHEN

Testesser sind fleißig. Der Beweis steht in den Buchhandlungen, wo sich Werke wie *Die 100 besten Wirtshäuser*, *Reiseführer für Genießer*, *Schlemmer Atlas* und *Einkehren und Genießen* aneinanderreihen. Aber: Wer sich durch die appetitanregenden Seiten arbeitet, weiß am Ende nicht mehr wohin. Auf dem Dorf fällt die Orientierung leicht, hier weist der Kirchturm den Weg, weil neben dem Gotteshaus meist die Wirtschaft steht. Wer sie betritt, darf sich im Himmel wähnen, zum Beispiel im Gasthof Alpenrose in Grainbach am Samerberg. Dort stehen drei Generationen zusammen am Herd: Oma Maria Wörndl, Mutter Maria Lerche und Sohn Florian.[274] Dorfwirtshäuser sind Familiensache – auch im erweiterten Sinne. Hier darf sich jeder zu Hause fühlen.

Mein Opa ging jeden Freitagabend in seine Wirtschaft, wie die meisten Männer im Dorf. »S'Übliche?«, fragte ihn die Wirtin, während sie bereits sein Bier zapfte und er sich am Stammtisch niederließ. In den nächsten Stunden würden wieder alle miteinander diskutieren: der Doktor mit dem Bauern, der Polizist mit dem Bäcker und der Wirt mit dem Braumeister. Stammtische sind besser als ihr Ruf, weil sie Menschen zusammenbringen und sich am Ende alle friedlich zuprosten. Das ist noch heute so, nur dass jetzt auch die Enkel hier sitzen und über Politik, Elternzeit und Existenzgründungen diskutieren. In einer Dorfwirtschaft treffen sich Menschen und Ideen, erfrischend analog – und in einem Ambiente, das mit urigen Stühlen, kräftigen Tischplatten und Schützenscheiben an den Wänden den Modetrend »Heimat« aufzugreifen scheint, sich aber über die Jahre selbst entwickelt hat. »Ein Wirtshaus muss sich treu bleiben, weil Moden schneller wechseln, als ein Helles warm wird«, meinte der Wirt meines Opas. Nur die Wände hat er regelmäßig gestrichen, schließlich wurden in seinem Haus die wichtigsten Feste gefeiert: Taufen und Hochzeiten. »Ein Leben auf dem Land führt durch die Gaststube.« Ein guter Weg ist damit gewährleistet, auch ohne Guide. Die beste Wirtschaft steht ohnehin immer im eigenen Dorf.

99. GRUND

WEIL KLEINE WEIHNACHTSMÄRKTE DAS GRÖSSTE SIND

Die Kulisse ist malerisch, die Holzbuden tragen rot-weiße Stoffdächer, und in der Luft mischt sich der Duft von gebrannten Mandeln mit dem Aroma von Bratwürsten. Der Nürnberger Christkindlesmarkt könnte so schön sein, müsste man nicht befürchten, dass im Gedränge der Glühwein verschüttgeht oder ein anderer seinen Senf zum neuen Mantel dazugibt. Im winterlichen Massenauflauf kühlt die Stimmung schneller ab als die Heißgetränke. Was will man erwarten? Der berühmteste deutsche Weihnachtsmarkt ist ein Großevent mit jährlich rund 2,3 Millionen Besuchern aus aller Welt.[275] Wer hier auf eine besinnliche Stimmung hofft, geht vermutlich auch zu einem Heavy-Metal-Konzert in der Erwartung sanfter Gitarrenklänge. In anderen Städten ist es nicht viel besser. In München oder Hamburg unterscheiden sich Hintergrund und Glühweintassen, aber das Prinzip Nürnberg eint die Großveranstaltungen: Enge und Gedränge. Ein Zustand, von dem nur Taschendiebe profitieren. Wer seinen Punsch in Ruhe trinken will, mit Freunden entspannt Bratwürste essen möchte und die Absicht hat, schöne Handwerkskunst zu kaufen, dem seien die Weihnachtsmärkte auf dem Land empfohlen.

Im bayerischen Bad Feilnbach weisen Fackeln den Weg zum
»Waldadvent im Naturpark«. Die Buden mit regionalen Produkten stehen zwischen den Bäumen, im Hintergrund plätschert der
Jenbach, und eine Bläsergruppe sorgt für weihnachtliche Töne in
der Dämmerung.[276] »Mei is des schee!«, freut sich eine Freundin,
bevor sie in einen Bad Feilnbacher »Woidapfel« (Waldapfel) beißt
und meint: »Schreib bloß nicht darüber, sonst ist der Weihnachtsmarkt bald überlaufen.« Quatsch! In der Provinz gibt es so viele
schöne Gelegenheiten, sich auf die Feiertage einzustimmen, da verteilen sich Menschenmengen von selbst. Allein in meinem Umkreis
gibt es mehr Märkte, als ich in einer Adventszeit nebenberuflich
schaffen kann, darunter die Ameranger Schlossweihnacht, der
Adventszauber auf der Fraueninsel im Chiemsee und der Vagener
Weihnachtsmarkt, veranstaltet vom Waldkindergarten. Bayern als
Platz der Vorweihnachtsseligen? In anderen Bundesländern bietet
die Provinz ebenfalls beste Bedingungen und Locations für gute
Stimmung im Advent. Ob im »Spielzeugdorf« Seiffen im Erzgebirge, im Schloss Ulrichshusen auf der Mecklenburgischen Seenplatte
oder im Kloster St. Marienthal in der Oberlausitz. Auf dem Land
gilt: O, du fröhliche Weihnachtszeit!

100. GRUND

WEIL TRAKTOREN KULTFAHRZEUGE SIND

Neulich hatten wir Besuch aus der Stadt. Eine Freundin kam mit
ihrem kleinen Sohn vorbei. Ich hatte die Tür noch nicht ganz geöffnet, da begrüßte er mich schon mit den Worten: »Ich habe einen
Deutz gesehen. Einen echten Deutz!« Seine Augen strahlten wie
die Scheinwerfer des landwirtschaftlichen Nutzfahrzeuges, das ihn
so offensichtlich begeisterte. Er war der Schnappatmung nahe. »Er

meint, er hat einen Traktor gesehen«, erklärte mir meine Freundin, als ob ich nicht wüsste, was ein Deutz ist. Ein fahrbares Kraftpaket, dessen Erkennungsfarbe bei allen Modellen Grün ist. Außerdem trägt er eine aggressive Front vor sich her, die an ein Gesicht erinnert und nicht an das Kindchenschema von Kleinwagen. Ein Traktor ist nicht niedlich, sondern stark.

Ich gaukle die Spezialistin vor, weil ich Söhne mit Spielzeugtraktoren in allen Größen habe, ein Buch vom *Kleinen roten Traktor* und ergänzend ein Kartenspiel mit technischen Details und den stärksten Traktoren der Welt. »Hat er einen Frontlader gehabt?«, mischt sich mein jüngerer Sohn jetzt ein. Das Wort »Traktor« hat ihn aus seinem Zimmer gelockt, wo er vermutlich gerade ein Modell in Klein über das Parkett gelenkt hat. »Bei uns gibt es viele davon«, erklärt er so stolz, als ob es seine eigenen wären. »Wir leben auf dem Land, der natürlichen Umgebung für Traktoren«, informiere ich meine Freundin grinsend und begrüße sie endlich. Die Jungs ziehen ab, und im Gehen verspricht meiner: »Ich zeig dir, welchen ich mir später einmal kaufe.« Er hat einen Stapel Prospekte unter seinem Bett, die er von der Landmaschinen-Ausstellung im oberbayerischen Tuntenhausen mitgebracht hat.

Das Dorf ist ein Wallfahrtsort: für Katholiken und für Männer aus der Umgebung, die auf große Maschinen stehen. »Tun sie das nicht alle?«, fragt meine Freundin. Selbst ihr Mann, ein aufgedrehter Porschefahrer, würde heimlich von einem Lanz träumen, wenn er nur Platz hätte in seiner Tiefgarage in bester Citylage. So ein Traktor sei schließlich etwas Besonderes, meint er. »Ein Kultobjekt.« Recht hat er, der Schlaumeier. Ein Lanz Bulldog ist ein Sammlerstück. Er hat sogar eigene Fanclubs. Der LBCH – Lanz-Bulldog-Club-Holstein e.V. – bezeichnet sich als einen der ältesten Oldtimerclubs Deutschlands. »Als Treckertreff musste zu Beginn eine Wiese in Meezen herhalten, später das Speedway-Stadion in dem für Oldtimerfreunde zur Legende gewordenen Brokstedt. Inzwischen hat sich aus den bescheidenen Anfängen eine riesige Bewegung entwickelt«, informiert die Club-Website.[277] Aus gutem Grund heißt die Vereinszeitschrift *Der Pionier*: 1921 wurde der erste Rohölschlepper HL12 auf der Landwirtschaftsschau in Leipzig vorgestellt. Er gilt als Ur-Bulldog. »Seinen Namen erhielt er aufgrund seiner gedrungenen und bulligen Erscheinung mit dem Glühkopf vorne dran. Wenn bei Dunkelheit die Glühnase stark glüht, dann sehen die zwei seitlichen Löcher am Glühkopf aus wie rot leuchtende Augen«, erfährt man beim norddeutschen Lanz-Bulldog-Club Oyten-Backsberg.[278] Der Name »Bulldog« ist noch heute im ländlichen Süddeutschland die geläufige Bezeichnung, während der norddeutsche Begriff »Trecker« vom plattdeutschen »trecken« (ziehen) und das offizielle »Traktor« vom lateinischen »trahere« (ziehen) stammt.

Die legendäre Maschine ist hart im Nehmen: »So begnügt sich der Einzylinder-Glühkopfmotor sogar mit Teerölen und sonstigen Schwerölen, für die es zu diesem Zeitpunkt keinen Motor gab«, schwärmen die Fans und berufen sich auf das *Lanz-Typenbuch*. Früher war der Hartgesottene an seiner blauen Farbe zu erkennen, aber seit die amerikanische Firma John Deere 1956 die Aktienmehrheit übernommen hat, tragen die Modelle Grün und Gelb wie die neue Firmenmutter. Die Vorläufer im Originalton stehen bei Sammlern und in Traktorenmuseen wie dem in Uhldingen-Mühlhofen am Bodensee.

Es dauert nicht lange, und die kleinen Fans der großen Gefährte unterbrechen unser Fachgespräch und drängen auf eine Sightseeingtour. Sie wollen raus aufs Feld zum »Bulldog-Spotten«. »Wir sehen garantiert viele«, ermuntern sie uns. Wie auf Kommando beginnen meine Freundin und ich, einen Hit aus dem Jahr 2002 zu schmettern: »Resi, i hol' di mit mei'm Traktor ab. Resi, mit dem mach i niemals ned schlapp und dann spui i Mundharmonika, weil romantisch bin i ja a … Du wirst sehn, dass i so stark wie ein Traktor bin. Dann bleibst für immer, runter wuist nimmer, mia fahrn irgendwohin.«

101. GRUND

WEIL ES SAGENHAFT IST

Den kleinen Wassermann, die kleine Hexe und auch das kleine Gespenst gäbe es nicht, wenn der große Geschichtenerzähler Otfried Preußler mit seinem Vater nicht immer wieder übers Land gezogen wäre. Dort, wo Märchen und Sagen zu Hause sind. Preußlers Vater hat sie eingesammelt: »Er ist im Isergebirge umhergewandert und hat die Geschichten aufgeschrieben, die man ihm dort erzählt hat. Hin und wieder habe ich ihn bei seinen Streifzügen begleiten dürfen«, erinnerte sich Preußler in seinen Memoiren.[279] »Es ist mir alles noch heute so körperlich gegenwärtig, als hätte ich's gestern erlebt: die nur spärlich vom Schein der Lampe erhellte Stube, das Knistern der Buchenscheite im Ofen, der Duft nach getrockneten Kräutern, nach Leinöl, nach Ziegenmilch, auch nach mancherlei Pilzen des Waldes, das Knacken der Balken im Umgebinde der Hüttenschenke, die fauchenden Windstöße übers schindelgedeckte Dach hin, der Wode, der Nachtwächter ist's, der darüber hinwegbraust mit seinen Hetzhunden, mit dem Gefolge der Schwarzen Seeln in Tiergestalt, hechelnd, nach Beute gierend …« Unvergessliche Abende für den Jungen von damals. Erzählt wurde je nach Laune und Publikum, aber mit den stets gleichen Grundzutaten: Identifikationsfiguren, Spannungsaufbau, Prüfungen und Magie. Was heute in Studiengängen, Seminaren und Büchern unterrichtet wird, lernte Otfried Preußler vor den Toren seiner Geburtsstadt Reichenberg im damaligen Böhmen. Den Rest besorgte die Natur. Sie fütterte die Fantasie zu allen Zeiten.

Nebel steigt vom Rhein auf. Erste Sonnenstrahlen durchbrechen die Schwaden auf dem Wasser. Glänzt da etwas unter der Oberfläche? Das sagenhafte Rheingold? Der berühmteste Schatz der deutschen Geschichte, der im ersten deutschen Heldenepos aufleuchtete, dem *Nibelungenlied*. Anfang des 13. Jahrhunderts wurde es von einem unbekannten Autor zu Papier gebracht. Der Stoff war ein riesiges Actionspektakel, das auf den ewigen Themen Liebe, Treue und Verrat aufbaute und mit Mosaiksteinen der Geschichte zusammengesetzt wurde. Die Protagonisten faszinieren bis heute: schöne Frauen, mutige Männer und ein Ungeheuer. Richard Wagner hat die Nibelungensage mit Musik befeuert und daraus den berühmten *Ring* in vier Teilen geschmiedet. Eine lacht vermutlich darüber und kämmt dabei ihr goldenes Haar: die Loreley.

Seit Urzeiten sitzt sie der Sage nach auf einem Felsen über dem Rhein, dort wo sich der Fluss zwischen Hunsrück und Taunus gegraben hat. Der Dichter Heinrich Heine hat ihr 1823 mit dem *Loreley-Lied* ein Denkmal gesetzt. »Ich weiß nicht, was soll es bedeuten, dass ich so traurig bin. Ein Märchen aus uralten Zeiten, das kommt mir nicht aus dem Sinn …« Vielen anderen auch nicht. Die Loreley hat als sagenhafte Frauengestalt aus der Provinz international Karriere gemacht. Inzwischen lassen sich Jahr für Jahr Millionen von Besuchern an ihrem Felsen vorbeischippern und sich ihre traurige Liebesgeschichte erzählen: Die wunderschöne Loreley wurde von vielen Männern begehrt, sie aber liebte nur den einen. Als der nicht aus dem Krieg heimkehrte, stürzte sie sich verzweifelt von ihrem Felsen in die Fluten des Rheins. Nur ihr Geist tauchte wieder auf, um die Rheinschiffer abzulenken. Betört von ihrem wunderschönen Gesang, steuerten sie ihre Schiffe an die Uferfelsen, wo sie zerschellten.

Loreley war die tödliche Gefahr, die jede Geschichte mit Spannung auflädt. Auf dem Land, wo Leben und Tod eng beieinanderlagen, wusste man um dieses Geheimnis großer Erzählkunst und fabulierte diverse Varianten. »Loreley – das ist mal eine wunderschöne Zauberin, die alle vorbeifahrenden Matrosen ins Verderben zieht, mal ein unschuldiges, jungfräuliches Mädchen mit gebrochenem Herzen, ein Wesen zwischen Femme fatale und Femme fragile. Im Bild der Loreley vereinigen sich Eigenschaften von

Wasserfrauen, Dämonen, Hexen und Nymphen – ein Konglomerat aus verschiedenen Motiven der Literaturgeschichte. Ist der Loreley-Mythos daher das Ergebnis langer mündlicher Tradierung (Überlieferung) oder das ausgeklügelte Werk eines Literaturgenies?«, fragt sich die Literaturwissenschaftlerin Virginia Gerard auf der Website des Goethe-Instituts.[280] Wahrscheinlich wurde der Mythos Loreley aus einer volkstümlichen Ballade geboren. Vor ihrer Entstehung machte man Zwerge, Nymphen oder Berggeister für die gefährliche Strömung und das markante Echo am späteren Loreley-Felsen verantwortlich. Zugespitzt lässt sich sagen: Egal, ob Zwerge oder Jungfrauen, ohne die markante Landschaft gäbe es diese Geschichten nicht.

Die Natur inspiriert Erzähler, weil sie der Fantasie perfekte Kulissen bietet. Berge, Wälder und Seen wurden von jeher mit einer magischen Aura belegt, hier wurden Götter angesiedelt, Wunder vollbracht und die Welt erklärt, bei den alten Germanen ebenso wie bei den amerikanischen Ureinwohnern. Die alten Sagenfiguren waren lange vor den ersten Büchern da.

 102. GRUND

WEIL ECHTE KERLE AUF MAIBÄUME KLETTERN

Es gibt Lebensfragen, die stellen sich auf dem Land nicht. Herbert Grönemeyer ist ein Stadtkind aus Bochum. Nur deshalb konnte er in den 80er-Jahren ins Mikrofon nuscheln: »Wann ist ein Mann ein Mann?« Seine Antworten schwankten zwischen tiefer Verunsicherung und ironischer Überhöhung des eigenen Geschlechts. Wäre er in Niederbayern groß geworden, zum Beispiel im ebenso rustikalen wie idyllischen Rottenstuben, hätte er sich mit solchen Widersprüchen nie auseinandersetzen müssen.

In dem 4.000-Seelen-Dorf ist das Thema Mannsein per Tradition für alle Zeiten geklärt: Echte Kerle überzeugen durch Mut, Muskelkraft und Ausdauer – und einmal im Jahr können sie diese unter Beweis stellen. Am 1. Mai trennt sich die Spreu vom Weizen, beziehungsweise das schüchterne Männlein vom stolzen Mannsbild. Da zeigt sich, wer wahrhaft für Höheres geboren ist. Am 1. Mai wird im südlichen Niederbayern und im Passauer Land traditionell auf Baumstämme geklettert, unter erschwerten Bedingungen. Der harte Wettbewerb für echte Kerle hat einen Namen: Maibaumkraxeln.[281] Es ist ein Extremsport. Mit bloßen Händen und barfuß »sprinten« die Teilnehmer den glatten Stamm hoch. Die jährliche Meisterschaft nutzen viele Jungbauern, um den Dorfschönheiten zu imponieren und auch einer stetig wachsenden Schar Schaulustiger. Denn dieses Spektakel gibt es nur auf dem Lande, wo Brauchtum noch Brauchtum sein darf und bei einem Sportfest die Betonung auf der letzten Silbe liegt. Davon abgesehen, hätten in der Stadt behördliche Sicherheitsauflagen der Akrobatik in luftiger Höhe längst einen Riegel vorgeschoben – ohne Rücksicht auf maskuline Bedürfnisse.

Männer brauchen Wettbewerb. Und so ist auch der Maibaum selbst auf dem Lande ein Sinnbild selbstbewusster Männlichkeit. In fast jedem Marktflecken reckt er sich in den weiß-blauen Himmel, und nur versnobte Städter belächeln ihn als Phallussymbol. Doch kurz vor dem 1. Mai flammen zwischen bayerischen Dörfern uralte Rivalitäten auf: Die Gemeinden wetteifern um den größten und prächtigsten aller Maibäume. Wochenlang sind Trachten- oder Schützenverein, Burschenschaft oder freiwillige Feuerwehr mit den Vorkehrungen beschäftigt. Meist wird unter großer Anteilnahme des gesamten Ortes im Wald eine Riesenfichte oder -tanne gefällt, per Traktor ins Dorf gezogen, getrocknet, geschält und geschmückt. Auch die Maibaumwache ist Ehrensache für die Männer. Denn das gehört ebenfalls zum Ritual: Jeder Ort versucht, den Baum des Nachbardorfes zu stehlen – um anschließend in feuchtfröhliche

Rückgabeverhandlungen einzusteigen, schließlich wird die Ablöse in Hektolitern gezahlt. Und wenn der große Tag naht, wird der fertige Baum nach altem Brauch ohne technische Hilfsmittel, nur mit dicken langen Stangen, die zu »Scheren« zusammengebunden sind, in die Senkrechte gestemmt. Bis der stattliche, oft mehrere Tonnen schwere Stamm in seine Halterung kracht, sind 20 bis 30 starke Männer vonnöten. Das ist sicher nichts für Bürotypen: In München etwa dürfen die Maibäume aus Sicherheitsgründen nur noch von der Berufsfeuerwehr oder per Kran aufgestellt werden.[282]

Darüber kann ein Niederbayer aus Rottenstuben nur lachen. Hier trainieren Buben von Kindesbeinen an die Kunst des Maibaumkraxelns. Als junge Erwachsene bewältigen sie bis zu 30 Meter hohe Stämme ohne Hilfsmittel und Sicherung. Geklettert wird vorwärts, rückwärts, mit dem Kopf nach oben oder nach unten. Der Rekord liegt unter neun Sekunden. Auch die Technik ist nicht vorgeschrieben: Manche laufen wie Spiderman den Stamm hoch, andere klettern wie ein Affe, wieder andere schwören ganz einfach auf einen großen Bizeps oder Kraft in den Beinen. Wer es bis ganz nach oben schaffen will, braucht allerdings nicht nur Können, Kraft und Glück, sondern auch – Pech. So heißt die zähe Harzmasse, die sich die tollkühnen Männer an die Füße schmieren, um nicht abzurutschen. Jeder Kletterer hat da sein Spezialrezept. Dann wird in die Hände gespuckt, und auf geht's in den Kampf gegen die Zeit. Nach oben. Wer den geflochtenen grünen Kranz unterhalb der Spitze als Schnellster berührt, hat ein für alle Mal die Frage geklärt, ob er ein Mann ist. Er ist einer. Maibaumkraxeln gilt nicht umsonst als Initiationsritual.[283]

103. GRUND

WEIL RAUM FÜR NEUE LEBENSMODELLE IST

Die Suche nach dem Glück führt Anke Engelke in die schwäbische Provinz. Dort ist ein Traum Wirklichkeit geworden, der Traum vom sinn- und liebevollen Miteinander. Realisiert haben ihn 20 völlig verschiedene Menschen, darunter eine Sozialpädagogin und ein Bauunternehmer, die nach dreijähriger Vorbereitungszeit 2010 ein verlassenes Dorf gekauft haben, um die Lebensgemeinschaft »Schloss Tempelhof« zu gründen. Sie wollten achtsam mit sich und der Natur umgehen, ökologisch, nachhaltig und sozial leben, arbeiten und feiern. Entscheidungen sollten demokratisch getroffen werden und das Dorf durch eine Stiftung und Genossenschaft allen gemeinsam gehören. Ob und wie das funktionieren kann, will Engelke wissen. Für eine WDR-Reportage über Glück macht sich die Moderatorin und Entertainerin auf den Weg. »Wenn man Leute fragt, warum sie unglücklich sind, machen das ganz viele an ihren Lebensumständen fest: dass sie nicht wirklich wissen, wer neben ihnen wohnt, und dass eine soziale Kälte herrscht«, erklärt sie ihren Zuschauern, bevor sie sich unter die Dorfbewohner mischt.[284]

Rund 85 Erwachsene und 25 Kinder leben und arbeiten inzwischen auf Schloss Tempelhof, einem 31 Hektar großen Gelände in einer hügeligen Idylle ganz in der Nähe von Schwäbisch Hall. Jeder bringt sich ein paar Stunden im Monat ein: Handwerker, Architekten, Gärtner, Familien, Alleinerziehende, Singles. Es gibt viel zu tun, in den Werkstätten, im Waldkindergarten, auf den Äckern, in den Ställen, in der freien Schule, der Käserei, der Imkerei, der Bäckerei und in den Großküchen für die biologische Kantine. Einige Dorfbewohner sind die ganze Zeit vor Ort, andere pendeln zu ihren Arbeitsplätzen in die Städte oder in umliegende Gemeinden.

Auf dem Land gibt es Freiraum für neue Lebensentwürfe. Zu den Vorreitern gehörten die Hippies, die in den 70er-Jahren Kommunen gründeten, oft beeinflusst von fernöstlichen Gurus. Die Filmkomödie *Sommer in Orange* von Marcus H. Rosenmüller erinnert daran. Heute geht es um mehr als Selbstfindung und freie Liebe. Es geht um die Zukunft, um begrenzte Ressourcen, um die Folgen von Profitgier. Es geht um eine Alternative. Die hat auch der Buchautor und Filmemacher Michael Würfel für sich gefunden. Als er die ökologisch-soziale Modellsiedlung »Sieben Linden« in Sachsen-Anhalt besucht, will er eigentlich nur einen Sommer lang das Leben der Menschen dort dokumentieren. Das tut er auch. Doch danach ist nichts mehr wie zuvor. Die Sehnsucht nach dem genossenschaftlichen Selbstversorger-Leben ohne Konsumdruck lässt ihn nicht mehr los. In Sieben Linden, das als einziges echtes Ökodorf Deutschlands bekannt ist, bauen die Menschen ihre Häuser aus Strohballen, Lehm und Holz selbst und haben Komposttoiletten. Sie leben in Gruppen und essen gemeinsam. Das Ziel: so wenig Energie wie möglich zu verbrauchen. 2007 zieht Würfel um. »Ich war einfach genervt von der Stadt. In Hannover wohnte ich wegen meiner damaligen Freundin, obwohl ich nie dort leben wollte. Ich fand die ganze Werbung, den dichten Verkehr unerträglich. Ich habe mich permanent genötigt gefühlt, dieses oder jenes cool zu finden und zu kaufen«, erinnert er sich in einem *SPIEGEL*-Interview.[285]

Einer der Ersten, die das Landleben in Verbindung mit revolutionären zukunftsweisenden Ideen brachten, war der Philosoph und Komponist Jean-Jacques Rousseau. Er forderte bereits vor der französischen Revolution »Zurück zur Natur«, weil er diese mit einem glücklichen, gerechten Gesellschaftszustand gleichsetzte. Sein Werk *Der Gesellschaftsvertrag* (1762) wurde zu einem Grundbuch der modernen Demokratie. Das Modell Tempelhof wird Rousseaus Ideen in Teilen gerecht, unter anderem mit dem Ziel »einer sinnvollen Verwendung und Rückführung von Grund und Boden in die

Gemeinschaft aller« und mit basisdemokratischen Entscheidungen über Anbauten und neue Mitglieder.

Zur Vollversammlung treffen sich alle in der Turnhalle. Jede Meinung zählt. Engelke ist dabei und findet Gefallen an den Regeln. »Man spricht nur, wenn man wirklich was zu sagen hat. Es wird nichts wiederholt, was schon gesagt wurde. Mit hohlem Gelaber kommt hier keiner davon. Und wenn einer spricht, hören alle zu.« Es gibt viele Sitzungen, aber genauso viele Möglichkeiten, etwas zu bewegen. Tempelhof-Vorstand Roman Huber meint dazu: »Ein wesentlicher Punkt für Glück und Zufriedenheit im Leben ist, dass du die Dinge, die dir wichtig sind, selbst gestalten kannst. Das betrifft nicht nur unsere kleine Gemeinschaft, das betrifft ganze Gesellschaften. Es ist ja oft so, dass sich Menschen, die fremdbestimmt sind, in der Arbeit und in der Gesellschaft ausklinken.«

Das Dorf Tempelhof will sich dagegen einklinken. Zum jährlichen Maifest laden die Bewohner Bürger aus den umliegenden Gemeinden zum Mitfeiern ein. Die Tempelhofer sind beliebt, weil sie eine verlassene Siedlung mit Zukunftsideen wiederbelebt haben und die Region davon profitiert. In den Tempelhofer Dorfkindergarten und in die freie Schule kommen inzwischen auch Kinder aus der Gemeinde. Wenn das Café geöffnet hat, Seminare und Workshops abgehalten werden, ist das Interesse groß. Tempelhof beweist, dass seine Werte zeitgemäß sind: eine lebendige generationenübergreifende Begegnungs- und Gemeinschaftskultur, ökologische Landwirtschaft, autarke Energiesysteme, Neugier und Pioniergeist. Das Dorf entwickelt sich als Zukunftswerkstatt weiter. Engelke formuliert es so: »Die wollen kein besseres Leben, die wollen eine bessere Welt.«

104. GRUND

WEIL DIE STERNE HELLER LEUCHTEN

Selbst harte Jungs wie Bushido werden weich, wenn sie unterm Sternenzelt stehen. Nicht umsonst fragt der Rapper in seinem Song *Sternenstaub*: »Weißt du, was es ist, wenn du nachts in den Himmel schaust und plötzlich Tränen in den Augen hast?« Das himmlische Leuchten lässt keinen Menschen kalt.

Sterne sind die Sonnen der Nacht. Ihre Energie gelangt als Hoffnungsschimmer auf die Erde. Nur: Immer weniger Menschen sehen ihren Glanz, weil sie in Städten wohnen, wo ein modernes Umweltproblem den Blick nach oben trübt. Lichtsmog, verursacht durch Leuchtreklamen, die aggressiv ins Auge blinken, Scheinwerferkegel, die Autofahrer vor sich her rammen, Blaulicht, das schlechte Nachrichten als kaltes Farbsignal verbreitet, und vor allem Straßenlaternen, die zu Tausenden gegen die innere Uhr anstrahlen. In der Stadt will keiner das Licht ausmachen, obwohl alle Ruhe brauchen. Und wir bezahlen dafür mit unserem Wohlbefinden.

»Lichtverschmutzung beeinträchtigt unsere Gesundheit, weil sie unsere innere Uhr verstellt«, sagen Experten wie Annette Krop-Benesch, die das deutschlandweite Forschungsprojekt »Verlust der Nacht« koordiniert hat.[286] Sämtliches Leben auf unserem Planeten hat sich in Jahrmilliarden an den periodischen Wechsel zwischen Tag und Nacht angepasst. Pflanzen benötigen ihn für die Fotosynthese, Glühwürmchen für die Fortpflanzung und Menschen für ihre Leistungsfähigkeit, zum Beispiel weil der Körper das wichtige Hormon Melatonin nur in der Dunkelheit produzieren kann. Satellitenfotos aus dem All zeigen deutlich: In ländlichen Regionen erscheint das Problem »Lichtsmog« kleiner.[287]

Die These, je weiter man sich von der Stadt entferne, umso näher komme man den Sternen, stimmt. In klaren Nächten wohnt auf dem Land jeder in seinem persönlichen Planetarium. Ein Schritt vor die Haustür genügt dann, um mit dem Sternenzählen zu beginnen. 3.000 bis 4.000 dieser prächtigen Himmelskörper lassen sich im Dunklen mit bloßem Auge erkennen.[288] (In einer hellen Stadt nur 100.) Der hellste von allen ist der Polarstern, er sitzt dem Sternbild Kleiner Bär am Pelz und weist seit Jahrhunderten Seefahrern und Wanderern den Weg nach Norden.

Sterne navigieren uns nicht nur durch die Finsternis. Sie sind Fixpunkte für die menschliche Seele, weil die Hitze aus ihrem Inneren, verursacht durch Kernschmelze, seit jeher etwas Magisches ausstrahlt. In weiter Ferne so nah sind sie visuelle Berührungspunkte mit der Ewigkeit. »In allen Kulturen sahen die Menschen in Sternbildern Wesen ihrer Mythologie«, bringt es das *GEO Themenlexikon Astronomie* auf den Punkt.[289] Das war im alten China nicht anders als in Mittelamerika. Damals wurde die Vorstellungskraft von oben befeuert, weil sich noch kein Kunstlicht zwischen die Menschen und ihren Sternenhimmel drängte. Heute leben im erleuchteten Frankfurt am Main Erdenkinder, die noch nie unsere Heimatgalaxie erblickt haben: die Milchstraße. Der Sternenhimmel ist zum Privileg geworden und die wahrhaft Privilegierten wohnen auf dem Lande, wo die Sterne noch leuchten.

105. GRUND

WEIL ASCHENPUTTEL KÖNIGINNEN WERDEN KÖNNEN

»Alle Mädchen träumen davon, Prinzessin oder Königin zu sein«, sagt meine Freundin und steckt ihrer Tochter noch ein glitzerndes Krönchen ins Haar, bevor sie die Sechsjährige zum Kinderfasching der Landjugend bringt. Nach und nach trudelt dort eine Lillifee nach der anderen ein, am Ende ist das rosa Dutzend voll. An diesem

Hype sind nicht nur clevere Vermarktungsprofis einer Kinderbuch-figur schuld. Nein, seit Urgroßmutters Tagen heizen Märchen wie *Aschenputtel*, *Dornröschen* und *Schneewittchen* die Prinzessinnen-sucht an – und legen die Grundlage für die Erlösungsfantasien im Erwachsenenalter. Für Grimms Märchen springt dann die Klatsch-presse ein und stillt mit königlichen Hochzeiten und royalen Babys die Sehnsucht nach Märchenprinz und glücklichem Leben. Für die meisten Bürgerlichen bleibt es bei der Illusion, denn nur wenige Frauen wie Kate Middleton werden tatsächlich Königin. Schließ-lich ist die Zahl der Königshäuser begrenzt und die der ledigen Thronfolger auch. Halt, stopp. Stimmt nicht. Die Tochter meiner Freundin hat später jede Möglichkeit, ihren Kindheitstraum zu ver-wirklichen, und muss dazu nicht einmal heiraten. Denn: Sie wächst in der Provinz auf, und dort ist die Chance, Königin zu werden, hoch.

Denn wenn es um ihre Landwirtschaft geht, vergessen die Bundesbürger, dass der letzte deutsche Kaiser 1918 abgedankt hat. Daher teilen sich in ganz Deutschland Hunderte von Königinnen die Herrschaft über Wein und Bier, Obst und Gemüse. Allein in der Arbeitsgemeinschaft Deutsche Königinnen (ja, die gibt es) sind 133 von ihnen organisiert.[290] Allerdings wird ihr Thron nicht vererbt, sondern die Königinnen werden von einer Jury in ihr Amt gewählt, meist gibt es mehrere Kandidatinnen. Wichtige Voraussetzung: Sie sollen in der Region verwurzelt sein und idealerweise von der Feldarbeit noch Dreck unter den Fingernägeln haben, sprich von einem Hof oder Weingut abstammen. Spargel, Hopfen, Kartoffel, Apfel, Erdbeere, Zwiebel, Kohl, Wein, Bier, Kürbis, Mehl, Weizen, Raps, Sonnenblume, Käse, Gurke, Heidelbeere, Pflaume: Es gibt kaum ein Erzeugnis, das nicht durch eine heimatverbundene Kö-nigin geadelt wird. Manche Monarchien sind winzig, wie die der Hyazinthenkönigin in Boizenburg/Elbe, manche, wie die der Deut-schen Weinkönigin mit 13 Anbauregionen, eher groß. Manchmal hat die Königin sogar einen Mann als Dekoration an ihrer Seite, wie die Linsenkönigin aus Merzig den Linsenprinz. Eines haben alle gemeinsam: Wie im Leben einer echten Königin besteht ihre Hauptaufgabe darin, zu lächeln. Nur dass sie in diesem Fall kein Land, sondern einen Anbauverband oder eine Region repräsentieren. Auch optisch können sie mit jeder Märchenprinzessin mithalten, wenn sie in Festtagstracht mit Diadem, Zepter und Schärpe werbewirksam von Termin zu Termin eilen. Messen, Verkostungen, Empfänge, Landwirtschaftsfeste, Interviews: Regieren in einer Agrarmonarchie kann anstrengend sein.

Die Deutsche Weinkönigin hat »einen Fulltime-Job«, sagen alle, die ihre Amtszeit hinter sich haben. Wer durch einen typischen Terminkalender blättert, wundert sich nicht: Ein Jahr lang reisen die jungen Frauen im Dienste des deutschen Weins rund um die Welt. Ob in Mittelrhein, Berlin, New York, Hongkong, China oder Kanada – weit über 200 Präsentationstermine nimmt die Königin in dieser Zeit wahr, schüttelt Bürgermeistern und Botschaftern die Hand, spricht in Mikrofone, stellt der Politprominenz das Weinland Rheinland-Pfalz vor. Als Janina Huhn daher im Finale der Wahl zur Deutschen Weinkönigin (um das Amt bewerben sich die Gebietsweinköniginnen 13 deutscher Anbaugebiete für Qualitätswein) 2014/2015 in perfektem Englisch erklärte, dass deutsche Weine keineswegs mehr nur süß seien, wie es im Ausland noch oft geglaubt werde, war ihr die Kür so gut wie sicher. »Ich bin ein echtes Weinstraßenkind«, sagt die 24-Jährige vom Rande des Pfälzer Waldes.[291]

Das Leben als Produktkönigin wird einem nicht geschenkt. Oft haben die Amtsinhaberinnen ein strenges Auswahlverfahren hinter sich, bei dem es auf Auftreten, Eloquenz, Allgemeinbildung und Fachwissen ankommt. Je nach Produkt sind zusätzlich spezielle Fähigkeiten gefragt: Eine Bierkönigin sollte selbstverständlich trinkfest sein. Sonst ist so ein Starkbieranstich gar nicht zu überstehen. Und wie Kate Middleton gründlich auf ihre Rolle bei Hofe vorbereitet wurde, gibt's mitunter auch für angehende Hopfen- und

Spargelköniginnen Kniggeschulung und Lauftraining. Die Anwärterinnen auf den Posten der Deutschen Weinkönigin kommen sogar in den Genuss eines mehrtägigen Workshops mit Kamera- und Rhetoriktraining, Stilberatung und Englisch-Crashkurs. Sie müssen allerdings auch vor einer 70(!)-köpfigen Jury bestehen und später im Ernstfall sogar vor (anderen) Staatsoberhäuptern.

Das Konzept der Produktkönigin stammt übrigens aus den USA, wo bereits zu Beginn des 20. Jahrhunderts »Dairy Princesses« Werbung für die Milchindustrie machten. 1931 wählte dann mit der Pfalz die erste deutsche Region eine (Wein-)Königin.[292] 1949 adaptierte das Deutsche Weininstitut, damals Deutsche Weinwerbung, die Idee.[293]

»Darf ich Limo trinken?«, fragt Lillifee, während meine Freundin ihr das Sternenzepter in die Hand drückt. Prinzessinnen dürfen alles.

106. GRUND

WEIL FEUERWEHRMÄNNER SEXY SIND

Wenn es um ihren Traumberuf geht, sind sich die meisten Jungs einig: Sie wollen Feuerwehrmann werden, mit Tatütata durch die Stadt brausen, an Rutschstangen Stockwerke wechseln und mit einem großen Schlauch herumspritzen. Diese Wunschvorstellung ist typisch, weltweit verbreitet und bewährt sich als sichere Nummer für Filmemacher und Verlage. 1975 kam *Grisu, der kleine Drache*, der unbedingt Feuerwehrmann werden wollte, ins Fernsehen, heute läuft *Feuerwehrmann Sam*, und in den Kinderregalen der Buchhandlungen reiht sich ein Feuerwehrmann-Buch neben das andere. Kein Zweifel: Der Kindertraum lebt. Zumindest so lange, bis der Ernst des Lebens daraus eine Banklehre oder ein BWL-Studium macht.

Nur wenige Glückliche sausen als Erwachsene mit Blaulicht durch die Stadt, während sich andere Männer ins Büro schleppen. Ach, wären sie doch nur Feuerwehrmänner geworden! Sie hätten so vieles, wovon auch große Jungs noch träumen: einen sinnvollen Beruf mit Heldenimage, die Möglichkeit, Leben zu retten, in einem Team zu arbeiten, das den Namen ehrlich verdient, und von einem Stockwerk ins andere rutschen, das dürften sie auch. Doch für die meisten erwachsenen Großstädter ist der Feuerwehrzug längst abgefahren, oder sie hatten von Anfang an keine Chance, aufzuspringen. Die Berufsfeuerwehr nimmt nicht jeden, sondern nur sportliche Männer mit technischem Verständnis und einer abgeschlossenen Berufsausbildung. Sie kann es sich leisten, wählerisch zu sein. Von einer »Vielzahl nahezu täglich eingehender Bewerbungen«, spricht die Feuerwehr der Stadt Düsseldorf auf ihrer Homepage.[294] Entsprechend hart ist das Auswahlverfahren, in dem Hirn, Herz und Muskeln hart geprüft werden. Vielen geht dabei die Luft aus oder die grauen Zellen. Die Stadt Köln informiert, dass die Durchfallquote des »berüchtigten Aufnahmetests« höher ist als bei jeder Steuerberaterprüfung. Mindestens zwei Drittel der Bewerber scheitern regelmäßig.[295] Aus der Traum für die meisten Männer. Es sei denn, sie ziehen in die Provinz. Hier können Kinderträume auch für Erwachsene wahr werden.

Im Gegensatz zu den Großstädten ist die Feuerwehr auf dem Land eine Freiwilligenveranstaltung. Gleichzeitig übernehmen die freiwilligen Feuerwehren den größten Anteil aller Einsätze. Entsprechend wird hier jeder fähige Mann gebraucht und um Mitglieder geworben. Die freiwillige Feuerwehr in Bayern motiviert potenzielle Feuerwehrmänner mit dem Spruch: »Mach dein Kind stolz, komm zur freiwilligen Feuerwehr.«[296] Sie hätten auch schreiben können: »Steigere deinen Sex-Appeal, komm zur freiwilligen Feuerwehr.« Das Klischee, dass Männer in Uniformen auf Frauen attraktiv wirken, bestätigt das Männermagazin *Men's Health*. Als es um die »heißesten Männerberufe mit Sex-Appeal« ging, landete der Feuerwehrmann 2014 auf Platz 2, mit folgender Begründung: »… und wenn mal nichts brennt, dann machen sie eben selbst ein kleines Lagerfeuer. Ganz im Ernst: Wer will schon auf diese Jungs verzichten?«[297]

Feuerwehrmänner wissen sich zu helfen und können mit schwerem Gerät umgehen. Auch technisch sind sie traditionell immer vorne mit dabei. Die Handdruckspritze wurde 1655 in Deutschland erfunden, die Schweden brachten 1829 Dampf in die Sache und entwickelten die Dampfspritze, welche die Amerikaner gut ein Jahrzehnt später mit einem Motor aufrüsteten. Heute haben auch freiwillige Feuerwehrmänner auf dem Land eine hochtechnische Ausrüstung zur Verfügung. Besonders attraktiv: Feuerwehrautos für Große. Beim Tag der offenen Tür – einer Pflichtveranstaltung für die freiwilligen Feuerwehren außerhalb der Stadtgrenzen – sieht man vor den Fahrzeugen regelmäßig Väter und Söhne fachsimpeln.

»Schau mal Papa, die Löschpistole sieht aus wie ein Gewehr.«

»Der Wasserschaum, der da rauskommt, ist über 400 Stundenkilometer schnell.«

»Schneller als Sebastian Vettel in der Formel 1?«

»Absolut.«

»Und wie hoch ist die Drehleiter, Papa?«

»Ungefähr 30 Meter, und es dauert weniger als eine Minute, bis die ausgefahren ist.«

»Boah ey!«

»Ja genau!«

»Ich will Feuerwehrmann werden!«

 107. GRUND

WEIL NEW YORKER VORBILDER SIND

Junge Amerikaner haben einen neuen Traum: Sie wollen aufs Land ziehen oder zumindest in eine alte Kleinstadt. Die Bewegung von Trendsettern Richtung Provinz betitelte die *New York Times* mit »Creating Hipsturbia«.[298] Mit Pioniergeist machen sich sogenannte Hipster daran, das Land neu zu beleben. Noch sei die »Kolonialisierung« in einem frühen Stadium, aber es sei bereits deutlich, dass sie wenig mit der von Sorgen getriebenen Stadtflucht früherer Jahrzehnte zu tun hat. Heute treiben nicht mehr Drogen und Kriminalität junge Familien über die Stadtgrenzen, sondern Mietpreise und Nachbarn im Maßanzug. So werden Lofts im New Yorker Stadtteil Williamsburg, die früher von Baristas oder Bassisten bewohnt waren, heute an wohlhabende Banker verkauft. Der Professor für Stadtplanung an der New York University, Mitchell Moss, erklärt in der *New York Times*, dass die einst verschmähten Vorstädte heute von coolen Hipstern mit neuen Augen betrachtet werden. Großzügiger Wohnraum, gute Schulen und entsprechende Verkehrsanbindungen rücken zunehmend in ihr Blickfeld – und was die Kreativen in der Metropole geschätzt haben, nehmen sie einfach mit nach draußen. Nach der Slow-Food-Bewegung folgt die Avantgarde jetzt dem Slow-Village-Movement und bringt neuen Geist in alte Mauern. Das Feuilleton der *FAZ* nennt die Bewegung »Country Cool«.

Die neue Boheme belebt große Dörfer in amerikanischer Kleinstadtarchitektur des 19. und 20. Jahrhunderts mit alten Eisläden, Diners und Friseursalons im Retrolook und frischem Zeitgeist. Der Reiz liegt laut *FAZ* darin, »dass man alles mit dem Fahrrad erledigen kann, seine Nachbarn kennt und die Läden keine seelenlosen

Filialen von Großkonzernen und Kaufhausketten sind, sondern von leidenschaftlichen Einzelunternehmern betrieben werden«.[299] Manhattan habe es ohnehin längst aufgegeben, cool zu sein. »Künstler, Schriftsteller und Autoren, also Leute, deren sichtbare Anwesenheit einen Ort ›cool‹ werden lässt, sind zu großen Teilen nach Upstate New York oder Maine gezogen, so etwa ein Großteil der Autoren des ›New Yorker‹«, erklärt der amerikanische Schriftsteller Ralph Martin den *FAZ*-Lesern. Er zog der Liebe wegen nach Berlin und beobachtet dort, wohin sich die Avantgarde bewegt. In der *taz* rät er »nichtreichen« Berlinern, aufs Land zu ziehen, bevor es zu spät sei.[300] Als Vorbild hält er seine amerikanische Heimat hoch, insbesondere die nördliche Provinz New Yorks. »Es ist dort immer noch billig, ein Paradies für coole Leute, mit künstlerischen Tattoostudios, Absinth-Bars und Gebrauchtplattenläden, wo alles fast nichts kostet – wie in den guten alten Tagen Berlins. Ich kann euch nur sagen: Tut es jetzt!«

Glücklicherweise lässt sich dieser amerikanische Traum auch in Deutschland verwirklichen, ganz ohne Green Card.

108. GRUND

WEIL SICH GUTE LAUNE PFLÜCKEN LÄSST

Seit ich auf dem Land wohne, habe ich die gute Laune vor Ort. Sie wächst im späten Frühling aus der Erde und entfaltet sich im Sommer zur vollen Blüte: die Sonnenblume. Die Bauern in meiner Umgebung widmen ihr ganze Felder und verbreiten damit Lebensfreude und Optimismus in der gesamten Region. Erwiesenermaßen erheitert die gelbe Farbe der Blütenblätter die Seele, und vom wendigen Kopf der Blume lässt sich Lebenskunst lernen. Die Blüte folgt dem Licht und dreht sich immer der Sonne zu. Ohne Zweifel, dieses Gewächs ist eine Optimistin am Stiel. Sie kommt ursprünglich aus Amerika.

Bereits die Azteken verehrten die Sonnenblume und krönten damit die Priesterinnen ihrer Sonnentempel. Und der spanische Eroberer Francisco Pizarro González berichtete von Inkas, die Sonnenblumen als Abbild ihres Gottes verehrten. Spanische Seefahrer brachten schließlich die prächtige Pflanze über den Atlantik nach Europa. Hier wurde sie zur Zierde angebaut, bevor man ihre inneren Werte erkannte. Diese sitzen in den Kernen, die ungefähr zur Hälfte aus hochwertigem Öl bestehen, rund 15 Prozent Eiweiß enthalten, außerdem Lezithin und Vitamine. Im 19. Jahrhundert wurde die Sonnenblume in Russland und bald in ganz Europa zur Ölgewinnung angebaut. Bis zu 1.000 Kerne stecken in einer Blüte, trotzdem scheint der größte Schatz der Sonnenblume ihre Ausstrahlung zu sein.[301]

»Mein lieber Theo, … ich male mit so großer Begeisterung, wie ein Südfranzose aus Marseille seine geliebte Fischsuppe löffelt, was niemanden überraschen dürfte, wenn es darum geht, riesige Sonnenblumen zu malen! Ich bearbeite gleich drei Leinwände«, schreibt Vincent van Gogh im August 1888 an seinen Bruder. Der Künstler war aus der Stadt in die Provence geflohen – »es erscheint mir fast unmöglich, in Paris zu arbeiten« – und plante, sein Atelier in Arles mit Sonnenblumen zu dekorieren. »Nichts als riesig große Sonnenblumen!«[302] Das Ergebnis waren Meisterwerke. Heute sind van Goghs Sonnenblumen-Bilder Millionen wert und massenhaft vervielfältigt. In Museen, Landhäusern und Stadtküchen bilden sie die Sehnsucht nach Sonne und Landleben ab.

Auf dem Acker werden Sonnenblumen gewöhnlich zwischen zwei und drei Meter groß. Es sei denn, die Sorte »American Giants« wurde gepflanzt. Gut gestützt schafft sie es bis in nahezu fünf Meter Höhe. Zwergvarianten für Blumenhändler, Vorgärten und Balkone legen bei 30 Zentimetern einen Wachstumsstopp ein.

Bis in den Herbst hinein blüht die Sonne auf den Feldern, und weil Bauern ein Herz und Geschäftssinn haben, stellen sie Messer und Geldkassen neben das gelbe Blumenmeer. Auf einer Kasse war zu lesen: »Pflück dir gute Laune.«

109. GRUND

WEIL LEUCHTTÜRME LICHTBLICKE SIND

Es gibt Bauwerke, die leisten mehr als andere: Leuchttürme. Seit Jahrhunderten orientieren sich Seeleute an ihrem Feuer. Es leuchtet ihnen den Weg, vorbei an Untiefen, Sandbänken und Riffen – in stürmischen Nächten ebenso wie in windstillen. Leuchttürme sind Lebensretter. Selbst wenn inzwischen Radar und Satellitennavigation weitgehend ihre Aufgaben übernehmen, sind sie nicht nutzlos geworden. Im Gegenteil. An den Küsten von Nord- und Ostsee stehen sie als Symbol von Liebe, Glaube, Hoffnung und Urlaubsgefühl. Etwas, was kein Hochhaus vermag, weder ein Frankfurter Bankenphallus noch ein modernes Wohnsilo. Leuchttürme können einfach mehr – und stehen in den besseren Lagen. Meerblick inklusive.

Die Grundsteine für den offiziell Ersten seiner Art wurden um 280 vor Christus gelegt. Er sollte bis zu 110 Meter hoch werden und damit eine Benchmark setzen, die bis heute nicht übertroffen wurde. Der »Pharos von Alexandria« ging als eines der sieben Weltwunder der Antike in die Geschichte ein. Sein Name blinkt noch heute in den meisten romanischen Sprachen als Wort für Leuchtturm auf, während das alte Mauerwerk vermutlich von einem Erd- oder Seebeben angegriffen und zerstört wurde.

Der älteste Leuchtturm in Deutschland, der genau zu diesem Zweck erbaut wurde und nicht vom Wehrturm zum Feuerträger umfunktioniert wurde, ist der alte Leuchtturm in Travemünde, 1539 erbaut. Richtig Feuer geben kann er allerdings nicht mehr, schon gar nicht im Vergleich zu seinem Helgoländer Kollegen. Der ist mit dem stärksten Seefeuer im Land eine wahre Leuchte und kann sich 28 Seemeilen weit in alle Richtungen sehen lassen. Nur das Zeug zum Fotomodell fehlt ihm. Damit kann dafür der berühmte »Rote Sand« in der Außenweser, fast 30 Seemeilen von Bremerhaven entfernt, aufwarten. Mit seinen rot-weißen Blockstreifen auf der runden Form wird er jedem Klischee gerecht und bietet sogar Übernachtungsmöglichkeiten – drei Stunden Anfahrt im Bergungsschlepper gehören zum Seeabenteuer.

Andere Schönheiten lassen sich zu Fuß erreichen, der Bilderbuch-Leuchtturm Westerheversand an der nordwestlichen Spitze der Halbinsel Eiderstedt zum Beispiel. Er bietet sich als Hoffnungsträger für Heiratswillige an, denn er dient auch als Standesamt. Wer seine 157 Stufen erklimmt, wird mit Weitsicht belohnt. Insgesamt zählt der deutsche Leuchtturm-Atlas etwa 220 »Leuchtturmbauwerke«. Die meisten dieser Leuchten sind wunderbare Orientierungspunkte, wenn die Landlust im Herzen eine Sturmwarnung blinkt und gestresste Städter den rettenden Hafen suchen. Wo ein Leuchtturm steht, ist meist auch Land. Leuchttürme sind Lebensretter. Immer noch.

110. GRUND

WEIL LANDLEBEN GLÜCKLICH MACHT

»Als ich zur Schule ging, wurde ich gefragt, was ich werden möchte, wenn ich groß bin. Ich antwortete: ›glücklich‹. Sie sagten mir, dass ich die Frage nicht verstanden hätte, und ich sagte ihnen, dass sie das Leben nicht verstanden hätten.« Wie weise John Lennon doch schon in seiner Jugend war. Zumindest wird dem Beatle dieses Zitat zugeschrieben. Nichtsdestoweniger galt bis vor wenigen Jahren Glücklichsein als pathetisches Geplänkel von Romantikern, Ökos und Esoterikern, während heute selbst Regierungschefs und ganze Staaten das Glück als Wohlstandsindikator entdecken. Happy Planet Index, Bruttonationalglück, Corporate Happiness – längst hat die Glücksforschung die Psychonische verlassen und die Volks- und Betriebswirtschaft erfasst. Die OECD, die Organisation für wirtschaftliche Zusammenarbeit und Entwicklung, hat sogar eine interaktive Weltkarte des Glücks erstellt.[303] Wir verorten es mindestens 111-mal auf dem Land.

Landbewohnern fallen die Glücksmomente reihenweise in den Schoß: der Weckruf des Rotkehlchens, der sternenübersäte Himmel in dunkler Nacht, der Geruch von frisch gemähtem Gras, das schmackhafte Frühstücksei vom Bauernhof um die Ecke, das nette Schwätzchen mit Tante Emma, das Reh auf der Waldlichtung, das Erdbeerpflücken auf dem Feld, der geheime Pilzplatz, die morgendliche Joggingrunde über die Felder und, und, und. Das Ergebnis einer repräsentativen Umfrage der Marktforscher von TNS Infratest überrascht daher nicht: »Landleben macht glücklich.«[304] 92 Prozent der Deutschen, die in ländlichen Regionen zu Hause sind, sind mit ihrer Lebensqualität mehr als zufrieden. Hier lebe es sich entspannter, gesünder und günstiger als in der Stadt, sagen sie – und sehen ihre Zukunft positiver als Stadtbewohner. Ihre Wohnsituation loben 28 Prozent der Landbewohner sogar als »ausgezeichnet«. Während nur 17 Prozent der Städter ebenso begeistert von ihrem Umfeld sind.

Sie ahnen es: Das Landleben ist in Sachen Glück vielversprechender als ein Lottogewinn. Abgesehen davon, dass die Chance, den Jackpot zu knacken, bei 1 zu 140 Millionen liegt, gewöhnt man sich nach einiger Zeit an den unverhofften Reichtum, und das Glück ist weg. Doch welches Glück? Anders als die Briten werfen wir Deutschen sprachlich jede Form von Glück in einen Topf. Der Engländer ist da präziser: Das Zufallsglück wie den Lottogewinn oder die Entdeckung als Model nennt er »luck«, das nachhaltige Wohlfühlglück »happiness«. Ein erfülltes Leben schenkt uns die Happiness.

Überhaupt: Wer nur auf das große Los wartet, an dem zieht das echte Glück vorüber. Denn das große Glück setzt sich aus Millionen von kleinen Puzzleteilchen zusammen, aus winzigen Glücksmomenten, die uns eine generelle Lebenszufriedenheit schenken. Flüchtige Momente, die anderen Menschen vielleicht gar nichts bedeuten. Die allerdings auch wir selbst manchmal nicht mehr wahrnehmen. Deshalb: Augen auf und dem Rat der Großmutter folgen: »Sei dankbar, Kind.« Ein Dankbarkeits-Tagebuch hilft dabei. »Wer jeden Abend drei Erlebnisse notiert, die ihm den Tag verschönert haben, wird im Laufe der Zeit Positives stärker wahrnehmen. Dankbarkeit ist ein gutes Mittel gegen negative Emotionen«, rät der Ökonom Karlheinz Ruckriegel, einer der anerkanntesten Glücksforscher Deutschlands.[305] Lehrte doch schon der alte griechische Stoiker Epiktet: »Nicht die Dinge an sich beunruhigen den Menschen, sondern seine Sicht der Dinge.«[306]

Der Mensch hat sein Glück in der Hand. Mindestens zu 40 Prozent, fand die US-Psychologin Sonja Lyubomirsky, Professorin an der University of California, in Studien heraus. Er kann es im täglichen Leben durch absichtliche Denk-, Benimm- und Verhaltensweisen steuern.[307] Lebensumstände wie Alter, Familie, Gesundheit, Einkommen oder Schulbildung, an denen wir nur wenig oder überhaupt nichts ändern können, tragen hingegen nur zu zehn Prozent zu unserem Glück bei. »Schau in einen Spiegel, und du siehst den Menschen, der für dein Glücklichsein und Unglücklichsein verantwortlich ist«, bringt es der Psychologe Rolf Merkle auf den Punkt.[308] Allzu leicht erscheinen uns Dinge als selbstverständlich, und wir schielen nur auf das, was uns fehlt. Glück ist also eine Wahl, die jeder treffen kann. Wie der Umzug aufs Land. Dort findet man dann auch *Strawberry Fields Forever*, die John Lennon zum Glück besungen hat.

111. GRUND

WEIL ES SONST DIE ANDEREN MACHEN

Mehr als jeder zweite Stadtbewohner (58 Prozent) kann sich einen Umzug aufs Land vorstellen.[309] Das ergab eine repräsentative Umfrage des Marktforschungsinstituts Forsa. Besonders die unter Dreißigjährigen liebäugeln mit einem Leben jenseits von Hektik und Großstadtlärm. In dieser Altersgruppe sehnen sich 77 Prozent der Befragten danach. Also: Nichts wie raus aufs Land, bevor die anderen die Umzugskartons packen.

QUELLENNACHWEISE

1 www.bpb.de/wissen/NHXRDM,0,0,Geschiedene_Ehen_nach_Ehedauer.html, aufgerufen am 22.10.2014

2 www.bpb.de/politik/grundfragen/deutsche-verhaeltnisse-eine-sozialkunde/138030/die-familiendemografische-entwicklung-in-deutschland?p=all, aufgerufen am 22.10.2014

3 www.alltagsforschung.de/10-psychologische-fakten-uber-scheidungen/, aufgerufen am 22.10.2014

4 www.mri.tum.de/node/2248, aufgerufen am 23.11.2014

5 www.sueddeutsche.de/wissen/2.220/studie-dialekt-macht-schlau-1.912547, aufgerufen am 25.11.2014

6 www.spiegel.de/schulspiegel/deutschunterricht-schlauer-durch-dialekt-a-392865.html, aufgerufen am 25.11.2014

7 www.planet-wissen.de/alltag_gesundheit/lernen/dialekte/, aufgerufen am 25.11.2014

8 www.landeskirche-hannovers.de/evlka-de/presse-und-medien/frontnews/2012/06/2012_06_20, aufgerufen am 17.12.2014

9 www.spiegel.de/sptv/special/a-165108.html, aufgerufen am 17.12.2014

10 kommunikation.rtl.de/de/pub/aktuell/i70059_1.cfm, aufgerufen am 16.12.2014

11 www.spiegel.de/spiegel/print/d-18074204.html, aufgerufen am 17.12.2014

12 www.stmelf.bayern.de/landwirtschaft/erwerbskombination/003704/index.php, aufgerufen am 16.12.2014

13 www.stmelf.bayern.de/mam/cms01/landwirtschaft/dateien/unternehmerin2014_praes_stellvlandesbaeuerin.pdf, aufgerufen am 1.6.2014

14 Siegel, Ulrike: Und plötzlich war ich Bäuerin. Münster: Landwirtschaftsverlag, 2010

15 www.taz.de/!111866, aufgerufen am 20.1.2015

16 www.elitepartner.de/presse/studie/Elite-Partner_Studie2012.pdf, aufgerufen am 15.01.2015

17 www.maennergesundheit.info, woman.brigitte.de/leben-lieben/liebe-sex/lustlosigkeit-1074296/, aufgerufen am 15.1.2015

18 www.zi-mannheim.de/uploads/media/2012-6_DGPPN_Meyer-Lindenberg_Stressresponsemod.pdf, aufgerufen am 15.1.2015

19 www.sueddeutsche.de/leben/kindergeburtstage-der-superlative-wer-hat-die-schoenste-party-im-ganzen-land-1.1625533-2, aufgerufen am 27.10.2014

20 www.tollkids.de, aufgerufen am 27.10.2014

21 www.bett-im-kornfeld.de, aufgerufen am 14.12.2014

22 www.heubett.com, aufgerufen am 14.12.2014

23 www.pfronten.de/gesundheit/bergwiesenheu/ aufgerufen am 17.12.2014

24 www.schure.de/21130/kitadvo1.htm, aufgerufen am 10.12.2014

25 www.laves.niedersachsen.de/portal/live.php?navigation_id=20137&article_id=73944&_psmand=23#t1, aufgerufen am 10.12.2014

26 www.bauernhofkindergarten-wilkenshoff.de, aufgerufen am 10.12.2014

27 www.klinikum.uni-muenchen.de/Kinderklinik-und-Kinderpoliklinik-im-Dr-von-Haunerschen-Kinderspital/de/aktuelles/Leibnizpreis_2013.html, aufgerufen am 12.10.2014; // www.br.de/fernsehen/ard-alpha/sendungen/alpha-campus/portraets/leibniz-erika-mutius-100.html, aufgerufen am 12.10.2014

28 articles.chicagotribune.com/2012-06-08/news/ct-met-food-allergies-0608-20120608_1_food-allergies-katelyn-carlson-peanut-allergies, www.ruchigupta.com/the-geographic-variability-of-childhood-food-allergy, aufgerufen am 12.10.2014

29 www.charite.de/charite/presse/pressemitteilungen/artikel/detail/charite_sonntagsvorlesung_zum_thema_allergien/, aufgerufen am 12.10.2014

30 www.ärzteblatt.de, www.lungenaerzte-im-netz.de, aufgerufen am 12.10.2014

31 Gastbeitrag auf: www.handelsblatt.com/unter-nehmen/mittelstand/hidden_champions/gastbeitrag-hermann-simon-die-erfolgsstory-der-hidden-champions-geht-weiter/9940450.html, aufgerufen am 19.11.2014

32 fazjob.net/ratgeber-und-service/sonder-themen/sonderthemen-artikel/124990_Mit-Sack-und-Pack-aufs-Land.html, aufgerufen am 19.11.2014

33 www.deutschlands100.de/top-arbeitgeber.html, aufgerufen am 24.7.2015

34 www.merkur-online.de/aktuelles/wirt-schaft/autobauer-bewerbungen-sekunden-takt-3502023.html, aufgerufen am 19.11.2014

35 www.ingenieur.de/Arbeit-Beruf/Manage-ment/Weltmarktfuehrer-Provinz, aufgerufen am 19.11.2014

36 www.welt.de/wirtschaft/article123774374/Der-Trend-zum-Home-Office-ist-eine-Illu-sion.html, aufgerufen am 28.11.2014

37 www.alpenwelt-karwendel.de/neu-magda-lena-neuner-panoramaweg, aufgerufen am 27.11.2014

38 Huber, Alexander: Der Berg in mir: Klettern am Limit. München: Piper Verlag, 2009

39 huberbuam.de/de/im-portrait.html, aufgeru-fen am 17.12.2014

40 www.sabine-spitz.com/sport.php?WEBY-EP_DI=2, aufgerufen am 26.11.2014

41 www.welt.de/newsticker/dpa_nt/infoline_nt/boulevard_nt/article129404505/ZDF-Erfolgs-serie-Der-Bergdoktor-loest-Fan-Hype-aus.html, aufgerufen am 1.12.2014

42 www.kbv.de/html/418_12814.php, aufgerufen am 23.7.2015

43 www.kbv.de/media/sp/2015_04_08_Berufs-monitoring_2014_web.pdf, aufgerufen am 24.7.2015

44 www.bindewerk.de/Unsere-Werkstatt/, auf-gerufen am 19.1.2015

45 blog.dawanda.com/2014/12/29/im-inter-view-larissa-von-norddesign/, aufgerufen am 21.1.2015

46 blog.dawanda.com/2014/11/17/im-inter-view-steffi-von-heavenpaper/, aufgerufen am 21.1.2015

47 www.impulse.de/gruendung/ab-aufs-land-welche-vorteile-gruender-fernab-der-me-tropolen-haben, aufgerufen am 19.1.2015

48 de.caseable.com, de.caseable.com/impressum, aufgerufen am 27.7.2015

49 www.bogenrohling.de, aufgerufen am 14.1.2015

50 www.butzer-design.de/kommentare/presse-spiegel/gifhorner-rundschau, aufgerufen am 14.1.2015

51 www.butzer-design.de/kommentare/presse-spiegel/wolfsburger-nachrichten, aufgerufen am 14.1.2015

52 www.hutmacherei-wiesner.de/index.php?sec-tion=ueber, aufgerufen am 14.1.2015

53 www.bmj.com/content/349/bmj.g4887, auf-gerufen am 14.12.2014

54 www.fun-homeparties.de, aufgerufen am 15.1.2015

55 www.welt.de/reise/deutschland/artic-le132974896/So-schmecken-die-Weine-von-Winzer-Guenther-Jauch.html, www.von-othegraven.de, www.zeit.de/lebensart/essen-trinken/2011-09/jauch-weinbau-inter-view, aufgerufen am 10.1.2015

56 www.handelsblatt.com/unternehmen/mittel-stand/guenther-jauch-ich-gehe-die-winze-rei-mit-ehrgeiz-an-seite-3/3546920-3.html, aufgerufen am 10.1.2015

57 www.dr-siemens.de, www.zeit.de/online/2008/05/kolumne_eingeschenkt_08, aufgerufen am 10.1.2015

58 www.myboshi.net/Story/, aufgerufen am 5.1.2015

59 www.deutscher-gruenderpreis.de/preistrae-ger/2014/myboshi/, aufgerufen am 5.1.2015

60 www.umweltbundesamt.de/themen/verkehr-laerm/forum-laerm-stadt, aufgerufen am 18.11.2014

61 www.europarl.europa.eu/RegData/etudes/etudes/join/2012/492459/IPOL-ENVI_ET(2012)492459_DE.pdf, aufgerufen am 18.11.2014

62 www.ald-laerm.de/alles-uber-laerm-1, auf-gerufen am 18.11.2014

63 www.hogrefe.de/programm/media/catalog/ Book/978-3-8017-0596-1_lese.pdf, aufgerufen am 18.11.2014

64 www.ald-laerm.de/alles-uber-laerm-1/allgemeines/was-wir-hoeren-1/Laermthermometer.jpg, aufgerufen am 23.7.2015

65 www.bundestag.de/dokumente/textarchiv/2011/36915075_kw50_pa_verkehr/207136, aufgerufen am 18.11.2014

66 www.stress.org.uk/What-is-stress.aspx, aufgerufen am 18.11.2014

67 www.lfu.bayern.de/laerm/laermwirkung/index.htm, aufgerufen am 18.11.2014

68 www.ohropax.de/unternehmen.html, aufgerufen am 18.11.2014

69 www.mpg.de/6798930/Laermende_Stadtanselm, aufgerufen am 18.11.2014

70 www.umweltbundesamt.de/daten/luftbelastung/luftqualitaet-in-ballungsraeumen, aufgerufen am 3.12.2014

71 www.umweltbundesamt.de/themen/luft/luftschadstoffe/feinstaub, aufgerufen am 3.12.2014

72 www.umweltbundesamt.de/publikationen/luftqualitaet-2013, aufgerufen am 3.12.2014

73 www.umweltbundesamt.de/themen/luft/luftschadstoffe/feinstaub/umweltzonen-indeutschland, aufgerufen am 3.12.2014

74 www.stuttgarter-zeitung.de/inhalt.feinstaubbilanz-am-neckartor-mehr-statt-wenigerdicke-luft-am-neckartor.15512565-199f-4284-8b71-53d06cd4ebef.html, aufgerufen am 3.12.2014

75 www.die-neue-kur.de/kur-gesundheitsurlaub/heilverfahren-kur.html#c20, aufgerufen am 3.12.2014

76 Vortrag »Die Farbe Grün« an der Modeschule Metzingen

77 www.dma.ufg.ac.at/app/link/Grundlagen%3AAllgemeine/module/22163?step=1#chapter, aufgerufen am 26.11.2014

78 www.duden.de/suchen/dudenonline/gruoni, aufgerufen am 26.11.2014

79 www.kbvollmar.de/publikationen/artikel/farben.html, aufgerufen am 26.11.2014

80 www.farbimpulse.de/Gruen-Von-dieser-Farbe-lebt-die-Welt.154.0.html, aufgerufen am 23.7.2015

81 www.bunterhund.org/home/news/die-farbe-gruen, aufgerufen am 26.11.2014

82 www.gutzitiert.de/zitat_autor_johann_wolfgang_von_goethe_thema_denken_zitat_6033.html, aufgerufen am 26.11.2014

83 bayerischegletscher.userweb.mwn.de/geschichte.htm, aufgerufen am 17.11.2014

84 www.zugspitze.at/zugspitzbahn/de/chronik.html, aufgerufen am 17.11.2014

85 www.heidschnuckenhof-niederohe.de, aufgerufen am 5.12.2014

86 Leben mit Schafen/ZDF: www.youtube.com/watch?v=jDLJl9egWH4, aufgerufen am 4.12.2014

87 www.swr.de/odysso/landschaftspflege-mit-schafen/-/id=1046894/nid=1046894/did=12199450/10m4lpi/index.html, aufgerufen am 4.12.21014

88 www.friesische-schafskaeserei.de, aufgerufen am 5.12.2014

89 www.sueddeutsche.de/news/leben/ernaehrung-als-feta-oder-in-scheiben---schafskaesesaison-im-norden-dpa.urn-newsml-dpa-com-20090101-140407-99-04144, aufgerufen am 5.12.2014

90 www.der-wanderschaefer.de/wirueberuns.php, aufgerufen am 4.12.2014

91 www.dw.de/schäferstündchen/a-3960355, aufgerufen am 4.12.2014

92 www.dwd.de/bvbw/generator/DWDWWW/Content/Oeffentlichkeit/KU/KUPK/Wir__ueber__uns/Broschueren/pdf/Wie__gut__sind__Wettervorhersagen,templateId=raw,property=publicationFile.pdf/Wie_gut_sind_Wettervorhersagen.pdf, aufgerufen am 8.12.14

93 www.nordbayerischer-kurier.de/nachrichten/wieso_stimmt_der_wetterbericht_oft_nicht_64499, aufgerufen am 25.1.2014

94 www.beethoven.li/zitate/, www.tonkuenstler.at/web/werkbeschreibungen.asp?werk_id=75, aufgerufen am 25.1.2015

95 www.dfwr.de/presse/pressemitteilungen/PM_2014_04_0_5_DFWR_nachhaltige_

multifunktionale_Forst.pdf, aufgerufen am 25.1.2015

96 www.sdw.de/waldwissen/wald-in-deutsch-land/waldanteil/, aufgerufen am 25.1.2015

97 www.sdw-bayern.de/index.php?StoryID=237, aufgerufen am 25.1.2015

98 www.3sat.de/page/?source=/nano/um-welt/168879/index.html, aufgerufen am 8.12.2014

99 Biedermann, Hans: Knaurs Lexikon der Symbole. München: Droemersche Verlagsanstalt, 2004

100 geb.uni-giessen.de/geb/volltexte/2003/1346/, aufgerufen am 8.12.2014

101 www.arbeitskreis-bernstein.eu, aufgerufen am 25.1.2015

102 suite101.de/article/steinpyramiden-an-der-isar-bei-lenggries-a52504#.VFUJxsbFLOQ, www.heimatzeitung.de/cho/archiv/719786_Klein-Kairo-fiktive-Stadt-am-Isar-Ufer.html, aufgerufen am 25.1.2015

103 www.spiegel.de/gesundheit/ernaehrung/fruehlingsgefuehle-entscheidend-ist-das-licht-nicht-die-waerme-a-890142.html, www.endokrinologie.net, aufgerufen am 6.1.2014

104 www.nabu.de/tiereundpflanzen/voegel/zug-voegel/storch/16802.html, aufgerufen am 17.12.2014

105 hamburg.nabu.de/tiereundpflanzen/weissstorch/, aufgerufen am 17.12.2014

106 www.astrea-apotheke.ch/index.php/haut-u-haar/27-gesundheitsthemen/haut-u-haar/376-gesunde-fuesse-und-beine-in-jedem-al-ter, aufgerufen am 16.1.2015

107 www.wildpferde.de, aufgerufen am 13.12.2014

108 Crummenerl, Rainer: WAS IST WAS Band 7 – Das Wetter. Nürnberg: Tessloff Verlag, 1999, www.heimatundwelt.de/kartenan-sicht.xtp?artId=978-3-14-100269-0&stich-wort=Flurwind&fs=1, www.umweltbundes-amt.de/daten/energie-als-ressource/poten-zial-der-windenergie-an-land, aufgerufen am 8.12.2014

109 www.tourismusanalyse.de/de/zahlen/daten/statistik/tourismus-urlaub-reisen/2014/reiseziele.html, www.bmwi.de/DE/Themen/Tourismus/entwicklung-des-tourismus.html, aufgerufen am 25.1.2015

110 www.gesundheitsberater-berlin.de/praeven-tion/themen/gesundes-training/interview-fitnessstudio, aufgerufen am 11.11.2014

111 www.general-anzeiger-bonn.de/bonn/bonn/gronau/grillen-wird-zum-muellproblem-ar-ticle1416015.html, aufgerufen am 19.1.2015

112 www.bertha-benz.de, aufgerufen am 17.11.2014

113 www.zeit.de/2004/19/Montana, aufgerufen am 24.11.2014

114 de.statista.com/statistik/daten/studie/171166/umfrage/haeufigkeit-von-angeln-oder-fischen-in-der-freizeit/, aufgerufen am 24.11.2014

115 www.ardmediathek.de/tv/Abendschau-Frei-zeit-Natur-Bayerisc/Faszination-Fliegen-fischen-23-09-2014/BR-Fernsehen/Video-Podcast?documentId=23655406&bcas-tId=5919446, aufgerufen am 24.11.2014

116 www.fliegenfischen.de/emag/flifi-emag-ein-steiger/, aufgerufen am 24.11.2014

117 www.fliegenfischerschule-fraenkische-schweiz.de/de/fliegenfischen.html, aufgerufen am 24.11.2014

118 www.flyfishing-ladies.de, aufgerufen am 24.11.2014

119 www.lfu.bayern.de/wasser/seen_in_bayern/index.htm, aufgerufen am 15.10.2014

120 www.mueritzeum.de/de/region, aufgerufen am 15.10.2014

121 www.dfb.de/fileadmin/_dfbdam/34715-Re-gelheft_2014-15-DFB.pdf, aufgerufen am 27.1.2015

122 www.oekotest.de/cgi/index.cgi?artnr=99256&bernr=07, aufgerufen am 19.10.2014

123 www.aigle.com/en_ue/know-how-38.html, aufgerufen am 25.1.2015

124 www.aigle.com/en_ue/the-art-of-protec-tion-39.html, aufgerufen am 25.1.2015

125 www.taz.de/!3275/, aufgerufen am 15.12.2014

126 www.tagesspiegel.de/berlin/daueraergernis-hundekot-haufenweise-gute-tipps/4262044.html, aufgerufen am 15.12.2014

127 www.all-in.de/nachrichten/deutsch-land_welt/wirtschaft/Bericht-Wohneigen-tum-in-deutschen-Grossstaedten-fast-uner-

schwinglich;art15813,1879363, aufgerufen am 29.1.2015

128 www.aphorismen.de/suche?f_thema=Garten, aufgerufen am 29.1.2015

129 www.lbv-muenchen.de/tiere-pflanzen/voegel/voegel-einzelansicht/gruenfink/ba65222c0c30151bd9fd9476b5ac2a0c.html, aufgerufen am 25.7.2015

130 www.morethanhoney.ch, aufgerufen am 18.10.2014

131 www.deutscherimkerbund.de, aufgerufen am 18.10.2014

132 Biedermann, Hans: Knaurs Lexikon der Symbole. München: Droemersche Verlagsanstalt, 2004

133 www.statistik-bw.de/Pressemitt/2014281.asp?Landwirtschaft, www.destatis.de/DE/PresseService/Presse/Pressemitteilungen/2012/09/PD12_325_412.html, aufgerufen am 23.10.2014

134 www.bund-lemgo.de/download/FB_Befruchtung_Obstsorten_302.pdf, aufgerufen am 23.10.2014

135 www.wsj.de/nachrichten/SB10001424127887324103504578376631770452260?mod=WSJ GERMANY_hpp_MIDDLELSMini&mg=reno64-wsjde, aufgerufen am 11.12.2014

136 www.engelvoelkers.com/de/blog/2014/schloesser-im-koelner-umland-interesse-auslaendischer-investoren-steigt/, aufgerufen am 11.12.2014

137 www.edge-cdn.net/video_674509?playerskin=41854, aufgerufen am 11.12.2014

138 www.competitionline.com/de/projekte/45682/per/post/46385, aufgerufen am 8.11.2014

139 derarchitektbda.de/gute-bauten/, aufgerufen am 8.12.2014

140 www.architekten-thueringen.de/bauherren/architektur/?id=3106, aufgerufen am 2.11.2014

141 www2.hiddenhausen.de/Hiddenhausen/Wohnen/Bauen/Jung-kauft-Alt, aufgerufen am 2.11.2104

142 www.matteothun.com/project/364/city-of-wood-residential, aufgerufen am 2.11.2014

143 www.bka.de/DE/Publikationen/Polizeiliche-Kriminalstatistik/pks__node.html // www.bmi.bund.de/SharedDocs/Downloads/DE/Veroeffentlichungen/erster_periodischer_sicherheitsbericht_langfassung_de.pdf?__blob=publicationFile, aufgerufen am 25.11.2014

144 www.wiwo.de/politik/deutschland/kriminalitaet-das-sind-deutschlands-einbruchshochburgen/7935510.html, aufgerufen am 25.11.2014

145 www.adfc.de/technik/diebstahl/statistik/statistik, aufgerufen am 27.11.2014

146 www.polizei.nrw.de/aachen/artikel__4293.html, aufgerufen am 25.11.2014

147 www.spiegel.de/spiegel/print/d-45520504.html, aufgerufen am 19.10.2014

148 www.handelskammer.se/de/news/warum-duzt-man-sich-schweden, www.schwedenkonsulat.de/files/14270385B3C/SchwedenNews, www.schwedenkonsulat.de/about_swe/tourismus/, aufgerufen am 19.10.2014

149 Dalai Lama: Der Weg zum Glück. Freiburg im Breisgau: Herder Verlag, 2002. // Howard C. Cutler: Dalai Lama, Die Regeln des Glücks. Bergisch Gladbach: Gustav Lübbe Verlag, 1999

150 www.youtube.com/watch?v=BdpdUbW8vbw (John Darley die Bibb Latane, die »Forscher-Väter« des Bystänter Effekts), psychologie.fernuni-hagen.de/lernportal/Lernumgebung/HTML/Prosozial.html, aufgerufen am 25.10.2014

151 www.spiegel.de/panorama/pannenhelfer-cruise-und-cruz-hollywoodstars-machten-sich-nuetzlich-a-236564.html, aufgerufen am 29.1.2015

152 www.alltagsforschung.de/sankt-martin-stress-zerstort-barmherzigkeit/, aufgerufen am 25.10.2014

153 www.duden.de/sprachwissen/sprachratgeber/zum-umfang-des-deutschen-wortschatzes, aufgerufen am 18.11.2014

154 Berger, Ruth: Warum der Mensch spricht. Eine Naturgeschichte der Sprache. Frankfurt am Main: Eichborn Verlag, 2008

155 www.uni-kassel.de/fb4/psychologie/personal/lantermann/umwelt/stadt.pdf, aufgerufen am 18.1.2015

156 www.psychologie-heute.de/news/emotion-kognition/detailansicht/news/als_waere_ich_luft/, aufgerufen am 18.1.2015

157 www.bbsr.bund.de/BBSR/DE/Veroeffentli-chungen/BerichteKompakt/2011/DL_6_2011.pdf?__blob=publicationFile&v=2, aufgerufen am 25.7.2015

158 static.evangelisch.de/get/?daid=z-M5M6Eb5m4ibdCL_PE9fgw000036103&dfid=download, aufgerufen am 25.1.2015

159 de.statista.com/statistik/daten/studie/291305/umfrage/umfrage-in-deutschland-zu-gruen-den-bei-einem-nachbarn-zu-klingeln/, aufgerufen am 25.1.2015

160 www.mdr.de/lexi-tv/video93304.html, aufgerufen am 25.1.2015

161 www.welt.de/vermischtes/article4500958/Das-nervt-die-Deutschen-an-ihren-Nach-barn.html, aufgerufen am 27.7.2015

162 www.n24.de/n24/Wissen/Gesund-heit/d/5257046/nachbarschaft-hat-einfluss-auf-herzgesundheit.html, aufgerufen am 27.7.2015

163 www.presseportal.de/pm/6558/2330944/schauspielerin-ann-kathrin-kramer-46-lobt-das-landleben-ich-bin-so-viel-langsamer-geworden, aufgerufen am 21.1.2015

164 www.deutschlandfunk.de/ich-lebe-wirk-lich-den-traum.807.de.html?dram:article_id=243561, aufgerufen am 20.1.2015

165 www.tvspielfilm.de/news-und-specials/in-terviewsundstories/interview-mit-nadeshda-brennicke-und-hinnerk-schoenemann-stars-mit-stallgeruch,4909884, ApplicationArticle.html, aufgerufen am 21.1.2015

166 www.news.de/tv/806350921/schauspie-ler-sind-uninteressant/1/, aufgerufen am 21.1.2015

167 schrotundkorn.de/lebenumwelt/lesen/essen-muss-bio-und-regional-sein.html, aufgerufen am 20.1.2015

168 www.bild.de/regional/muenchen/peter-maffay/schreibt-ueber-seine-hit-schmie-de-32468920.bild.html, aufgerufen am 21.1.2015

169 thomasd.net, aufgerufen am 20.1.2015

170 www.altenburg.eu/sixcms/detail.php?id=7703&, aufgerufen am 1.12.1014

171 www.spiegel.de/gesundheit/psychologie/freundschaften-sind-gut-fuer-die-gesund-heit-a-954153.html, aufgerufen am 19.1.2015

172 www.spektrum.de/news/die-gesetze-der-freundschaft/1190912, aufgerufen am 19.1.2015

173 Oftring, Bärbel: Mein Kosmos-Buch Natur, die 150 wichtigsten einheimischen Tiere und Pflanzen. Franckh-Kosmos Verlag, 2013

174 www.brigitte.de/rezepte/koch-trends/steinpilz-risotto-1138912/, aufgerufen am 27.1.2015

175 www.br.de/themen/ratgeber/inhalt/ernaeh-rung/pilze-inhaltsstoffe100.html, aufgerufen am 27.1.2015

176 www.planet-wissen.de/natur_technik/pilze/gift_und_speisepilze/index.jsp, aufgerufen am 27.1.2015

177 www.vieux-sinzig.com, www.ardmediathek.de/tv/Landesschau-Rheinland-Pfalz/Jean-Marie-Dumaine-der-Wildkräuterpapst/SWR-Rheinland-Pfalz/Video?documen-tId=20953536&bcastId=207880, aufgerufen am 25.1.2015

178 www.wilde-kost.de, aufgerufen am 25.1.2015

179 www.landwirtschaftskammer.de/presse/aa-2014-15-01.htm, aufgerufen am 25.11.2014

180 www.proplanta.de/Agrar-Nachrichten/Unternehmen/Uebersichtskarte-von-Erdbe-erfeldern-zum-selbst-pfluecken-veroeffent-licht_article1336475086.html, aufgerufen am 25.11.2014

181 www.bayerischerbauernverband.de/pm45-erdbeeren?layout=print, aufgerufen am 25.11.2014

182 www.landwirtschaftskammer.de/presse/aa-2014-12-01.htm, aufgerufen am 25.11.2014

183 www.kartoffelvielfalt.de, www.ndr.de/fern-sehen/sendungen/mein_nachmittag/Kartof-felvielfalt-vom-Bio-Hof-Ellenberg,meinnach-mittag10128.html, aufgerufen am 11.11.2015

184 www.destatis.de/DE/Publikationen/Statis-tischesJahrbuch/EinkommenKonsumLeben.pdf?__blob=publicationFile, aufgerufen am 25.1.2015

185 www.spiegel.de/wirtschaft/unternehmen/kartoffelbauer-ellenberg-retter-der-linda-zu-

echtet-alte-sorten-a-846403.html, aufgerufen am 11.11.2014

186 www.taz.de/1/archiv/?dig=2005/07/29/a0110, aufgerufen am 29.1.2015

187 www.limpurger-rind.de, aufgerufen am 17.11.2014

188 www.jeunes-restaurateurs.de/spitzenkoeche/mitglieder/mitglieder-spitzenkoeche/alexander-huber.html, aufgerufen am 17.11.2014

189 buchgourmet.com/buch/die-neue-deutsche-kueche/, aufgerufen am 17.11.2014

190 restaurant.michelin.de/restaurants/sterne-restaurants, aufgerufen am 17.11.2014

191 gaultmillau.de/aktuelles/27282-koch-des-jahres-2013-christian-juergens.php, aufgerufen am 17.11.2014

192 www.maxlrain.de/de/brauerei/praemierungen, aufgerufen am 20.11.2014

193 www.european-beer-star.de, aufgerufen am 17.11.2014

194 www.stern.de/genuss/trinken/ratgeber-bier/bier-trinken/interview-mit-biersommelier-diese-biere-muss-man-kosten-1918056.html, aufgerufen am 20.11.2014

195 www.waldhaus-bier.com/filme/unternehmensportrait/, aufgerufen am 19.11.2014

196 www.brauer-bund.de/bier-ist-rein/so-wird-bier-gebraut/die-rohstoffe/das-malz.html, aufgerufen am 20.11.2014

197 www.brauer-bund.de/bier-ist-rein/reinheitsgebot.html?PHPSESID=d47307b3ea1aacb4830738a4ab7c7483, aufgerufen am 18.11.2014

198 www.brauer-bund.de/index.php?id=689&ageverify=16&PHPSESSID=6481a62a7d37395fdac7c6b48d6ed55a, aufgerufen am 29.1.2015

199 www.beerandhealth.eu, aufgerufen am 20.11.2014

200 www.brauer-bund.de/veranstaltungen/brauertag-2014.html?PHPSESSID=c7af9ec1ca6418d4f17e239291ce1d82, aufgerufen am 29.1.2015

201 edelbrandmanufaktur.com/index.php?option=com_content&view=article&id=39&Itemid=100006, aufgerufen am 26.11.2014

202 www.slyrs.de/de/html/slyrs_geschichte.html, aufgerufen am 27.11.2014

203 www.slyrs.de/de/html/slyrs_heute.html, aufgerufen am 27.11.2014

204 www.sueddeutsche.de/muenchen/erding/monika-gruber-in-der-stadthalle-chefin-auf-der-baustelle-1.1269488, aufgerufen am 29.1.2015

205 www.zdf.de/ZDFmediathek/beitrag/video/2122260/Monika-Gruber-im-ML-Interview#/beitrag/video/2122260/Monika-Gruber-im-ML-Interview, www.monika-gruber.de, aufgerufen am 11.12.2014

206 www.focus.de/kultur/vermischtes/michael-mittermeier-michael-mittermeier-der-frau-merkel-glaube-ich-erst-wenn-sie-tot-ist_aid_933972.html, aufgerufen am 11.12.2014

207 www.django-asuel.de/portrait/en-detail/en-detail-portrait-django-asuel.html, aufgerufen am 11.12.2014

208 www.zdf.de/ZDFmediathek/beitrag/video/2122260/Monika-Gruber-im-ML-Interview#/beitrag/video/2122260/Monika-Gruber-im-ML-Interview, aufgerufen am 17.11.2014

209 westendblog.net/westend-homestory-mit-lokalprominenz.html, aufgerufen am 28.1.2015

210 www.literatur-niedersachsen.de/landgang/detailansicht/worpswede-worpswede-worpswede.html, aufgerufen am 17.11.2014

211 www.worpswede.de/kunst-kultur, aufgerufen am 17.11.2014

212 www.murnau.de/de/der-blaue-reiter-1_p2, aufgerufen am 17.11.2014

213 andreas-wonisch.com/info/, aufgerufen am 17.11.2014

214 www.arte.tv/sites/de/derblogger/2013/01/06/gemalt-in-germany/, aufgerufen am 17.11.2014

215 www.kofelgschroa.by, aufgerufen am 17.11.2014

216 www.hubertvongoisern.com/media/index.html, aufgerufen am 17.11.2014

217 www.youtube.com/watch?v=Xzqtmy7JDaE, aufgerufen am 12.11.2014

218 www.labrassbanda.com, aufgerufen am 17.11.2014

219 www.welt.de/kultur/pop/article117963559/ Die-Neue-Deutsche-Volksmusik-hat-viele-Gesichter.html, aufgerufen am 12.11.2014

220 www.youtube.com/watch?v=SK3yl2NZrhc und www.br.de/puls/musik/aktuell/neue-bayerische-volxmusik-innovation-trifft-tradition-100.html, aufgerufen am 12.11.2014

221 www.kulturrat.de/dokumente/buecher/kulturlandschaft.pdf, aufgerufen am 25.11.2014

222 www.shmf.de/de/Pressemeldungen/Pressemeldungen, aufgerufen am 25.11.2014

223 www.alpenwelt-karwendel.de/lueftlmalerei-in-der-alpenwelt-karwendel-bilderbuecheral-fresco, aufgerufen am 28.11.2014

224 ebenda

225 Gombrich, Ernst: Die Geschichte der Kunst. Berlin: Phaedon Verlag, 2002

226 www.zeit.de/karriere/beruf/2012-08/berufschiffsbildhauer, aufgerufen am 29.11.2014

227 www.deutschlandradiokultur.de/der-gutegeist-des-schiffes.1153.de.html?dram:article_id=242243, aufgerufen am 2.12.2014

228 www.schauinsblau.de/4-kult-und-mythos/literarisches/autoren-im-gespraech/kult-regisseur-mit-mitte-30/, aufgerufen am 27.11.2014

229 www.kino-zeit.de/blog/b-roll/noch-schaetze-ich-dieses-naive-interview-mit-marcus-h-rosenmueller-zu-beste-chance, aufgerufen am 27.11.2014

230 www.filmportal.de/material/interview-mit-dem-regisseur-hans-steinbichler, aufgerufen am 27.11.2014

231 www.wer-frueher-stirbt-ist-laenger-tot.de/hinter-den-kulissen/interview_rosenmueller.html, aufgerufen am 27.11.2014

232 www.sueddeutsche.de/muenchen/gespraech-mit-marcus-h-rosenmueller-vertreibung-aus-dem-paradies-1.350248, aufgerufen am 27.11.2014

233 www.merkur-online.de/aktuelles/bayern/rosenmueller-interview-3052615.html, aufgerufen am 27.11.2014

234 www.landderberge.at/default.asp?id=63138, aufgerufen am 27.11.2014

235 www.filmportal.de/person/detlev-buck_8f3a2705121743d39b8db568302aa3eb, aufgerufen am 27.11.2014

236 www.zeit.de/wirtschaft/2014-10/mieten-muenchen-fachkraefte, aufgerufen am 30.1.2015

237 www.iwkoeln.de/presse/pressemitteilungen/beitrag/regionaler-armutsvergleich-grossstaedte-schneiden-schlecht-ab-179372, aufgerufen am 17.11.2015

238 www.bundesregierung.de/Content/DE/Infodienst/2013/04/2013-04-25-armuts-und-reichtumsbericht/2013-04-25-armut-und-reichtumsbericht.html, www.ivd.net/der-bundesverband/service/mediathek/nachrichtendetail/archive/2014/june/article/wohnungsmieten-in-den-zehn-groessten-staedten.html, www.bpb.de/apuz/26809/armut-und-reichtum-in-deutschland?p=all, www.bpb.de/apuz/181773/reichtum-in-deutschland-und-den-usa?p=all, aufgerufen am 17.11.2015

239 feynsinn.org/?p=2053, aufgerufen am 27.7.2015

240 media.oekotest.de/cgi/index.cgi?action=anz-media-mum-032008-titel, aufgerufen am 25.1.2015

241 www.spiegel.de/panorama/leute/johannes-b-kerner-stahl-h-m-plakat-von-anna-nicole-smith-a-863624.html, aufgerufen am 25.1.2015

242 www.mr-dingolfing-landau.de/content/dr-erich-geiersberger-wird-85, aufgerufen am 16.12.2014

243 www1.wdr.de/mediathek/video/sendungen/hier_und_heute/videounserdorfauto100_tag-19082014.html, aufgerufen am 16.12.2014

244 www.spiegel.de/auto/aktuell/carsharing-auf-dem-land-anbieter-wie-ford-schauen-sich-um-a-998664.html, aufgerufen am 16.12.2014

245 www.gdi.ch/de/Think-Tank/Studien/Product-Detail/138, aufgerufen am 15.12.2014

246 de.statista.com/statistik/daten/studie/159045/umfrage/jahresueberschuss-des-h-m-konzerns-seit-2004-05/, aufgerufen am 15.11.2014

247 www.inkasso.de/presse/frhjahrsumfrage/zusammenfassung/index.html, aufgerufen am 15.11.2014

248 www.creditreform.de/aktuelles/news-list/details/news-detail/schuldneratlas-deutschland-2014.html, aufgerufen am 11.1.2015

249 www.textilwirtschaft.de/business/Maloja-hat-Verstaerkung-bekommen_94608.html, www.maloja.de, aufgerufen am 11.12.2014

250 www.raiffeisen-gesellschaft.de, www.deutsches-raiffeisenmuseum.de, aufgerufen am 27.1.2015

251 www.hofbäckerei-steingraber.de/biomarkt.html, aufgerufen am 17.11.2014

252 dorfladen-netzwerk.de, aufgerufen am 17.11.2014, www.ndr.de/fernsehen/sendungen/hallo_niedersachsen/Dorfladen-Otersen-ausgezeichnet,hallonds24128.html, aufgerufen am 17.11.2014

253 www.dorfladentreff.de/konzept/, aufgerufen am 17.11.2014

254 dorfladen-netzwerk.de/zahlen-und-fakten/, aufgerufen am 17.11.2014

255 innovationen-querfeldein.de/mit-satellit-und-kuhglocke/, aufgerufen am 7.1.2015

256 innovationen-querfeldein.de/mit-satellit-und-kuhglocke/, aufgerufen am 7.1.2015

257 www.deutschland-vernetzt.de/rendezvous-auf-dem-feld/, aufgerufen am 23.7.2015

258 BITKOM_Industrie_4.0_Innovation_Area_DTAG_PI_HM_2013-4, aufgerufen am 7.1.2015

259 www.dpdhl.com/de/presse/abonnements/medienservice/2013/02/erste_saison_spreewaldpostkahn.html, aufgerufen am 5.12.2014

260 www.leipe-im-spreewald.de, aufgerufen am 5.12.2014

261 www.spreewald-info.de/de/land_leute/spreewaldtypisch/wohnen_arbeiten/index.php, aufgerufen am 4.12.2014

262 www.youtube.com/watch?v=l_B6-lPozr4, aufgerufen am 5.12.2014

263 spreewald-lehde.de/cms/front_content.php?idcat=3&lang=1, aufgerufen am 5.12.2014

264 www.lr-online.de/regionen/luebbenau-calau/Venedig-Flair-zwischen-gelbem-Sack-und-schwarzer-Tonne;art13825,4655883, aufgerufen am 5.12.2014

265 www.fingerhakler.de/37.Alpenlaendische-Meisterschaft.pdf, aufgerufen am 17.11.2014

266 www.fingerhakler.de/geschichte07.htm, aufgerufen am 17.11.2014

267 www.bayerische-staatszeitung.de/staatszeitung/leben/detailansicht-leben-in-bayern/artikel/taegliches-training-im-wirtshaus.html, aufgerufen am 12.10.2014

268 www.deutschlandradiokultur.de/zwischenschutzzauber-und-spiritualitaet.1278.de.html?dram:article_id=192746, aufgerufen am 2.12.2014

269 www.harzinfo.de/veranstaltungen/walpurgis-im-harz.html, aufgerufen am 2.12.2014

270 www.hexe-claire.de/ueber-mich.html, aufgerufen am 2.12.2014

271 www.chiem-heimatwerkgh.de/schneiderei/, aufgerufen am 20.1.2015

272 www.bayerische-staatszeitung.de/staatszeitung/reisen/detailansicht-reisen/artikel/auf-den-spuren-von-indiana-jones, aufgerufen am 10.12.2014

273 www.sueddeutsche.de/muenchen/hoehepunkt-des-sommers-urerfahrung-mit-barbetrieb-1.1701861, aufgerufen am 10.12.2014

274 www.alpenrose-samerberg.de, aufgerufen am 20.1.2015

275 www.weihnachtsmarkt-deutschland.de/weihnachtsmarkt-nuernberg.html, aufgerufen am 18.12.2014

276 www.weihnachtsmarkt-deutschland.de/badfeilnbach-waldadvent.html, aufgerufen am 18.12.2014

277 www.lbch.de/index.php/club-4, aufgerufen am 15.11.2014

278 www.lanz-bulldog-club.de/index.php?option=com_content&view=article&id=58&Itemid=66, aufgerufen am 14.11.2014

279 Preußler, Otfried: Ich bin ein Geschichtenerzähler. Stuttgart: Thienemann Verlag, 2010

280 www.goethe.de/lrn/prj/mlg/mad/mdr/de8892785.htm, aufgerufen am 27.11.2014

281 www.bayern.by/rund-um-den-maibaum, aufgerufen am 12.11.2014

282 www.muenchen.de/veranstaltungen/events/erster-mai.html, aufgerufen am 12.11.2014

283 www.br.de/fernsehen/bayerisches-fernsehen/programmkalender/sendung-660224.html, aufgerufen am 12.11.2014

284 www1.wdr.de/mediathek/video/sendungen/menschen_hautnah/videoeinfachglueckeine-

reisemitankeengelke100_tag-19122013.html, www.schloss-tempelhof.de, aufgerufen am 25.11.2014

285 www.siebenlinden.de, www.spiegel.de/wirtschaft/soziales/sieben-linden-michael-wuerfel-ueber-sein-leben-im-oekodorf-a-843647.html, www.youtube.com/watch?v=SJ4LJWFWea4, aufgerufen am 25.11.2014

286 www.fona.de/mediathek/pdf/Verlust_der_Nacht_Broschuere.pdf, aufgerufen am 25.1.2015

287 www.lichtverschmutzung.de, aufgerufen am 25.1.2015

288 www.n-tv.de/wissen/frageantwort/Wie-viele-Sterne-kann-man-sehen-article10315881.html, aufgerufen am 30.1.2015 //

289 Geo Themenlexikon, Planeten, Sterne, Galaxien, Band 5. Hamburg: Gruner + Jahr, Mannheim, Bibliographisches Institut, 2007

290 www.deutsche-koeniginnen.de, aufgerufen am 12.11.2014

291 www.deutscheweinkoenigin.de/icc/Weinkoenigin/nav/4fa/4fa54824-a5ac-8418-d12d-8f306f135e25, aufgerufen am 12.11.2014

292 www.pfaelzische-weinkoenigin.de/kroenung/koeniginnen.php, aufgerufen am 12.11.2014

293 www.deutscheweine.de/ueber-uns/das-dwi/, aufgerufen am 25.7.2015

294 www.duesseldorf.de/feuerwehr/auf/einstellungstest.shtml, aufgerufen am 30.1.2015

295 www.ksta.de/koeln/die-mehrzahl-steht-auf-dem-schlauch,15187530,13176558.html, aufgerufen am 30.1.2015

296 www.lfv-bayern.de, aufgerufen am 30.1.2015

297 www.menshealth.de/life/lifestyle/die-heissesten-maennerberufe-mit-sexappeal.96717.htm#9, aufgerufen am 11.10.2014

298 www.nytimes.com/2013/02/17/fashion/creating-hipsturbia-in-the-suburbs-of-new-york.html?pagewanted=all&_r=0, aufgerufen am 6.1.2015

299 www.faz.net/-gsf-762d6, aufgerufen am 7.1.2015

300 www.taz.de/Provinz-Gentrifizierung-auf-dem-tazlab/!113841/, aufgerufen am 7.1.2015

301 www.nabu.de/tiereundpflanzen/pflanzen/pflanzenportraets/03143.html, www.agrilexikon.de/index.php?id=355&type=98, www.naturdetektive.de/kinder_sonnenblume.html, aufgerufen am 25.1.2015

302 Van Gogh, Vincent, De Leeuw, Ronald: The Letters Of Vincent Van Gogh, London, Penguin Group,1997, www.kidsville.de/atelier/kunst/vincent/?seite=15, aufgerufen am 25.1.2015

303 www.oecdbetterlifeindex.org/de, aufgerufen am 25.1.2015

304 www.land-der-ideen.de/innovationen-querfeldein/themenportal-innovationen-querfeldein, aufgerufen am 25.1.2015

305 www.ruckriegel.org/papers/Beilage_Ausgezeichnete_Arbeitgeber.pdf, aufgerufen am 17.11.2014

306 www.whoswho.de/bio/epiktets.html, aufgerufen am 17.11.2014

307 thehowofhappiness.com/about-the-book/, aufgerufen am 17.11.2014

308 www.psychotipps.com/glueck-saboteure.html, aufgerufen am 17.11.2014

309 www.waldeigentuemer.de/Presse/Pressemitteilungen/forsa-Laendlicher-Raum.htm, aufgerufen am 22.1.2015

SCHWARZKOPF & SCHWARZKOPF

STADT. LAND. FLUCHT.

**KUHMIST ODER KOHLENMONOXID?
AUF DER SUCHE NACH DEM IDEALEN LEBEN**

**STADT. LAND. FLUCHT.
KUHMIST ODER KOHLENMONOXID?
AUF DER SUCHE NACH DEM IDEALEN LEBEN**
Von Holger Reichard und Karsten Weyershausen
224 Seiten, Taschenbuch
ISBN 978-3-86265-446-8 | Preis 9,99 €

Jeder von uns ist auf der Suche nach dem idealen Leben. Doch wie sieht es aus und wo findet man es? Auf dem Dorf, wo bereits blaue Dachziegel ausreichen, um zum Outsider abgestempelt zu werden, oder in der Stadt, wo man sich ausleben kann, weil sich niemand für seine Mitmenschen interessiert? Und: Sind die Klischees vom tumben Landei im Karohemd und vom Latte-macchiato-schlürfenden Großstädter wahr?

Landei Holger Reichard und Städter Karsten Weyershausen kennen die Antwort auf diese Fragen. Oder zumindest behaupten sie es. Mit spitzer Feder bringen sie in ihrem Buch STADT. LAND. FLUCHT. die Lust und Last des Stadt- bzw. Landbewohners auf den Punkt. Über die Vorteile, ohne Auto auszukommen, über ein Leben wie Tarzan im Großstadtdschungel, Grillen im Garten und wie es ist, besoffen unter der Dorfeiche zu liegen.

WWW.SCHWARZKOPF-SCHWARZKOPF.DE

SCHWARZKOPF & SCHWARZKOPF

DER KLEINE PROVINZBERATER

URKOMISCHE GESCHICHTEN ÜBER DAS PLATTE LAND UND
WIE ES GAR PRÄCHTIG VOR SICH HIN VEGETIERT

DER KLEINE PROVINZBERATER
ODER VOM SCHÖNEN LEBEN AUF DEM LANDE
Von Frank Schäfer
Mit Illustrationen von Jana Moskito
216 Seiten, Mini-Hardcover
ISBN 978-3-86265-163-4 | Preis 10,00 €

»DER KLEINE PROVINZBERATER ist kein Ratgeber im gewöhnlichen Sinne. Statt Lebensweisheiten ›im Bäckerdutzend‹ zu verteilen, will Frank Schäfer ganz konkret zeigen, was es heißt, auf dem Dorf zu leben.«
Märkische Oderzeitung

»Frank Schäfer berichtet von schönen Kühen und wortkargen Landfrauen, zitiert Klassiker (Rousseau, Thoreau) und referiert über Fernsehserien (›Al Bundy ist der Archetyp einer gescheiterten Provinzexistenz.‹). Lesenswert, selbst wenn man keine Nachhilfestunden in Sachen Landleben nötig hat.«
Stuttgarter Nachrichten

»Den modernen Menschen scheint es wieder aufs Land zu ziehen. Für Umzugswillige hat Frank Schäfer einen PROVINZBERATER verfasst.«
Info Radio

WWW.SCHWARZKOPF-SCHWARZKOPF.DE

SCHWARZKOPF & SCHWARZKOPF

111 GRÜNDE, BAYERN ZU LIEBEN

EINE LIEBESERKLÄRUNG AN DAS PARADIES IM UNIVERSUM –
GARANTIERT OHNE FRANKEN UND SCHWABEN!

111 GRÜNDE, BAYERN ZU LIEBEN
EINE LIEBESERKLÄRUNG
AN DIE SCHÖNSTE REGION DER WELT
Von Florian Kinast
320 Seiten, Taschenbuch
ISBN 978-3-86265-519-9 | Preis 9,99 €

Das Buch liefert unterhaltsame Episoden und kuriose Anekdoten ebenso wie wissenswerte Informationen und historische Erkundungen aus dem so eigenen und widersprüchlichen Flecken Erde. Porträts von großen und bedeutenden Persönlichkeiten und großen Denkern ebenso wie Geschichten über unverwechselbare bayerische Originale und kleine Alltagshelden, Erzählungen über das Land, die Natur, das Brauchtum, die Gesellschaft und noch viel mehr. Der gebürtige Münchner Florian Kinast hat als fest in Bayern verwurzelter Autor spannende und amüsante Gründe zusammengetragen, warum dieser Landstrich in all seinen Facetten so liebenswert ist.

Ein Buch für Fremde und Einheimische gleichermaßen, für alle die, die Bayern kennenlernen möchten – und für die, die meinen, es bereits zu kennen.

WWW.SCHWARZKOPF-SCHWARZKOPF.DE

SCHWARZKOPF & SCHWARZKOPF

111 GRÜNDE, WANDERN ZU GEHEN

EINE LIEBESERKLÄRUNG AN DIE BESTE FREIZEITBESCHÄFTIGUNG DER WELT,
DIE ABENTEUER, SPORT UND STILLE SELBSTFINDUNG IN SICH VEREINT

111 GRÜNDE, WANDERN ZU GEHEN
Von Jarle Sänger
280 Seiten, Taschenbuch
ISBN 978-3-86265-457-4 | Preis 9,99 €

Was ist es, was die Menschen immer wieder hinaus in die unberührte Natur und auf die Wanderwege treibt? Was Menschen sich die Füße wund laufen und an ihre Grenzen gehen lässt? In 111 GRÜNDE, WANDERN ZU GEHEN durchleuchtet Jarle Sänger mal tiefgründig, mal humorvoll die Faszination des Wanderns aus seiner ganz eigenen Perspektive.

Aus seinen Wandererfahrungen und seinen Kenntnissen als freischaffender Journalist in der Wanderbranche sind 111 kleine Geschichten mit viel Hintergrundwissen entstanden. Darin verbergen sich zahlreiche nützliche Tipps, die sowohl erfahrene als auch frischgebackene Wanderer ansprechen.

Wer nach der Lektüre selbst einmal (wieder) die Wanderschuhe schnürt, der weiß, was ihn erwartet: Schönes, Emotionales, Neues, Kurioses, Witziges, Spannendes – vor allem aber Zeit für sich selbst.

WWW.SCHWARZKOPF-SCHWARZKOPF.DE

SCHWARZKOPF & SCHWARZKOPF

111 GRÜNDE, ANGELN ZU GEHEN

WER DAS GLÜCK AM HAKEN SUCHT, LEBT IM EINKLANG MIT DER NATUR UND BESINNT SICH AUF DIE ELEMENTAREN FREUDEN DES FALLENSTELLENS UND JAGENS

111 GRÜNDE, ANGELN ZU GEHEN
DAS GROSSE GLÜCK AM KLEINEN HAKEN
Von Moritz Rott
256 Seiten, Taschenbuch
ISBN 978-3-86265-453-6 | Preis 9,99 €

Angeln ist nicht nur Traditions-, sondern auch Trendsport. In Ländern wie den USA ist es ein wahrer Volkssport. Aber auch in Deutschland erlebt Angeln in jüngster Zeit einen regelrechten Boom, der Millionen begeistert.

In Parkteichen sieht man rot leuchtende Posen zwischen den Enten treiben, in der U-Bahn trifft man auf mit Angelrute statt Skateboard bepackte Jugendliche und im TV-Programm werden Angelduelle ausgetragen.

111 GRÜNDE, ANGELN ZU GEHEN erzählt von der Jagd nach dem Fang des Lebens. Von herausfordernden Abenteuern in entlegenen Gegenden und der langen Geschichte des Angeln. Von einem Sport, bei dem in Wirklichkeit der Weg das Ziel ist. Von Rekordfängen, Ausrüstung und einer ziemlich verrückten Anhängerschaft.

WWW.SCHWARZKOPF-SCHWARZKOPF.DE

SCHWARZKOPF & SCHWARZKOPF

111 GRÜNDE, DAS RADFAHREN ZU LIEBEN

EINE HOMMAGE AN DAS FAHRRAD – DAS UMWELTFREUNDLICHSTE,
GESÜNDESTE UND COOLSTE FORTBEWEGUNGSMITTEL DER WELT

111 GRÜNDE, DAS RADFAHREN ZU LIEBEN
VOM RAUSCH DER GESCHWINDIGKEIT, DEM GEHEIMNIS DER LANGSAMKEIT
UND DEM WISSEN, DASS DAS GLÜCK ZWEI RÄDER HAT
Von Christoph Brumme
272 Seiten, Taschenbuch
ISBN 978-3-86265-360-7 | Preis 9,95 €

»Was ist eigentlich das Schönste am Radfahren? Ein Moment Schweigen. Nicht weil Christoph Brumme nichts einfällt, sondern weil er nicht weiß, wo er anfangen soll: die Unabhängigkeit, der Rausch der Geschwindigkeit, dass man keine Hand zum Rauchen frei hat ... Und ja, natürlich die vielen Eindrücke. Die hat er reichlich gesammelt, schließlich ist das Rad sein liebstes Fortbewegungsmittel.«
Berliner Morgenpost / Die Welt

»Der Untertitel beschreibt treffend das amüsante, anekdotenhafte Programm des Buches. Christoph Brumme, der bereits 40.000 Kilometer per Fahrrad von Berlin aus quer durch Polen, die Ukraine und Russland zurückgelegt hat, liebt sein umweltbewusstes, simples aber wundervolles Gefährt, schwärmt vom Radfahrfeeling, erzählt von seinen Erlebnissen und macht Lust, auf Touren zu gehen.«
Journal München

WWW.SCHWARZKOPF-SCHWARZKOPF.DE

KARIN MICHAELIS wurde in der Weltstadt Hamburg geboren und entwickelte sich in der bayrischen Provinz zum waschechten Naturmädel. Heute lebt die Journalistin am Waldrand im Süden Münchens. Wenn sie nicht am Schreibtisch hockt, sitzt sie auf dem Mountainbike oder joggt über die Felder.

ERIKA THIMEL kam in Oberbayern zur Welt. Die Milch holte sie direkt vom Bauern, die Dorfkinder waren ihr Indianerstamm und der Wald ihr Abenteuerspielplatz. Als sie erwachsen wurde, suchte sie ihr Glück in München, Paris und Berlin. Herrliche Zeiten, doch es kam der Tag, an dem sie die Sehnsucht zurück aufs Land zog.

Erika Thimel und Karin Michaelis
111 GRÜNDE, AUFS LAND ZU ZIEHEN
Eine Liebeserklärung an das gute Leben
Mit Illustrationen von Jana Moskito

ISBN 978-3-86265-458-1
© Schwarzkopf & Schwarzkopf Verlag GmbH, Berlin 2015
Alle Rechte vorbehalten. Dieses Werk ist urheberrechtlich geschützt. Jede Verwendung, die über den Rahmen des Zitatrechtes bei korrekter und vollständiger Quellenangabe hinausgeht, ist honorarpflichtig und bedarf der schriftlichen Genehmigung des Verlages. | Cover: © Veronika Montag, unter Verwendung von Bildmotiven von thinkstock.de | Vignetten: © Alexander Meier | Illustrationen: © Jana Moskito

KATALOG
Wir senden Ihnen gern kostenlos unseren Katalog.
Schwarzkopf & Schwarzkopf Verlag GmbH
Kastanienallee 32, 10435 Berlin
Telefon: 030 – 44 33 63 00
Fax: 030 – 44 33 63 044

INTERNET | E-MAIL
www.schwarzkopf-schwarzkopf.de
info@schwarzkopf-schwarzkopf.de